Schriftenreihe der Sektion
Politische Theorie und Ideengeschichte in der DVPW

Studies in Political Theory

herausgegeben von | edited by
PD Dr. Oliver Eberl
PD Dr. Frauke Höntzsch

Band | Volume 39

Oliver Flügel-Martinsen | Franziska Martinsen
Martin Saar [Hrsg.]

Das Politische (in) der Politischen Theorie

 Nomos

Onlineversion
Nomos eLibrary

Die Deutsche Nationalbibliothek verzeichnet diese Publikation in
der Deutschen Nationalbibliografie; detaillierte bibliografische
Daten sind im Internet über http://dnb.d-nb.de abrufbar.

ISBN 978-3-8487-8414-1 (Print)
ISBN 978-3-7489-2790-7 (ePDF)

1. Auflage 2021
© Nomos Verlagsgesellschaft, Baden-Baden 2021. Gesamtverantwortung für Druck
und Herstellung bei der Nomos Verlagsgesellschaft mbH & Co. KG. Alle Rechte, auch
die des Nachdrucks von Auszügen, der fotomechanischen Wiedergabe und der Übersetzung, vorbehalten. Gedruckt auf alterungsbeständigem Papier.

Inhalt

Einleitung: Das Politische (in) der Politischen Theorie

Oliver Flügel-Martinsen, Franziska Martinsen, Martin Saar

Der vorliegende Band nimmt seinen Ausgang in einer der prominentesten und lebendigsten Debatten innerhalb der neueren Politischen Theorie, die seit über einer Dekade intensiv auch in der deutschsprachigen Politischen Theorie geführt wird. Im Zentrum der Diskussion steht die zunächst vage scheinende Rede vom *Politischen* im Kontrast zum Begriff der *Politik,* die im Diskussionsverlauf zunehmend nicht nur eine besondere Funktion, sondern auch eine klare Bedeutung gewonnen hat. Inzwischen hat sich die Begriffsverwendung *das Politische* mit einem spezifischen Bedeutungsgehalt tatsächlich eingebürgert und terminologisch fixiert.[1]

Unter Rekurs auf Sammelbezeichnungen wie neuere Theorien des Politischen lässt sich zudem relativ eindeutig auf eine ganze Tradition von Konzeptionen verweisen. Dabei lassen sich im Wesentlichen drei Denklinien unterscheiden, die teils miteinander kombiniert werden, teils aber auch zueinander in Spannung geraten können oder gar gegeneinander in Stellung gebracht werden: *Erstens* finden sich Überlegungen, in denen eine gewisse grundsätzliche (oder ontologische) politische Qualität der menschlichen Existenz oder des gesellschaftlichen Seins behauptet wird. Dieser Vorschlag findet beispielsweise in der von Ernesto Laclau vertretenen These eines politischen Primats ihren Ausdruck. Gemäß dieser These handelt es sich beim Politischen um nichts Geringeres als einen Konstitutionsmodus, ohne den gesellschaftliche Ordnung überhaupt nicht verständlich gemacht werden kann.

Aus dieser Perspektive würde die Zuständigkeit für die Reflexion gesellschaftlicher Ordnungen und Teilbereiche im weiten Sinne dann nicht bei einer Disziplin wie der Soziologie liegen, die sich von anderen Sozialwissenschaften wie etwa der Politikwissenschaft gerne durch den Hinweis abgrenzt, dass diese sich auf lediglich einen gesellschaftlichen Teilbereich konzentriere, während die Soziologie prinzipiell alle sozialen Verhältnisse und Beziehungen zum Gegenstand habe. Nimmt man die These vom politischen Primat ernst, dann könnte sich eine solche Reflexion aller

---

1 Vgl. Bedorf/Röttgers 2010; Marchart 2010; Bröckling/Feustel 2012; Hebekus/Völker 2012; Flügel-Martinsen 2017 und 2020, Kap. 3; Martinsen 2019b.

gesellschaftlichen Verhältnisse eigentlich erst einer politischen Theorie erschließen, die sich des Umstandes bewusst geworden ist, dass der gleichsam grundlose Grund – im Sinne des Fehlens eines letzten, absichernden Fundaments – aller gesellschaftlichen Ordnung in deren politischer Genese liegt.

Der Verweis auf die Grundlosigkeit führt zu einer *zweiten* Denklinie, die den kontingenten Charakter aller sozialen und Politischen Ordnungen betont und den Begriff des Politischen – oder verwandte Termini – als eine Möglichkeit ins Spiel bringt, einer postessentialistischen politischen Theorie nachzuspüren. Diese Sichtweise wird in einer Überlegung Jacques Rancières emphatisch auf den Punkt gebracht, wenn dieser unterstreicht, dass politische Verhältnisse überhaupt nur aufgrund der „reine[n] Kontingenz aller gesellschaftlichen Ordnung" (Rancière 2002: 28) möglich seien. Dieser zweiten Denklinie folgend steht der Begriff des Politischen für die Möglichkeit, diese Grundlosigkeit und Unabgeschlossenheit gesellschaftlicher Ordnung zu denken und dadurch ihrer Wandelbarkeit und Umgestaltbarkeit inne zu werden.

Die *dritte* Denklinie zieht die politisch-gestalterischen Konsequenzen aus der Kontingenzdiagnose, indem sie den kritisch-hinterfragenden Charakter des Politischen hervorhebt. Das Politische wird dann wesentlich als ein Modus verstanden, bestehende institutionelle Gefüge in Frage zu stellen und neu zu gestalten. Diese Denklinie rückt damit den emanzipatorischen Gehalt eines Denkens des Politischen ins Zentrum. Eine politische Theorie des Politischen hat so gesehen nicht in erster Linie eine analytische Ausrichtung, sondern erhält einen entschieden kritisch-emanzipatorischen Sinn und ist damit Teil der mittlerweile weitverzweigten Familie kritischer Theorien.

Gemeinsam ist all diesen verschiedenen Denkbewegungen eine gewisse Abgrenzung verschiedener Ebenen oder Dimensionen, aus deren Spannungsverhältnissen sich dynamische Bestimmungen ergeben (das Politische vs. die Politik bzw., im Falle Rancières, die Politik vs. die Polizei oder auch Politik vs. Gesellschaft). Zudem steht in allen diesen Theorien – seien sie beeinflusst von Hannah Arendt auf der einen oder Carl Schmitt auf der anderen Seite, im Linksheideggerianismus oder in der neueren französischen Philosophie beheimatet – *das Politische* für eine tiefgreifende Begrifflichkeit, die keinen Sonderfall markiert, sondern allgemeinste Dimensionen menschlichen Seins als Politisch-sein thematisiert; gerade auch dann, wenn dieses als grundlos und wandelbar verstanden wird.

Solche Positionen, wie sie sich in der Debatte über Politik und Politisches herausgebildet haben, sind *Politische Theorie* in einem ganz starken und anspruchsvollen Sinn, der sich durchaus polemisch gegenüber weniger kategorial oder stärker empirisch vermittelten Selbstverständnissen dieses Diskurses verhält. Dass sich diese Debatte gebildet hat und dass sie im akademischen Fach der Politikwissenschaft, vor allem aber auch weit darüber hinaus in vielen anderen Geistes- und Sozialwissenschaften so breit und leidenschaftlich geführt wird, stellt eine unabweisbare Herausforderung für die Subdisziplin der Politischen Theorie dar, die sich ihrer eigenen Grundbegriffe manchmal weniger sicher ist, als es zunächst scheinen könnte. Eine wesentliche Leistung der Debatten über das Politische liegt deshalb nicht zuletzt darin, mit großem Nachdruck erneut darauf aufmerksam zu machen, dass die zentralen Begriffe der Politischen Theorie wie Macht, Freiheit, Demokratie oder Gerechtigkeit und eben auch Politik und Politisches selbst *essentially contested* sind.

Nun wird vom Diskurs über das Politische auch das Selbstverständnis der Politischen Theorie im Verhältnis zu ihren Nachbardisziplinen berührt, wodurch auch Fragen nach den Gegenstandsbereichen der Politischen Theorie virulent werden. Wenn, im Sinne der oben angedeuteten These eines politischen Primats, gesellschaftliche Ordnungen zunächst ohne weitere Qualifizierung als politisch konstituiert verstanden werden müssen, dann kann sich die Politische Theorie eben nicht nur auf augenscheinlich politische Phänomene und Gegenstände beziehen. Dann muss sie ihre Denkbewegungen nicht nur auf Gegenstandsbereiche, sondern auch auf methodische und konzeptionelle Denkmittel von sozial-, kultur- und geisteswissenschaftlichen Nachbardisziplinen ausweiten. Politische Theorie wird so etwa zu einer Gesellschaftstheorie im weiten und starken Sinne oder sogar zu einer politischen Ontologie, wie es in den Arbeiten Ernesto Laclaus und, im Anschluss an ihn, Oliver Marcharts der Fall ist,[2] oder sie muss, wie in den Schriften Jacques Rancières,[3] die Dimension einer ästhetischen Theorie der sinnlichen Weltkonstitution in ihren Reflexionshorizont einbeziehen.

Die Diskussionen über das Politische sind außerdem keineswegs nur als primär begrifflich-abstrakte Anstrengungen zu verstehen. Die große Aufmerksamkeit, die ihnen innerhalb und außerhalb der politikwissenschaftlichen Teildisziplinen seit einiger Zeit zuteilwird, dürfte nicht zuletzt darauf zurückzuführen sein, dass sie in Auseinandersetzung mit Anwendungsfeldern geführt werden, die drängende Probleme unserer Zeit betreffen. Beispielhaft sei hier auf jeweils intensiv geführte Diskussionen über die

---

2 Vgl. Laclau 2005 und 2014 sowie Marchart 2010 und 2013.
3 Vgl. Rancière 2000 und 2002.

Perspektiven radikaler Demokratie[4], auf Reflexionen über (Staats-)Bürgerschaft[5], auf Populismusdiagnosen[6], aber auch auf Themenfelder der Internationalen Politischen Theorie wie den Streit um ein politisches Verständnis der Menschenrechte[7] verwiesen.

Aus dieser groben Skizze der Konturen der Diskurse des Politischen lassen sich einige Überlegungen zur Politischen Theorie im Allgemeinen und zu einer politischen Theorie des Politischen im Besonderen gewinnen. Auf einer allgemeinen Ebene lässt sich notieren, dass an den Diskursen über das Politische erstens die konstitutive Kontroverse um Grundbegriffe der Politischen Theorie hervortritt. Politische Theorie hat deshalb nicht nur politische Begriffe und Konzepte zu ihrem Gegenstand, sondern ist immer auch *politische* Theorie im Sinne eines Deutungsstreits mit offenem Ausgang. Der pluralistische Charakter dieser Deutungskontroversen tritt nicht zuletzt auch am Diskurs über das Politische hervor, der selbst stark pluralistisch geführt wird und deshalb nicht einfach als ein vermeintlich einheitlicher Gegendiskurs aufgefasst werden kann.

Führen diese Überlegungen nun zunächst zur Stärkung des Pluralismus und der Kontroverse, so lassen sich aus den Diskursen über das Politische dennoch zumindest einige vorläufige Dimensionen einer politischen Theorie des Politischen herausarbeiten, die wiederum Auswirkungen auf die Politische Theorie insgesamt haben. Mit ihnen verbindet sich die These, dass die Politische Theorie insgesamt gut beraten ist, das dynamische Wechselspiel von Politik und Politischem mitzudenken, weil sie sonst wesentliche politische Entwicklungen nicht zureichend in den Blick nehmen kann. So scheint es – um hier um willen größerer Anschaulichkeit ein Beispiel aufzugreifen – keineswegs ein Zufall zu sein, dass sich Schriften, in denen Autor*innen wie Jacques Rancière oder Chantal Mouffe bereits in den 1990er bzw. frühen 2000er Jahren vor einem Erstarken rechtspopulistischer Bewegungen gewarnt haben, heute wie Menetekel lesen.[8] Während sich zur gleichen Zeit ein Großteil der normativen Politischen Theorie auf die Aufgabe einer Begründung liberal-demokratischer Institutionenmodelle diesseits und jenseits des Nationalstaats konzentriert hat und dabei, häufig in Anlehnung an John Rawls' einflussreiche konzeptuelle Unterschei-

---

4 Vgl. Comtesse/Flügel-Martinsen/Martinsen/Nonhoff 2019 und Flügel-Martinsen 2020.
5 Vgl. Balibar 2012.
6 Vgl. Laclau 2005; Mouffe 2018; Rancière 2017.
7 Vgl. Martinsen 2019a.
8 Vgl. Rancière 1997 und 2002 und Mouffe 2007.

dung zwischen *ideal* und *non-ideal theory*,[9] zunächst auf der Ebene der *ideal theory* verblieben ist, finden wir in diesen Arbeiten eine enge Verknüpfung gesellschaftstheoretisch informierter Zeitdiagnosen und konzeptioneller Reflexion, mit deren Hilfe der Zusammenhang zwischen einer marktförmigen Konsenspolitik, die sich auf eine neoliberale Hegemonie stützt, und dem zunehmenden Einfluss nationalistischer und rechtspopulistischer Bewegungen interpretativ erschlossen werden konnte. Damit haben sie zudem auch frühzeitig eine schärfere empirische Zeitdiagnose gewinnen können, als es in den empirisch-analytisch verfahrenden Zweigen der Politikwissenschaft der Fall war, die sich etwa in Bezug auf den Aufstieg der AfD in der Bundesrepublik Deutschland noch in den 2010er Jahren Landtagswahl um Landtagswahl prognostisch ‚verrechnet‘ haben und über die Wahlergebnisse dann jeweils bass erstaunt zeigen mussten.

Fragt man nun nach den Folgen der Diskurse über das Politische für die Politische Theorie, dann lassen sich – ohne jeglichen Anspruch auf Vollständigkeit – nach unserem Eindruck mindestens die folgenden sieben Dimensionen und Implikationen einer politischen Theorie des Politischen akzentuieren:

Erstens lenkt das Denken des Politischen die Aufmerksamkeit auf Phänomene der Umgestaltung und des Dynamischen, des Emanzipatorischen und auch des Subversiven in einem sehr grundsätzlichen Sinn. Diese Phänomene sind, obwohl sie sich vielfach nicht vorsehen lassen, also einen ereignishaften Charakter aufweisen, keineswegs Randerscheinungen einer ansonsten in gewohnten und etablierten Bahnen stattfindenden Politik, sondern sie sind der Modus der politischen Konstitution von institutionellen und normativen Ordnungen, die unsere politische und soziale Welt bilden.

Dadurch postuliert eine politische Theorie des Politischen *zweitens* ein entschiedenes Hinausgehen der politischen Reflexion über bestehende politische Institutionen. Das ist, wenn man so will, die Kernthese, die durch die Unterscheidung zwischen Politik und Politischem impliziert wird: Der Begriff des *Politischen* wird nämlich eingeführt als gleichsam fluider, oftmals auch kritisch-befragender Modus gegenüber einer *Politik*, die für die institutionellen Sedimentierungen, aber auch für gegebene Sinn- und Normenordnungen steht.[10]

Drittens folgt daraus aber keineswegs eine Abkehr von institutionellen Fragen, sondern ein gewandelter Blick auf diese: Aus der Perspektive des

---

9 Vgl. Rawls 2003, S. 216.
10 Vgl. Bedorf 2010; Marchart 2010, S. 32 ff.; Martinsen 2019b.

Politischen wird nämlich über Prozesse der Instituierung von Politik und Gesellschaftlichem (Claude Lefort) oder, in einer an Rancière anschließenden, emphatischen Formulierung, sogar über die Konstitution von Welt nachgedacht.

Dafür wesentlich ist *viertens* eine gesellschaftstheoretische Rückbindung des Begriffs des Politischen, aus dessen Sicht gesellschaftliche Ordnung als unabschließbar und kontingent erscheint. Eine politische Theorie des Politischen ist so gesehen konstitutiv auf eine gesellschaftstheoretische Perspektive angewiesen und versteht dabei das Politische ganz entschieden nicht als einen gesellschaftlichen Teilbereich, sondern als spezifischen Konstitutionsmodus gesellschaftlicher Ordnung überhaupt.

Fünftens steht damit aber nicht nur die Konstitution oder Veränderung von Kontexten in Frage, sondern auch die Konstitution von Subjekten: Die unterschiedlichen Versuche, das Politische zu denken, umfassen daher Überlegungen zur Subjektivierung, die durch die Spannung zwischen Prozessen einer unterwerfenden Subjektivierung (z.B. Michel Foucault; Judith Butler) und einer politischen Subjektivierung (z.B. Judith Butler; Jacques Rancière), die Fragen der politischen Handlungsfähigkeit (Kritik, Protest, Widerstand usf.) adressiert, gekennzeichnet wird.[11] Wie auch in anderen Hinsichten stellt eine politische Theorie des Politischen die auf den ersten Blick widerstreitenden Seiten einander nicht statisch gegenüber, sondern weist nachdrücklich darauf hin, dass sich die politische Dynamik erst aus diesen Spannungsverhältnissen ergibt.

Sechstens wandeln sich unter solchen Vorzeichen auch Sinn und Gestalt der Demokratietheorie. Eine politische Theorie des Politischen muss Demokratie als radikale Demokratie denken, also als eine Praxis- und Lebensform, die sich nicht in institutionellen Ordnungen erschöpft, sondern die den politisch-demokratischen Modus der Konstitution ebenso wie den der Infragestellung und Umgestaltung gegebener Ordnungen umfasst.[12] Demokratie ist damit unweigerlich verbunden mit einem Streit darüber, wer auf welche Weise und unter welchen Bedingungen ‚das Volk‘ ist, dessen Selbstregierung behauptet wird.[13] Klar ist damit auch, dass Demokratie immer mehr sein muss als ein Regierungsmodell oder eine Staatsform.

Siebtens kommen wir zur eigentlichen Herausforderung für die Politische Theorie als Disziplin: Mit einem solchen Denken des Politischen geht

---

11 Vgl. Saar 2007; Flügel-Martinsen 2017, Kap. 3.3 und Flügel-Martinsen/Martinsen 2018.
12 Vgl. Comtesse/Flügel-Martinsen/Martinsen/Nonhoff 2019 und Flügel-Martinsen 2020.
13 Vgl. Saar 2018 und Martinsen 2021.

eine andere Bestimmung der Aufgabe Politischer Theorie einher, die sich als explizite Forderung bei vielen Vertreter*innen dieses Diskurses findet. Eine politische Theorie des Politischen zielt auf eine kritische Befragung statt auf anwendungsnahe Modellbildungen, darin ist sie eine vehemente Kritik empirisch-analytischer Politischer Theorien. Sie distanziert sich aber auch im gleichen Maße von starken Normbegründungen, weshalb sich mit ihr auch eine Kritik normativer politischer Philosophien verbindet.

Der vorliegende Band zielt nicht darauf, alle Facetten dieses offenen und intern kontrovers angelegten Projekts einer politischen Theorie des Politischen auszuloten. Seine Beiträge gehen auf eine Tagung der Sektion für Politische Theorie und Ideengeschichte der Deutschen Vereinigung für Politikwissenschaft zurück, die im Herbst 2017 in Hannover stattfand und deren Gegenstand eine kritische Diskussion verschiedener Dimensionen der Diskurse über das Politische und ihrer Folgen für die Politische Theorie war. Die hier versammelten Aufsätze sind nicht als Metareflexionen einer politischen Theorie des Politischen zu verstehen, sondern sie stellen Beiträge zu ihr dar. Der Band insgesamt reflektiert damit nicht distanziert die Kontroverse über das Politische und dessen Bedeutung für die Disziplin der Politischen Theorie, sondern ist selbst ein Teil davon. Deshalb freuen wir uns als Herausgeber*innen sehr, dass wir eine Reihe streitbarer Beiträge mit unterschiedlichen Positionen versammeln können, die aus der Feder jüngerer ebenso wie etablierter Theoretiker*innen stammen.

Die Beiträge in Teil I widmen sich mit der Erkundung des Verhältnisses von radikaler Demokratie und Politischem einer konzeptionellen Beziehung, die in den gegenwärtigen Debatten über Politik und Politisches einen systematisch sehr prominenten Platz einnimmt.

Oliver Marchart rekonstruiert in „Die Vorgeschichte radikaler Demokratie. Historisch-programmatische Anmerkungen zum Stand politischer Theorie" eine bislang weitgehend vernachlässigte Ideengeschichte radikaldemokratischen Denkens. Die Denklinien des demokratischen Radikalismus, dessen Entwicklungen er im 19. und frühen 20. Jahrhundert nachspürt, sind dabei, wie der Beitrag herausstellt, nicht nur als theoriegeschichtliche Reminiszenz zu verstehen, sondern sind auch von großem systematischem Interesse für gegenwärtige Diskussionen.

Karsten Schubert plädiert in „Der letzte Universalismus. Foucaults Freiheitsdenken und die Begründung von radikaler Demokratie im Postfundamentalismus" für eine radikaldemokratische Lesart des theoretischen Vermächtnisses von Michel Foucault. Dessen politische Philosophie von Kontingenz, Konflikt und Freiheit bedarf einer Überführung in ein dezidiert demokratie- und institutionentheoretisches Theorieprojekt, das plura-

13

listisch angelegt, aber universalistisch begründet ist, denn es hält fest am und verankert sich im fundamentalen Wert der selbst kritisch verstandenen Freiheit.

Martin Nonhoff unterstreicht in „Das Politische und die Unerlässlichkeit der Herrschaftskritik oder: Populismus und das (radikal-)demokratische Versprechen", dass Herrschaftskritik eine genuine Aufgabe politischer Theorie ist, deren Entfaltungsmöglichkeiten aber konstitutiv vom jeweiligen Begriff des Politischen abhängen. Zudem arbeitet er heraus, dass populistische Parteien und Bewegungen, anders als vielfach suggeriert, diese herrschaftskritische Dimension in der Regel beiseitesetzen.

In „Das Wer des politischen Handelns. Zum Potential der Debatte um ‚das Politische'" für ein demokratisches politisches Projekt" untersucht *Anastasiya Kasko* im Anschluss an Jacques Rancière und Hannah Arendt die Konturen eines demokratischen politischen Handlungssubjekts. Dabei interessiert sie sich insbesondere dafür, wie sich Fragen der politischen Zugehörigkeit im 21. Jahrhundert im Licht der Unterscheidung von Politik und Politischem denken lassen.

Teil II richtet das Augenmerk auf die Kategorie des Widerständigen, die das Denken des Politischen trotz seiner begrifflich häufig sehr komplexen Anlage insbesondere für politische und soziale Bewegungen ausgesprochen attraktiv werden lässt.

In „Der Spuk des Politischen. Widerständige Figuren jenseits von ethnonationaler und institutioneller Engführung von Politik" argumentiert *Mareike Gebhardt* dafür, Demokratie als Praxis des Widerstands zu verstehen. Dieser Widerstand richtet sich insbesondere auch gegen die Macht- und Institutionensysteme der liberalen Demokratie und lässt sich zudem als Versuch einer Transgression ethnonationaler und sexistischer Politiken verstehen.

In ihrem Beitrag „Das Politische, agonale Politik und das Widerständige der politischen Praxis" legt *Manon Westphal* dar, dass agonale Ansätze der Demokratietheorie umso überzeugender sind, wenn sie sich auf eine hinsichtlich der ontologischen Bedingungen von Politik zurückhaltendere Konzeption des Politischen beziehen. Daher sollten agonale Theoretiker*innen anstatt Thesen über das Wesen sozialer Identitäten in ihre Konzeptionen des Politischen einzubinden, eine Analyse realer Manifestationen sozialer Machtbeziehungen zu einem Bestandteil ihrer Reflexionen über agonale Formen des Umgangs mit politischen Konflikten machen. Eine solche Praxisorientierung stelle eine *politischere* agonale Demokratietheorie in Aussicht.

Teil III erweitert abschließend den Blickwinkel, indem Variationen in der Erkundung des Politischen in den Blick gerückt und Rezeptionslinien rekonstruiert werden.

Den Ausgangspunkt von *Markus Wolfs* Überlegungen „Das Politische (in) der Dekonstruktion" bildet die These, dass der Diskurs und die Praxis des Politischen in der Gegenwart mit der Idee der Verantwortung verknüpft sind, die in politischen Kämpfen und Diskursen herangezogen wird. Die Idee der Verantwortung gründet in der ontologischen Verfasstheit sozialer Normen und Institutionen. Im Rekurs auf Argumente Jacques Derridas wird gezeigt, dass das Zusammenspiel von Grundlosigkeit und Faktizität sozialer Normen und Praktiken nicht nur in das normative Verlangen nach einer absoluten Begründetheit und Normativität umschlagen kann, sondern dass dieses Zusammenspiel adäquat als Beziehung und Prozess der Dekonstruktion zu beschreiben ist.

Hagen Schölzel spürt in „Bruno Latour und die Phantome des Politischen: Akteur-Netzwerk-Kollektive zwischen Assoziation und Dissoziation" der Frage nach, ob es sich bei Latour um einen Denker des Politischen handelt. In der Verfolgung dieser Frage leuchtet der Beitrag aus, wie sich das Verhältnis des neueren Denkens des Politischen zu Latours multidimensionalem Politikverständnis bestimmen lässt.

Werner Friedrichs analysiert in „Das Politische in der politischen Bildung" das Terrain der Debatten um politische Bildung und Erziehung daraufhin, ob sie dem Politischen und der politischen Differenz einen angemessenen Platz und Status einräumen können. Neben der Diagnose einer weitgehenden Fehlanzeige in der gegenwärtigen Theorielandschaft steht aber die emphatische Möglichkeit, auch die politische Bildung neu und wahrhaft politisch zu denken.

Die Fertigstellung der Publikation hat etwas mehr Zeit in Anspruch genommen als geplant, weshalb wir allen Beiträger*innen, die besonders pünktlich ihre Texte eingereicht hatten, für ihre Geduld danken. Unser Dank gilt nach wie vor Rainer Schmalz-Bruns, der im Frühjahr 2020 viel zu früh verstarb, für die finanzielle Unterstützung der damaligen Tagung an der Leibniz Universität Hannover. Ohne seine ihm eigene Großzügigkeit hätte sie nicht in der angemessenen Form stattfinden können. Samia Mohammed, Universität Bielefeld, danken wir, wie immer, sehr herzlich für Satz, Layout und Korrektorat.

Oliver Flügel-Martinsen, Franziska Martinsen, Martin Saar

Literaturverzeichnis

Balibar, Étienne 2012: *Gleichfreiheit*. Berlin.

Bedorf, Thomas 2010: Das Politische und die Politik. Konturen einer Differenz. In: Ders./Röttgers, Kurt (Hg.), *Das Politische und die Politik*. Berlin, S. 13-37.

Bedorf, Thomas/Röttgers, Kurt (Hg.) 2010: *Das Politische und die Politik*. Berlin.

Bröckling, Ulrich/Feustel, Robert (Hg.) 2012: *Das Politische denken*. Bielefeld.

Comtesse, Dagmar/Flügel-Martinsen, Oliver/Martinsen, Franziska/Nonhoff, Martin (Hg.) 2019: *Radikale Demokratietheorie. Ein Handbuch*. Berlin.

Flügel-Martinsen, Oliver 2017: *Befragungen des Politischen*. Wiesbaden.

Flügel-Martinsen, Oliver 2020: *Radikale Demokratietheorien zur Einführung*. Hamburg.

Flügel-Martinsen, Oliver/Martinsen, Franziska 2018: Politische Subjektivation zwischen Subjektkonstitution und Handlungsfähigkeit. In: Alkemeyer, Thomas/Bröckling, Ulrich/Peter, Tobias (Hg.), *Jenseits der Person. Zur Subjektivierung von Kollektiven*. Bielefeld, S. 75-93.

Hebekus, Uwe/Völker, Jan 2012: *Neue Philosophien des Politischen zur Einführung*. Hamburg.

Laclau, Ernesto 2005: *On Populist Reason*. London.

Laclau, Ernesto 2014: *The Rhetorical Foundations of Society*. London.

Marchart, Oliver 2010: *Die politische Differenz. Zum Denken des Politischen bei Nancy, Lefort, Badiou, Laclau und Agamben*. Berlin.

Marchart, Oliver 2013: *Das unmögliche Objekt. Eine postfundamentalistische Theorie der Gesellschaft*. Berlin.

Martinsen, Franziska 2019a: *Grenzen der Menschenrechte*. Bielefeld.

Martinsen, Franziska 2019b: Politik und Politisches. In: Comtesse, Dagmar/Flügel-Martinsen, Oliver/Martinsen, Franziska/Nonhoff, Martin (Hg.), *Radikale Demokratietheorie. Ein Handbuch*. Berlin, S. 583-592.

Martinsen, Franziska 2021: Streit um Zugehörigkeit. Der Begriff des Demos und das Paradox des Politischen. In: Westphal, Manon (Hg.), *Agonale Demokratie und Staat*. Baden-Baden (i.E.).

Mouffe, Chantal 2007: *Über das Politische*. Frankfurt/M.

Mouffe, Chantal 2018: *Für einen linken Populismus*. Berlin.

Rancière, Jacques 1997: Demokratie und Postdemokratie. In: Riha, Rado (Hg.), *Politik der Wahrheit*. Wien, S. 94-122.

Rancière, Jacques 2000: *Le partage du sensible*. Paris.

Rancière, Jacques 2002: *Das Unvernehmen*. Frankfurt/M.

Rancière, Jacques 2017: Der unauffindbare Populismus. In: Badiou, Alain/Bourdieu, Pierre/Butler, Judith/Didi-Huberman, Georges/Khiari, Sadri/Rancière, Jacques (Hg.), *Was ist ein Volk?* Hamburg, S. 97-101.

Rawls, John 2003: *A Theory of Justice*. Revised Edition. Cambridge (Mass.).

Saar, Martin 2007: *Genealogie als Kritik. Geschichte und Theorie des Subjekts nach Nietzsche und Foucault*. Frankfurt/M.

Saar, Martin 2018: Gegen-Politik. Zur Negativität der Demokratie. In: Khurana, Thomas/Quadflieg, Dirk/Raimondi, Francesca/Rebentisch, Juliane/Setton, Dirk (Hg.), *Negativität. Kunst – Recht – Politik*. Berlin, S. 281-292.

I.
RADIKALE DEMOKRATIE UND DAS POLITISCHE

Die Vorgeschichte radikaler Demokratie. Historisch-programmatische Anmerkungen zum Stand politischer Theorie[1]

Oliver Marchart

Nimmt man das Sortiment von Bahnhofsbuchhandlungen zum Indikator, dann dürfte das Ende der liberalen Demokratie auf das Jahr 2018 zu datieren sein, als eine Reihe populärer Zeitdiagnosen unter Titeln erschienen wie *How Democracy Ends* (Runciman 2018), *How Democracies Die* (Levitsky/Ziblatt 2018), *The Road to Unfreedom* (Snyder 2018), *The People vs. Democracy. Why Our Freedom is in Danger and How to Save it* (Mounk 2018). Nicht alle Autoren rechneten tatsächlich mit dem unmittelbaren Ableben der Demokratie, doch die melancholische Stimmungslage aus den Zeiten Crouch'scher Postdemokratiediagnosen schien offener Panik gewichen. Demgemäß hatte sich der Diagnosefokus deutlich verschoben. Im Vordergrund standen nun weniger die desaströsen Auswirkungen mehrerer Jahrzehnte neoliberalen Demokratieabbaus, wie sie Crouch beschrieben hatte. Eine greifbarere, da personalisierbare Bedrohung war gefunden – der Populismus. Die *End of Democracy*-Literaten reihten sich ein in eine wahre Phalanx an Populismuskritikern, von denen die meisten im Geiste eines liberalen Antipopulismus verfasst waren (Marchart 2017), der jedoch den Blick auf die Ursachen der gegenwärtigen „organischen Krise" (Gramsci) verstellt, die ja in genau jener Politik zu suchen sind, die liberale Antipopulisten gegen ‚die Populisten' so vehement verteidigen. Denn das Grundprinzip demokratischer Selbstbestimmung war demokratiefremden Prinzipien geopfert worden: der möglichst ungehinderten Herrschaft der Märkte in allen Lebensbereichen, dem Ausverkauf öffentlicher Güter, der Konstitutionalisierung des Austeritätsregimes (Schuldenbremse in die Verfassung!), dem Abbau sozialer Sicherungssysteme sowie der Ausweitung des Niedriglohnsektors zugunsten globaler ‚Wettbewerbsfähigkeit' bei gleichzeitigem Schikanieren von Erwerbslosen. Ganz so als wäre Demokratie,

---

1 Dieser Beitrag ist eine überarbeitete und aktualisierte Fassung von Oliver Marchart 2015: Demokratischer Radikalismus und radikale Demokratie. Historisch-programmatische Anmerkungen zum Stand politischer Theorie. In: *Berliner Debatte Initial* 26(4), S. 21-32.

in den berühmten Worten Lincolns, nicht als "government of the people, by the people, for the people" konzipiert, sondern als "government of the people, by the markets, for the wealthy".

Der *End of Democracy*-Diskurs wurde durch die Covid-19 Pandemie des Jahres 2020 zunächst in den Hintergrund medialer Aufmerksamkeit gedrängt, ja von manchen wird bereits – angesichts der erkennbar bewiesenen Katastrophenbewältigungsinkompetenz des Politikertypus Clown-an-der-Macht – Entwarnung gegeben. Man vermeint einen Rückgang an „populistischen Einstellungen" um einige Prozent „messen" zu können (Vehrkamp/Merkel 2020). Schon wird das Ende der Ära des Populismus beschworen wie wenig vorher das Ende der Ära der Demokratie. Auch wenn die Rede von der scheinbaren Alternativlosigkeit des neoliberalen Einheitsdenkens Risse bekommen hat, ein interventionistischer Staat kurzfristig wiederauferstanden ist und nach jahrzehntelanger Budgetpolitik der sprichwörtlichen schwäbischen Hausfrau nun doch Geld in unbegrenzter Menge zu Verfügung steht, ist schon jetzt vorherzusehen, dass die multiple, d.h. ökonomische, soziale und politische Krise, die seit mehr als einem Jahrzehnt die westlichen liberalen Demokratien erfasst hat, durch die Auswirkungen der Pandemie nur vertieft werden kann. Wie sollte dies also nicht den Boden bereiten für künftige Verteilungskämpfe und die nächste Welle des autoritären Populismus? Allerdings hat die Pandemiekrise noch etwas anderes gezeigt: trotz Ausrufung des Notstands, trotz Versammlungsverboten und trotz Einschränkung, ja mancherorts Aufhebung des Demonstrationsrechts konnten Demokratisierungsproteste nicht völlig stillgestellt werden. So fanden, um nur wenige Beispiele zu nennen, solche Proteste in nahezu revolutionärer Dimension in Weißrussland statt, es kam zu massiven *Black Lives Matter*-Protesten auf dem Höhepunkt der Ersten Pandemiewelle in den USA, und in Israel ließen sich die Kritiker der Regierung Netanyahu auch durch Einschnürung ihres Demonstrationsraums auf einen Kilometer um den Wohnort nicht von Protesten abhalten.[2]

Solche Proteste nehmen Fäden auf, die vor dem Ausbruch der Pandemie liegen gelassen wurden. Schon das Jahr 2019 war weltweit geprägt von Demokratisierungsprotesten, die von Chile über den Sudan und den Libanon bis Hongkong reichten, ganz zu schweigen von den weltweiten *Fridays for Future*-Demonstrationen. Die Motivationslage mag jeweils national

---

2 Auch wenn nicht alle Demonstrationen unter Pandemiebedingungen als demokratisch im strengen Sinn bezeichnet werden können – Nazis sind keine Demokraten, selbst wenn sie ‚Wir sind das Volk!' rufen.

spezifisch sein, doch wie schon in den französischen Gelbwestendemons-
trationen, die im Herbst 2018 begannen, zeigte sich, dass Sozialproteste,
die sich gegen die sozialen Folgen des Neoliberalismus wenden, zugleich
als Demokratisierungsproteste formuliert werden. Das war nichts Neues.
So verbanden sich bereits in den Sozialprotesten des Jahres 2011, dem Jahr
der Platzbesetzungen (,Occupy') und der ,Arabellion', Forderungen nach
sozialen Rechten mit solchen nach einer ,wirklichen Demokratie', und
zwar sofort. *¡Democracia real YA!* war der Name jenes Netzwerks, das die
ersten spanischen Demonstrationen und Platzbesetzungen im Mai 2011
organisiert hatte. Diese Proteste besaßen wiederum Wurzeln im *Global
Justice Movement* der 1990er Jahre, das nach ,9/11' in eine Latenzphase
gedrückt und im ,Kampf gegen den Terror' von staatlicher Seite mitbe-
kämpft wurde. Es wäre verfehlt, diese Proteste als isolierte Ereignisse zu
verstehen. Soziale Bewegungen machen oft langjährige Phasen der Latenz
durch, bevor sie in Wellenkämmen wieder Sichtbarkeit erlangen, und sie
schließen – bei aller Komplexität ihrer Kombinationen, Verdichtungen
oder auch wechselseitigen Abgrenzungen – historisch aneinander an und
bauen aufeinander auf. Subkutan dauern diese Demokratisierungskämpfe
in vielen Fällen an, auch wo sie unmittelbare Medienaufmerksamkeit verloren haben und von anderen Themen überlagert werden. Die Geschichte der Demokratie ließe sich erzählen als Kontinuum von Demokratisierungsbewegungen – nur wird sie das zumeist nicht, weil sie im Regelfall
von oben und nicht von unten geschrieben wird. Aufgabe einer kritischen,
sich als Gegenwartswissenschaft verstehenden politischen Theorie wäre es,
die Frage nach Demokratie vor dem Hintergrund solch aktueller Kämpfe
um Demokratie zu stellen.

Nicht alle Ansätze der politischen Theorien sind in gleichem Maße
dazu geeignet. Zunächst können Theorien, die Politik auf ein transpoliti-
sches Fundament zurückführen (die *conditio humana*, die ,ökonomische
Basis', die rationale Nutzenkalkulation individueller Akteure, die ehernen
Zwangsgesetze des Marktes, usw.), eine von Konflikt und Kontingenz ge-
zeichnete Welt nicht überzeugend abbilden, denn eine solche Welt erlaubt
keine Letztbegründungen. Das bedeutet nicht, dass nicht um gleichsam
vorletzte Begründungen gestritten würde, weshalb die Rede von der Postmoderne, sofern sie Konflikt ignoriert und Kontingenz mit Beliebigkeit,
Arbitrarität, Pastiche und einer ,anything goes'-Attitüde verwechselt, in die
Irre führte. Was Lyotard in dem berühmten, 1982 erschienenen Bericht
als „postmoderne Kondition" (ins Deutsche übersetzt als „Das postmoderne Wissen", Lyotard 1999) bezeichnet hat, wäre daher treffender, wenn
auch weniger elegant, als postfundamentalistische Kondition bezeichnet.
Unter postfundamentalistischen Ansätzen (vgl. Marchart 2010; 2013; 2018)

verstehe ich solche, die die partikulare, plurale und reversible Natur nicht etwa epistemischer, sondern sozialer und politischer Fundamente zur eigenen Grundlage machen.[3] In dieser Doppelbewegung unterscheiden sich postfundamentalistische von bloß antifundamentalistischen bzw. ‚postmodernen' Ansätzen, die *alle* sozialtheoretischen Fundierungsfragen zurückweisen. Ein solcher Antifundamentalismus wäre höchst unplausibel. Nur um den Preis von Weltfremdheit ließe sich ausblenden, dass der soziale Raum geprägt ist von normativen, politischen, ökonomischen oder anderen Kämpfen um seine Instituierung.[4] Das Soziale ist immer partiell fundiert und nie völlig ungegründet, wobei seine Fundamente, da im Konflikt gelegt und durch Konflikt erneut hinterfragbar, immer nur temporäre Geltung beanspruchen können.

So abstrakt diese Überlegungen klingen mögen, sie sind nur das Theoriesubstrat eines historischen Erkenntnisprozesses, der gemeinhin mit dem Begriff der Moderne bezeichnet wird: der Epoche zunehmenden Kontingenz- und Konfliktbewusstseins. Verfestigt hat sich dieses Bewusstsein nicht zuletzt im Fahrwasser der „zwei Revolutionen" (Hobsbawm): der industriellen und der demokratischen. Wo alles Ständische und Stehende verdampft und eine neue politische Ordnung über Nacht gegründet werden kann, dort wird die kontingente wie konfliktuelle Natur sozialer Verhältnisse unabweisbar. Dieser stenographische Hinweis auf die Französische Revolution legt bereits die Fährte zu den aktuellen Demokratisierungskämpfen. Denn meine These lautet nun, dass diese Kämpfe in einer Traditionslinie stehen, die mehr als zwei Jahrhunderte zurückreicht. Wenn unter Bedingungen der „Postdemokratie" (Crouch 2008) Emanzipation nur heißen kann: „Demokratisierung der Demokratie" (Balibar 2015: 119-130; Offe 2003; skeptisch: Manow 2020), dann scheint die Wurzel der Demokratie nur in der Demokratie selbst liegen zu können. Zur Aufgabe von Demokratietheorie zählt folglich weniger das Ersinnen idealer Gerechtigkeitsordnungen oder sozialer Utopien als die Rekonstruktion

---

3 Konfliktualität wird auf diese Weise außer Streit gestellt, um auf die Umstrittenheit *aller* sozialen Verhältnisse hinweisen zu können; zugleich wird Kontingenz selbst zur Notwendigkeit, d.h. zum notwendigen Merkmal *aller* sozialen Tatbestände. Ansonsten bliebe ja die Möglichkeit offen, dass ein letzter positiver Grund doch noch gefunden werden könnte, ein *bestimmter* sozialer Tatbestand also, der die Funktion eines nicht-kontingenten *letzten* Grundes übernehmen kann. Genau diese Möglichkeit wird aber von einem nachmetaphysischen oder eben postfundamentalistischen Ansatz *ex hypothesi* ausgeschlossen.
4 Die grundlegende Natur dieser Instituierungskämpfe lässt es sinnvoll erscheinen, hierfür einen umfassenden Begriff *des Politischen* in Abhebung vom reinen Bereichsbegriff *der Politik* geltend zu machen (s. Marchart 2010).

des historischen Moments der „demokratische Erfindung" (Lefort 1994). Liberale Theorieangebote, die Demokratie auf die regelmäßige Bestätigung konkurrierender Eliten reduzieren, sind hierzu wohl ebensowenig geeignet wie orthodox-marxistische, die soziale Bewegungen nach der Klassenposition ihrer Trägergruppen beurteilen. Einzig geeignet erscheinen radikaldemokratische Theorien (Trend 1996; Tonder/Thomassen 2005; Kioupkiolis/Katsambekis 2014; Comtesse et al. 2019).

Allerdings ist die Theoriengruppe radikaler Demokratie ausgesprochen inhomogen. Sie umfasst so unterschiedliche Autoren wie Jürgen Habermas, Oskar Negt, Cornelius Castoriadis, Claude Lefort, Etienne Balibar, Benjamin Barber, Sheldon Wolin, William Connolly, Bonnie Honig, Antonio Negri, Miguel Abensour, Jacques Rancière und Chantal Mouffe. Manche dieser Autoren neigen zu republikanischen, andere zu basis- oder direktdemokratischen und wieder andere zu anarchistisch anmutenden Lösungsvorschlägen. Bei genauerer Analyse würden sich aus diesem Potpourri Grundzüge eines Demokratieverständnisses herausschälen, das von vielen Autoren geteilt wird. Idealtypisch wird in radikaldemokratischer Tradition unter Demokratisierung ein konfliktueller Prozess der Aktualisierung, Ausweitung und Vertiefung der Prinzipien der demokratischen Revolution verstanden. Hierzu zähle ich die Prinzipien der Freiheit, Gleichheit, Solidarität und Volkssouveränität. Natürlich ist dies zunächst nur ein Idealtypus. Im Regelfall werden die demokratischen Prinzipien unterschiedlich gewichtet, sofern nicht das eine oder andere Prinzip ohnehin übergangen wird.[5] Auch wäre mit der vorgeschlagenen Definition noch nicht geklärt, wodurch sich ein demokratisches Verständnis dieser Prinzipien von einem prä- oder antidemokratischen unterscheidet, wodurch also demokratische Freiheit abgrenzbar ist von liberaler oder demokratische Gleichheit vom Gleichheitsideal einer identitär verfassten Volksgemeinschaft. Doch genau in der Klärung dieser Fragen besteht, so denke ich, die aktuelle Aufgabe politischer Theoriebildung. Diese Aufgabe darf nicht bloß impressionistisch angegangen werden. Die heterogenen Angebote radikaler Demokratietheorie müssen gesichtet, ideengeschichtlich eingebettet und, soweit möglich, systematisch integriert werden. Ziel einer solchen Unternehmung wäre ein integratives und zugleich hinreichend systematisches Modell radikaler Demokratie.

---

5 Zumeist trifft dieses Schicksal heute den Begriff der Solidarität (der dritte im Bunde der revolutionären Trias von Freiheit, Gleichheit und Brüderlichkeit). So heißt bei Balibar das zentrale Prinzip der Demokratisierung von Demokratie „Gleichfreiheit" und Chantal Mouffe spricht vom paradoxen Verhältnis von Gleichheit und Freiheit, ohne Solidarität auch nur zu erwähnen (Mouffe 2010).

Oliver Marchart

Das ideengeschichtliche Programm radikaler Demokratie

Dieses Programm kann hier selbstverständlich nicht entfaltet werden (vgl. den Versuch in Marchart 2021, i.E.). Ich möchte mich deshalb darauf beschränken, die radikale Demokratietheorie ideengeschichtlich einzuordnen. Der ideengeschichtliche Exkurs soll zumindest die systematischen Umrisse einer integralen Theorie radikaler Demokratie erkennbar werden lassen. Dabei wird sich erweisen, dass gute Gründe bestehen, heutige Theorien radikaler Demokratie in der Tradition des *demokratischen Radikalismus* des 19. und frühen 20. Jahrhunderts zu verorten. Denn es waren die bis zur Französischen Revolution zurückreichenden Strömungen des demokratischen Radikalismus, die das historische Demokratisierungsprojekt vorantrieben.

Erstaunlicherweise sind die Theorie und Ideologie des demokratischen Radikalismus nahezu in Vergessenheit geraten. Im herrschenden Kanon politischer Ideologielehre wird er zumeist auf eine bloße Subströmung des Liberalismus reduziert. Die genauere Betrachtung erlaubt jedoch, im Radikalismus eine eigenständige politische Ideologie- und Theorieformation zu sehen, die überdies in den heutigen Demokratisierungsbewegungen in Frontstellung zum gegenwärtigen Ultraliberalismus nachlebt. Denn nicht nur war der Radikalismus keine bloße Subströmung des Liberalismus, in vielen historischen Momenten erwies er sich als dessen Gegner. Tatsächlich wurde Demokratie im substantiellen Sinn dem Liberalismus abgetrotzt, weshalb die auch in der linken Demokratiekritik anzutreffende Unterstellung, das ‚liberal-demokratische‘ Modell repräsentativer Demokratie wäre historisch dem Liberalismus entsprungen oder doch bis in den Kern von Liberalismus und Kapitalismus geprägt, bis hin zur Denunziation von Demokratie als „Kapitaloparlamentarismus" (Alain Badiou), die Tradition des demokratischen Radikalismus ausblendet. Eine weniger geschichtsblinde Rückerinnerung an diese Tradition könnte die Koordinaten der Auseinandersetzung grundsätzlich verschieben. Daher ist es kurios, wenn viele radikaldemokratische Theoretiker der Gegenwart das historische Vorleben ihrer eigenen Theorie nicht weniger ignorieren als der Mainstream der politischen Ideenhistoriker wie auch der Gegenstrom traditionslinker Parlamentarismuskritiker.

Was die beiden letztgenannten Strömungen betrifft, so ist ihr jeweiliger politischer Bias unübersehbar. Die linke Parlamentarismuskritik schließt an Traditionen des anarchistischen, syndikalistischen oder marxistischen Denkens an, für die Wahlrecht und parlamentarische Vertretung im besten Fall Mittel zum Zweck der Errichtung einer post-bürgerlichen Gesellschaft waren. Im Mainstream der politischen Theoriebildung wiederum ist der Liberalismus selbst dominant oder wird aktuell vor allem mithilfe von Rekonstruktionen eines atlantischen Republikanismus durch etwa J.G.A. Pocock und Quentin Skinner herausgefordert. In deren Vorschlägen zu einer zeitgemäßen Aktualisierung dieser zivilrepublikanischen Traditions- linie, die von Machiavelli über Harrington bis zu einigen amerikanischen Gründervätern reicht, erscheint, wie zum Beispiel bei Philip Pettit (2015), der Republikanismus jedoch weniger als eine Alternative zum Liberalis- mus denn als dessen Supplement (folgerichtig agierte Pettit als Berater der Regierung von José Luis Zapatero, dem spanischen Tony Blair). Aus radi- kaldemokratischer Perspektive ist der ,republican turn' der letzten Jahre nicht immer ergiebig, auch wenn Anschlusspunkte durchaus existieren. Es scheint an der Zeit für einen ,radical turn' in der politischen Theorie: für eine Wiederentdeckung der eigenständigen Tradition des demokratischen Radikalismus.

Demokratische Revolution und ,transhistorischer Jakobinismus'

Die Frage, welcher Theoriefamilie die aktuellen Theorien radikaler Demo- kratie zuzuordnen wären – dem Sozialismus, Republikanismus, Anarchis- mus oder Liberalismus –, lässt sich folglich mit einem Wort beantworten: keiner dieser Theoriefamilien. Denn was die radikale Demokratie von den anderen Schulen, mit denen sie einzelne Merkmale teilen mag, unterschei- det, ist die emphatische, obgleich nicht völlig unkritische Bezugnahme auf die demokratische Revolution. Damit ist weder die liberal-republikanische Amerikanische Revolution gemeint noch die Russische Revolution von 1917. Es ist noch nicht einmal die liberal-konstitutionelle Anfangsphase der Französischen Revolution von 1789 gemeint. Bezug genommen wurde in der Geschichte des demokratischen Radikalismus typischerweise auf die Französische Revolution der Jahre 1792-1794. Wenn daher zurecht ge- sagt wurde, die Französische Revolution sei „das Urereignis der gesamten nachfolgenden europäischen Geschichte" (Canfora 2006: 33), dann ist dies nicht falsch, muss aber mit Eric Hobsbawm spezifiziert werden:

> „European (or indeed World) politics between 1789 and 1917 were largely the struggle for and against the principles of 1789, or the even more incendiary ones of 1793." (Hobsbawm 1992: 73)

,Entflammender' als die liberalen Prinzipien von 1789 waren die radikal- demokratischen von 1793. Mit ihrer Hilfe wurde ein imaginärer Horizont aufgezogen, vor dessen Hintergrund emanzipatorische Bewegungen bis heute agieren.

Natürlich entwickelten sich diese Prinzipien aus einer langen Tradition der theoretischen Durcharbeitung und ideologischen Legitimation sozialer Kämpfe, doch *politisch* ‚erfunden‘ wurden sie innerhalb der kurzen Zeitspanne zwischen August 1792 und Juli 1794. Sie brachte den endgültigen Umschwung von der konstitutionellen zur demokratischen Revolution. In den revolutionären Reprisen des 19. Jahrhunderts, ja oft noch im 20. Jahrhundert, wird immer wieder auf diese Periode rekurriert. Als Initialmoment gilt der 10. August 1792 – der Tag des Sturms der Massen auf das Tuilerien-Schloss, in dem der im Jahr zuvor geflüchtete und nach Paris zurückgeführte König vermutet wurde. Die Dynamik der weiteren Ereignisse mündete in die sogenannte Jakobinerherrschaft und fand ihren Höhepunkt in der Guillotinierung von Louis Capet am 21. Januar 1793. Die Hinrichtung des Königs hatte einen dreifachen Effekt: einen situativ-strategischen, einen symbolischen und einen politisch-ideologischen. Strategisch produzierte das mit dünner Mehrheit beschlossene Todesurteil einen Sperrklinkeneffekt. Kurz vor dem Sturm auf das Tuilerien-Schloss hatte der die Interventionstruppen kommandierende Herzog von Braunschweig für den Fall von Übergriffen auf die königliche Familie allen Abgeordneten mit dem Tod gedroht. Bewusst versperrten sich die Revolutionäre mit ihrer Entscheidung selbst jeglichen Rückweg zum *status quo ante*. Spätestens jetzt hatten sie sich auf die Irreversibilität der Revolution eingeschworen. Entscheidender noch ist der ebenso irreversible symbolische Effekt. Auf dieser Ebene bestätigte die Hinrichtung des Königs eine Wandlung des „symbolischen Dispositivs“ (Lefort) der Gesellschaft. Denn nun war die Verbindung zu dem vom König inkorporierten soziotranszendenten Ort der Herrschaftslegitimation gekappt. Symbolisch demonstrierte die ‚Desinkoporation‘ des Königs nichts anderes als die, in Leforts berühmter Formulierung, Entleerung des Ortes der Macht. Nach dieser Entgründung der sakralen Machtbasis des Königtums ließ sich Herrschaft nur noch gesellschaftsimmanent begründen:[6]

> „Der Gesalbte Gottes, der mit allen Heilskräften Begabte wird ein für allemal mit Ludwig XVI. zu Staub. Man kann zwar zwanzig Jahre später die Monarchie wieder aufrichten, nicht aber die Mystik des geweihten Königs.“ (Furet/Richet 1989: 239)

---

6 Dies traf selbst dann noch zu, wenn der leere Ort mit einem neuen Körper gefüllt werden sollte. Auch die Einführung des Kaisertums unter Napoleon, der sich in Anwesenheit des Papstes, dem nur noch eine Statistenrolle zukam, selbst krönte, wurde qua Volksabstimmung legitimiert.

Für unsere Frage ist schließlich der politisch-ideologische Nachhall dieser Periode von besonderem Interesse. In der Verfassung von 1793 und der ihr vorangestellten Erklärung der Menschen- und Bürgerrechte bildet sich die radikaldemokratische Natur der neuen Ordnung ab. Auch wenn diese Verfassung nie endgültig in Kraft treten sollte, blieb sie doch ein zentraler Referenzpunkt für den demokratischen Radikalismus des 19. Jahrhunderts. Schon der erste Artikel der Menschenrechtserklärung definiert als Ziel der Gesellschaft das *allgemeine* Glück (und nicht etwa das liberale Glück der ungestörten Verfolgung individueller Interessen). Der Geist der Verfassung ist egalitär. Feudale Privilegien und alte Herrenrechte sind abgeschafft. Eine zweite Kammer, die als Reliquiarium altaristokratischer Prärogative in Verruf stand, ist nicht vorgesehen.[7] Auch sieht die Verfassung weder eine Differenzierung zwischen aktivem und passivem Wahlrecht noch einen auf dem persönlichen Steueraufkommen oder Grundbesitz basierenden Zensus vor. Das Zensuswahlrecht weicht dem allgemeinen (Männer-)Wahlrecht, das, zusammen mit den Bürgerrechten, selbst Ausländern zuerkannt wird, sofern sie mindestens ein Jahr in Frankreich ansässig waren. Auch wenn das Frauenwahlrecht noch nicht errungen war, mit Bezug auf das Ausländerwahlrecht, geknüpft an das Residenzprinzip, sind unsere heutigen Verfassungen noch nicht auf dem Stand von 1793. Die Wahlperioden waren außerdem betont kurz gehalten: jährlich sollte am 1. Mai gewählt werden. All diese Überlegungen basierten auf dem unveräußerlichen Prinzip der Volkssouveränität. So war jeder Versuch der Usurpation der im Volk liegenden Souveränität mit der Todesstrafe bedroht. Das Volk selbst wurde zum Wächter seiner Rechte erhoben. Dies bedeutete, dass das Recht auf Widerstand gegen Unterdrückung in Artikel 33 der Menschenrechtserklärung festgeschrieben wurde als eine selbstverständliche Konsequenz aller anderen Menschenrechte. Die Unterdrückung auch nur eines Teils der Gesellschaft müsse als Unterdrückung der Gesamtgesellschaft verstanden werden. Und im allerletzten Artikel wird der Aufstand nicht nur zum Recht, sondern sogar zur ‚heiligsten Pflicht‘ erklärt für den Fall, dass die Rechte des Volkes von der Regierung verletzt würden.

Die Vorbildwirkung der jakobinischen Revolution war enorm. Und das nicht nur unmittelbar. Natürlich, unmittelbar inspirierte sie deutsche, österreichische, italienische oder englische Jakobiner und reichte bis nach Lateinamerika und zu den „schwarzen Jakobinern" San Domingos (James 1984). Aber darüber hinaus überlebte sie den Sturz der Robespierristen

---

7 Bis heute, also selbst nach der Reform von 1999, sitzt in Großbritannien noch eine Anzahl erblicher Peers im Oberhaus.

und wirkte bis tief hinein ins 20. Jahrhundert. Die Revolutionen des 19. Jahrhunderts sind bevölkert von Neojakobinern. Zum revolutionären Neojakobinismus zählen der Babouvismus (also die Anhänger Babeufs, Maréchals und Buonarottis), der italienische Mazzinismus, ein bedeutender Teil der europäischen Revolutionäre von 1848/49 sowie die Neobabouvisten der Commune von 1871. Sie alle beziehen sich direkt „auf ein Erbe, auf Werte und ein Programm, dessen Schlüssel der kanonische Text die Menschrechtserklärung von 1793 bleibt" (Vovelle 2001: 105). Selbst manche sozialistische Revolutionäre der ersten Hälfte des 20. Jahrhunderts wie Lenin oder Gramsci beriefen sich immer noch explizit auf die Jakobiner. Für Michel Vovelle gehört der Begriff des Jakobinismus deshalb der außergewöhnlichen Familie jener Wörter an, die ihren geographischen und historischen Entstehungskontext sprengen und eine viel allgemeinere politische Haltung und Weltanschauung zu transportieren beginnen (vgl. Vovelle 2001: 5). Jakobinismus benennt einen bestimmten Politikmodus, der weder in der historischen Jakobinerherrschaft aufgeht – Vovelle spricht sogar von einem „transhistorischen" Jakobinismus (ebd.: 7; s. auch Hazareesingh 2004) – noch, wie etwa im Fall des Liberalismus, durch ein philosophisches Doktrinengebäude oder gar eine klar umrissene politische Ideologie bestimmbar wäre. Aus Sicht seiner Feinde signalisierte Jakobinismus vor allem revolutionäre Ansteckungsgefahr. Die revolutionäre Konsequenzlogik im Geiste ideologischer „Unbestechlichkeit" trug in Selbstbild und Außendarstellung der Akteure wohl dazu bei, dass der Jakobinismus weniger für einen konkreten Inhalt als für „eine Energie, einen auf ein Ziel gerichteten Willen" (Vovelle 2001: 6) stand. Der Begriff schien eine Politik revolutionärer *Intensivierung* zu bezeichnen. Doch ein intensiver Politikmodus allein kann transhistorische Attraktivität nicht erklären. Dauerhafte Attraktivität gewann der jakobinische Wille erst durch das Ziel, auf das er gerichtet war: die Demokratie. Jakobinismus bezeichnete einen Moment der *Selbststeigerung des demokratischen Egalitarismus*.

Die zwei Gleichheiten I: Kommunistischer Demokratismus

Dieser demokratische Egalitarismus konnte auf zwei unterschiedliche, aber doch wechselseitig artikulierbare Weisen ausgelegt werden: als politischer und als sozialer Egalitarismus. Beide Egalitarismen waren in der jakobinischen Revolution angelegt. Der politische Egalitarismus, wie ihn die Verfassung von 1793 vorwegnahm, bestand zuvorderst im Ruf nach Einführung des allgemeinen Wahlrechts, der Abschaffung des Zensus und der Aufhebung der Trennung von aktivem und passivem Wahlrecht.

Damit ging er weit über die liberale Rechtsgleichheit hinaus, die nicht demokratisch ist, solange sie dem Zensus unterworfen bleibt. Aber auch der soziale Egalitarismus konnte sich auf die Jakobinerherrschaft und die Verfassung von 1793 beziehen. Denn nicht nur handelte es sich um die erste wirklich demokratische Verfassung, zum ersten mal waren hier auch soziale Rechte in eine Verfassung aufgenommen worden: das Recht auf Arbeit bzw. öffentliche Unterstützung im Fall der Arbeitslosigkeit, das Recht auf allgemeinen, öffentlich finanzierten Unterricht und nicht zuletzt die Ächtung der Sklaverei. Es mag sein, dass die Verfassung in der Einschränkung des Eigentumsrechts weniger weit ging als der Entwurf Robespierres, der nicht nur feudale Eigentumsrechte zurückwies, sondern etwa auch das Eigentum an Grundnahrungsmittel unter Vorbehalt stellte. Entscheidend aber ist, dass – unabhängig von der Frage, ob die Jakobiner nun als Sozialrevolutionäre einzuschätzen sind oder doch nur als Liberale, die ein taktisches Bündnis mit den Massen geschlossen hatten – der Jakobinismus retrospektiv sozialrevolutionär gelesen wurde. Babeuf, der nach dem Sturz der Jakobiner mit seiner ‚Verschwörung der Gleichen‘ einen fehlgeschlagenen Aufstand gegen das Direktorium anzettelte, kämpfte für eine kommunistische Gesellschaft unter der Verfassung von 1793. Bei Babeuf und seinen Anhängern ist Kommunismus republikanisch und egalitär konzipiert. Der soziale Egalitarismus *bleibt demokratischer Egalitarismus*. Das unterscheidet den Babouvismus von den jenen anderen Hauptströmungen des Frühsozialismus, die einen viel größeren Einfluss auf den Marxismus haben sollten: Saint-Simonismus und Fourierismus. Diese Strömungen waren keineswegs dem Ideal sozialer Gleichheit verschrieben, sondern vertraten szientistisch-industrialistische respektive harmonistische Sozialutopien. Schwebte Saint-Simon eine Art Technokraten-Utopia vor, in dem die Herrschaft über Menschen durch die *Verwaltung der Dinge* ersetzt würde (eine Formulierung, die von Engels wieder aufgenommen werden wird), so träumte Fourier von genossenschaftlich organisierten Landkommunen (ein Romantizismus, der in Marx' Faible für die traditionellen russischen Dorfgemeinden wiederkehrt). Beider Orientierung war alles andere als radikal-republikanisch, so wie es der Babouvismus war; sie waren anti-staatlich, anti-politisch und anti-demokratisch – eine Tendenz, die sich im späteren Marxismus fortschreiben sollte.

Welchen Gewinn bringt es, auf diese mehr oder weniger bekannten Tatsachen nochmals hinzuweisen? Der historische Rückblick erweist die Kontingenz und Reartikulierbarkeit politischer Frontstellungen späterer Jahre. Wenn etwa Babeuf auch vom Leninismus auf das Podest kommunistischer Ahnherren gehoben wurde, so hat das den Blick auf die demokratische Natur des Babouvismus verstellt. Im Gegensatz zu anderen Sozialutopisten –

wie auch im Unterschied zur späteren marxistischen Doxa, für die Demokratie nur ein Mittel zum Zweck darstellte (ich komme darauf zurück) – waren mit der babouvistischen Spielart von Kommunismus ein demokratisches Verfassungsprojekt und eine republikanische Ordnung verbunden. In Frankreich wurde ,Kommunismus' – zusammen mit ,Radikalismus' bzw. dem Adjektiv ,radical' – sogar zum Synonym von Republikanismus (im Sinne von Antimonarchismus), nachdem in der Juli-Monarchie jedes Eintreten für die Republik kriminalisiert worden war. Diese demokratische Grundorientierung sollte sich auch im späteren Neobabouvismus niederschlagen und perforiert die oftmals zu durchgängig gezogene Grenzlinie zum ,bürgerlichen' Radikalismus.

Vor allem die Jahre zwischen 1830 und 1848 sind nicht nur deshalb von entscheidender Bedeutung, weil sich die verschiedenen ideologischen Positionen auf der Linken herauszuschälen begannen. Für uns sind sie heute von Bedeutung, weil sich an ihnen erweist, dass diese Positionen flexibel miteinander artikuliert werden konnten und anfangs zwischen ,Kommunisten', ,Republikanern' und ,Demokraten' noch kaum unterschieden wurde – und das gilt selbst für den jungen Marx. In dieser politischen Ursuppe der Demokratie sind die einzelnen ideologischen Elemente, wiewohl tendenziell unterscheidbar, noch nicht in gegenseitiger Frontstellung erstarrt, sondern entsprechen eher „gleitenden Signifikanten" (Ernesto Laclau). In einer Situation wie der unsrigen, in der die linke Gewissheitsgewissheit verloren gegangen ist, die progressiven Kräfte sich in einer Orientierungskrise befinden und ehemals festgezurrte ideologische Elemente wieder zu gleiten begonnen haben, kann der Rückblick auf einen in mancherlei Hinsicht vergleichbaren historischen Moment unseren emanzipatorischen Vorstellungshorizont erweitern. Die heutige Theorie radikaler Demokratie, die ja u.a. darauf zielt, das Prinzip der Gleichheit zu radikalisieren, also auf seine Wurzeln zurückzuführen, findet bereits in diesen Geburtsstunden moderner Demokratie den historischen Beleg für die wechselseitige Artikulationsfähigkeit von rechtlichem, politischem und sozialem Egalitarismus – was vor allem jenen zu denken geben sollte, die in jüngster Zeit den Kommunismus *gegen* die ,liberale Demokratie' wiederzubeleben versuchen (Badiou 2011, Douzinas/Žižek 2012, Dean 2012) und so den emanzipatorischen Vorstellungshorizont eher schließen denn öffnen.

Die zwei Gleichheiten II: Demokratischer Egalitarismus

Während das Kommunismusverständnis dieser neuen Antidemokraten vor dem Horizont von 1917 zu verorten ist, hat unsere ideengeschichtliche Rekonstruktion die demokratische Prägung des modernen Kommunismus sichtbar gemacht. Freilich sollte dieser äußerste linke Flügel des demokratischen Radikalismus nicht mit dem üblicherweise als bürgerlich beschriebenen Flügel gleichgesetzt werden. Dennoch teilen beide dieselben jakobinischen Wurzeln. Wenden wir uns nunmehr der ‚bürgerlichen‘ Tradition des demokratischen Radikalismus zu. Ohne Zweifel entfaltete diese ihre größte Wirkung in Frankreich, dem Geburtsland der demokratischen Revolution. Doch tatsächlich handelt es sich um eine transnationale Bewegung, die in allen Ländern der 1848er Revolution genauso wie in England eine Rolle spielte. In Deutschland wurde der demokratische Radikalismus zumeist dem Liberalismus zugeschlagen, und zwar als ‚Linksliberalismus‘, um ihn umso leichter für die bundesrepublikanische Mythenbildung um das Paulskirchenparlament instrumentalisieren zu können, auch wenn dort kaum *radikale* Radikale saßen. Als genuine Position des politischen Spektrums wurde er aus dem Gedächtnis gedrängt, wohl nicht zuletzt, weil radikaldemokratischen Parteien in der späteren deutschen Geschichte kaum Erfolg beschieden war.[8] In den skandinavischen und vor allem romanischen Ländern blieben radikale Strömungen im Parteienspektrum durchaus präsent.[9] Doch wenn meine These zutrifft, dass der Traditionsfaden des demokratischen Radikalismus gegenwärtig von Demokratisierungsbewegungen, weniger von Parteien fortgesponnen wird, dann bleibt

---

8 Was wenig überraschend ist, da alle Radikalen nach 1849 in die innere oder äußere Emigration gedrängt wurden, die Traditionslinie somit abriss und radikale Forderungen insbesondere nach Wahlrechtsreformen schließlich von der Sozialdemokratie aufgenommen wurden.

9 Der – aus deutscher Sicht – eigentümliche Umstand einer besonders starken romanischen Radikalismustradition wurde auf mehrere Ursachen zurückgeführt. Klaus von Beyme weist darauf hin, dass radikale Parteien vor allem in Ländern entstanden, die über eine republikanische und auf Massenpartizipation gerichtete Tradition verfügten, aufgrund einer gewissen ökonomischen Rückständigkeit vom Manchesterliberalismus weniger beeinflusst waren und Antiklerikalismus angesichts einer mit dem Staat verbündeten übermächtigen Kirche zum einigenden Band emanzipatorischer Bewegungen taugte (von Beyme 1984: 48-53). Für eine Diskussion italienischer und französischer Parteien des Radikalismus, die durchaus lohnend wäre und – aus einer am deutschen Parteienspektrum orientierten Perspektive – Überraschendes zu Tage fördern würde (wie etwa die Kandidaturen Antonio Negris oder Cicciolinas für die radikale Partei Italiens), fehlt an dieser Stelle leider der Raum.

auch der deutsche Fall eines *aborted radicalism* von Interesse für die Ideengeschichte radikaler Demokratie. In jedem Fall stärkt es unsere emanzipatorische Vorstellungskraft, historische Forderungskataloge mit aktuellen zu vergleichen.

Tatsächlich zeigt sich in der historischen Rekonstruktion ein über Ländergrenzen hinweg erstaunlich konstanter Kern an Forderungen. Im Zentrum steht das Prinzip politischer Gleichheit,[10] das sich in der weitreichenden Forderung nach dem allgemeinen, freien, gleichen, direkten, aktiven und passiven Wahlrecht auf allen körperschaftlichen Ebenen ausdrückte. Diese Forderung besaß eine Reihe von Implikationen, insbesondere die Anerkennung des Volkssouveränitätsprinzips, die Abschaffung nicht nur feudaler Privilegien, sondern auch des liberalen Privilegs des Besitzwahlrechts, die Abschaffung des Gottesgnadentums und in weiterer Folge die Abschaffung der monarchischen zugunsten der republikanischen Staatsform, die vollständige Trennung von Staat und Kirche bis hin zu einem radikalen Laizismus und schließlich, sah man doch in den fürstlichen Heeren zurecht eine Gefahr für die demokratische Revolution, die Einrichtung einer Volksmiliz oder Bürgerwehr. Natürlich war schon den Demokraten – und nicht nur den Kommunisten unter ihnen – bewusst, dass ihr Projekt einer sozialpolitischen Absicherung bedurfte. So bildete sich um die im engeren Sinne politischen Forderungen eine Korona weitergehender Forderungen nach dem Recht auf Arbeit oder Nationalwerkstätten, nach Aufteilung feudalen und kirchlichen Grundbesitzes, nach der Garantie von Mindestlöhnen, nach Einführung progressiver Einkommens- und Vermögenssteuern, nach der Einschränkung des Erbschaftsrechts, kurzum: nach der Ermöglichung eines menschwürdigen Lebens für alle. Was diesen Forderungskatalog vom Babouvismus wie von anderen frühsozialistischen Spielarten bis hin zum Marxismus unterscheidet, ist letztlich nur Eines: er beinhaltet nicht den Ruf nach Gütergemeinschaft bzw. umfassender Abschaffung des Privateigentums. In jeder anderen Hinsicht überschneiden sich die Kataloge. Und *beide* stehen in klarer Frontstellung zum Liberalismus ihrer Zeit. Nicht etwa, weil sie den meisten Forderungen des liberalen Katalogs – wie Meinungs- und Pressefreiheit, Assoziationsfreiheit, Gleichheit vor dem Gesetz, etc. – abgeneigt wären. Ganz im Gegenteil. Sozialisten wie Radikale verneinen diese Forderungen nicht, sie kritisieren nur die liberale Verunmöglichung ihrer Verwirklichung: „Sie wollen Freiheit und Gleichheit nicht auf dem Papier, sondern im wirklichen Leben und politische Rechte nicht nur für die Reichen, sondern für alle." (Seidel-Höppner

---

10 Ein Prinzip, mit dem zugleich der liberale Freiheitsbegriff radikalisiert wird.

2001: 60) Damit drängen sie auf die Radikalisierung und Verwirklichung der demokratischen Prinzipien.

Erneut lässt sich ein gewisses Gleiten ideologischer Positionen diagnostizieren. Zwischen 1830 und 1849 wechseln die Allianzen. Wo liberale Regierungen an die Macht kommen, zerbricht die Allianz zwischen Liberalen und Demokraten, die in der gemeinsamen Opposition zur Monarchie noch stabil war, während sich neue Allianzen wie die zwischen Demokraten und frühen Sozialisten gegen die Liberalen herausbilden. Die antidemokratische Seite des Liberalismus hingegen tritt immer stärker hervor. Umgekehrt beginnen sich die spezifischen Konturen eines demokratischen Egalitarismus abzuzeichnen, der vor der vollständigen Überwindung des Privateigentums zwar zurückschreckt, nicht aber vor dessen Einschränkung. In jeder anderen Hinsicht trifft man sich mit den frühen Sozialisten und Kommunisten. Das zeigt, wie abenteuerlich die übliche Zuordnung des demokratischen Radikalismus zur Ideologiefamilie des Liberalismus ist. Die zentrale Forderung der Demokraten nach dem allgemeinen, gleichen und von Eigentumsprivilegien unbeschränkten Wahlrecht ist eine genuin *anti*-liberalistische Forderung. Genauso mussten die durchaus weitreichenden sozialpolitischen Maßnahmen der Demokraten *gegen* die Liberalen durchgesetzt werden. Der Radikalismus ist kein Liberalismus.

Vom demokratischen Radikalismus zur radikalen Demokratie

Nun wird man sagen: Das allgemeine Wahlrecht ist heute längst errungen – was ist der Gewinn eines solchen Rekurse auf eine überkommene historische Position? Aber eine politische Position, nur weil sie historisch ist, ist noch nicht notwendig vergangen. In der Tat erscheint auf den ersten Blick das radikaldemokratische Programm weitgehend verwirklicht. Der demokratische Radikalismus – in seinen frühen Spielarten wie in seinen späteren etwa der Sozialdemokratie oder der Suffragetten – war beeindruckend erfolgreich. Die Diagnose trifft nicht allein auf das Wahlrecht zu. Die Souveränitätsidee des monarchischen Absolutismus hat allenfalls in arabischen Theokratien überlebt. Soziale Forderungen wie Arbeitslosenunterstützung oder progressive Einkommensbesteuerung, 1848 noch am Rande des Utopismus, sind durchgesetzt. Selbst die demokratische Idee einer Volksmiliz ist in die der allgemeinen Wehrpflicht aufgegangen, die ihrerseits mit dem Ende des Kalten Krieg obsolet wurde. Hat also die demokratische Revolution nicht längst gewonnen und ist, je nach ideologischem Standpunkt, zu

Recht von sozialistischen Revolutionen weitergeführt oder in den ‚liberal-demokratischen' Regimen der Gegenwart verwirklicht worden?

Diese Schlussfolgerung wäre überstürzt. Bei genauerer Betrachtung lässt sich feststellen, dass die demokratischen Forderungen keineswegs in ganzer Tiefe und Breite umgesetzt wurden. Das beginnt schon beim Wahlrecht, das, wie gesagt, bereits in der Verfassung von 1793 das Wahlrecht ansässiger Nicht-Franzosen miteinschloss. Auf nationaler Ebene wird ein solches Wahlrecht heute nicht einmal EU-Bürgern gewährt, da ein essentialistischeres Volkssouveränitätsverständnis dominiert als zu Zeiten der demokratischen Revolution. Genauso ließe sich fragen, wie tief die Trennung von Staat und Kirche tatsächlich in jenen Ländern reicht, in denen Kleriker vom Staat entlohnt werden, Kreuze in Schulzimmern hängen und der Staat das Eintreiben von Kirchensteuern übernimmt. Auch der Konstitutionalismus, wie er selbst in vielen EU-Staaten überlebt hat, garantiert im Regelfall nicht-gewählten Monarchen gewisse politische Vorrechte, insbesondere das Recht, den Auftrag zur Regierungsbildung zu erteilen und subtil auf mögliche Regierungskonstellationen Einfluss nehmen zu können. Auch stellt sich die Frage, ob in einem substantiellen Sinn von Demokratie die Rede sein kann, wenn neue Staatsbürger etwa Großbritanniens und der Commonwealth-Staaten ihren Treueeid auf ‚Her Majesty, the Queen' zu leisten haben. In Zeiten, in denen mit nationalen Treueeiden für Zugezogene chauvinistische Politik gemacht wird, betreffen solche Fragen keineswegs ‚bloße' Symbolpolitik, denn auch das Symbolische produziert reale politische Effekte. Ohnehin ist das Überdauern feudaler Besitzprivilegien, insbesondere in Bezug auf Ländereien, mehr als symbolisch. Nach wie vor ist in vielen europäischen Staaten ein großer Teil des Grundbesitzes in den Händen der Kirchen und des Adels, und auch in Deutschland erheben die Hohenzollern neuerdings wieder Anspruch auf Besitztümer ihrer Vorfahren.[11] Die bürgerliche Revolution, scheinbar tief versunken in der Geschichte, ist alles andere als abgeschlossen.

Es sind somit keineswegs nur jüngere Entwicklungen, wie von Colin Crouch unter den Begriff der Postdemokratie zusammengefasst, die Zweifel aufkommen lassen, ob die demokratische Revolution durchgängig gesiegt hat. In den genannten Punkten scheint sie nach wie vor unvollendet. Doch nicht nur das. Sie wird, darin haben die Vertreter der Postdemokratiethese nicht Unrecht, vom herrschenden Ultraliberalismus bedroht, der nicht weniger demokratiefeindlich agiert als seine frühen Vorläufer. Von dieser Bedrohung sind selbst die seit langem erfüllt geglaubten histori-

---

11 Die Queen gilt als die Hauptempfängerin von EU-Agrarsubventionen in England.

schen Forderungen des demokratischen Radikalismus betroffen. Immer wieder wird beispielsweise von neoliberalen Ökonomen und Parteien die Einführung einer *flat tax* gefordert; in einer Reihe von Staaten auch der Europäischen Union wurde die progressive Einkommenssteuer, die schon zu Zeiten der 1848er Revolutionen gefordert worden war, abgeschafft (und, wie in Slowakei, auch schon wieder neu eingeführt). Ähnlich undemokratisch sieht es vielerorts in Bezug auf Vermögens- und Erbschaftssteuern aus. Bei der Erbschaftssteuer zeigt sich in der EU ein gemischtes Bild. Die Mehrheit der EU-Staaten hebt sie ein, Deutschland weist eine im Ländervergleich sogar hohe Erbschaftssteuer auf, während sie etwa in Österreich seit 2008 der Vergangenheit angehört. Viel deutlicher ist das Bild bei der Vermögenssteuer. In Deutschland wird sie wie in den meisten anderen EU-Staaten, so sie denn je eingeführt wurde, schon seit langem nicht mehr erhoben. Interessanterweise sind es gerade die beiden der demokratischen Revolution am stärksten verpflichteten europäischen Länder, Frankreich und die Schweiz, die am längsten an der Vermögenssteuer festhalten, wobei sie in Frankreich politisch stark umkämpft ist und von Macron in eine reine Immobiliensteuer umgewandelt wurde.

Diese Darstellung hat sich ausschließlich auf Punkte beschränkt, die schon in den historischen Forderungskatalogen des demokratischen Radikalismus aufschienen. Von damals nicht abzusehenden Entwicklungen wie etwa den Steuervermeidungsstrategien von Großkonzernen war in dieser Darstellung noch nicht einmal die Rede. Wer also glaubt, der historische Grund für die Verteidigung und Ausweitung radikaldemokratischer Forderungen wäre aufgrund großer und anhaltender Demokratisierungserfolge weggefallen, sollte sich eines Besseren besinnen. Ein radikaldemokratisches politisches Projekt, das die Forderungen des demokratischen Radikalismus fortträgt, ist heute mehr denn je vonnöten – nicht nur zum Zweck der ‚Vollendung‘ der demokratischen Revolution (ohnehin wäre fraglich, ob Demokratie überhaupt vollendbar ist und nicht vielmehr, wie Derrida sagen würde, ‚im Kommen‘ bleiben muss), sondern vor allem zum Zweck der Vertiefung und Ausweitung des demokratischen Horizonts von Freiheit, Gleichheit, Solidarität und Volkssouveränität. Wo die meisten Parteien des traditionellen Spektrums seit Jahren darin versagen, ein entsprechendes Projekt zu formulieren, dort treten soziale Bewegungen, die sich immer häufiger als Demokratisierungsbewegungen verstehen, in die Fußstapfen des demokratischen Radikalismus.

Oliver Marchart

Demokratie als Selbstzweck

Fassen wir abschließend die demokratietheoretischen Implikationen dieses historischen Rückblicks zusammen. Eine integrative und systematische Theorie radikaler Demokratie muss bei entsprechender historischer Tiefenschärfe neben einer Reihe von Sekundärmerkmalen vor allem die *differentia specifica*, also das Alleinstellungsmerkmal der radikaldemokratischen Traditionslinie kenntlich machen können. Nur so kann deren ideologische Eigenständigkeit glaubhaft belegt werden. Worin also unterscheidet sich der demokratische Radikalismus von seinen engsten Nachbarn, dem Liberalismus und dem Sozialismus? Ich hatte es bereits angedeutet: Vom Liberalismus ist der Radikalismus im Kern unterscheidbar, weil ersterer ein alles andere als notwendiges Verhältnis zur Demokratie unterhält. An der Frage: Zensus- oder allgemeines Wahlrecht wurde gezeigt, dass sich Liberalismus und Radikalismus sogar als größte Feinde gegenüberstanden. Wenn schon nicht als philosophische Strömung, so doch als politische Bewegung ist der klassische Liberalismus nachgerade definiert durch „das konkrete Bestreben der besitzenden Klassen, ihre soziale Dominanz durch die Beschränkung des Wahlrechts zu wahren" (Canfora 2006: 102). Das unbeschränkte Wahlrecht ist dem historischen Liberalismus Anathema, ganz so wie es bis heute Forderungen nach sozialer und ökonomischer Gleichstellung sind. Ein ähnlich ambivalentes Verhältnis zur Demokratie – nur mit umgekehrten sozialen und ökonomischen Vorzeichen – unterhalten die meisten historischen Spielarten des Sozialismus. Soziale bzw. ökonomische Gleichstellung ist mit diktatorischen Mitteln möglicherweise effizienter zu organisieren als mit demokratischen, jedenfalls dachte man das eine Zeitlang. Weder der Sozialismus noch der Liberalismus ist auf Demokratie angewiesen.

Was am demokratischen Radikalismus *radikal* ist – und ihn vom Liberalismus und Sozialismus seiner Zeit abgrenzt –, das ist die nur ihm eigene Idee von Demokratie als *Selbstzweck*. Die Liberalen der Märzrevolution sahen in der Demokratie bestenfalls ein taktisches Zugeständnis an die radikalisierten Massen: keinen Selbstzweck, sondern ein notwendiges Übel.[12] Die heutigen Ultraliberalen unterscheiden sich darin nur wenig. Auf der anderen Seite verstanden die meisten Sozialisten und Kommunisten die

---

12 Das gilt auch für die Prinzipien des demokratischen Horizonts wie vor allem das demokratische Gleichheitsprinzip. Solange Gleichheit im liberalen Modell an die partikulare Emanzipation einer Kaste männlicher Besitzbürger geknüpft war, stellte sie gerade keinen Selbstzweck dar, sondern wurde von einem Besitzpatriarchat in Beschlag genommen, das sein Emanzipationsmittel monopolisierte.

politische Revolution als eine bloße Vorstufe der sozialen. Auch ihnen war Demokratie nicht Selbstzweck, sondern Mittel zum Zweck. Engels hat dies in einem Brief an Eduard Bernstein von 1884 explizit ausgesprochen:

> „auch das Proletariat braucht zur Besitzergreifung der politischen Gewalt demokratische Formen, sie sind ihm aber, wie alle politischen Formen, nur Mittel" (MEW 36: 128).

Der demokratische Radikalismus, dessen leiseste Anklänge im Gothaer-Programm der deutschen Sozialdemokratie noch vom späten Marx verdammt wurden, sah in demokratischen Formen hingegen den eigentlichen Zweck des Politischen. Nicht anders verhält es sich heute mit radikaler Demokratie. Was im Jargon der Politikwissenschaft als Output-Legitimation bezeichnet wird, spielt aus radikaldemokratischer Sicht keine entscheidende Rolle. Radikale Demokratie unterhält kein funktionalistisches Verhältnis zum Horizont demokratischer Prinzipien. Daher sucht sie den Sinn von Demokratie auch nicht in pragmatischen Legitimationsgründen *jenseits* von Demokratie selbst. Wenn etwa behauptet wird, die real existierenden (‚liberal-')demokratischen Systeme würden *per se* zur Angleichung sozialer Bedingungen beitragen, dann belegt schon die immer weiter aufgehende Vermögensschere das Gegenteil. Soziale Gleichstellung ist kein ‚output' eines bestimmten Regierungssystems, kein ‚added value', das mit dem Einkauf einer freiheitlich-demokratischen Grundordnung frei Haus mitgeliefert würde, sondern ein im demokratischen Horizont selbst verankertes Ziel radikaler Kämpfe, das erreicht oder nicht erreicht werden kann.[13]

Volkssouveränität hat ihren Zweck in sich selbst, nicht in ihr äußerlichen Nützlichkeits- oder Optimierungserwägungen. Und wo der Zweck von Demokratisierung in der größtmöglichen Ausweitung von Befreiungs-, Gleichstellungs- und Solidarisierungseffekten besteht, dort ist die Output-Legitimation ident mit dem historischen Input: der ‚Erfindung' dieser demokratischen Prinzipien. Wenn radikal heißt, dass die Wurzel der Demokratie die Demokratie selbst ist, Demokratie somit als Selbstzweck zu verstehen ist, dann muss dies auch für die demokratischen Prinzipien von Freiheit, Gleichheit und Solidarität gelten. Die Position des demokratischen Radikalismus sieht in diesen Prinzipien keine bloßen Instrumente zur Verwirklichung historischer, sozialer oder ideologischer Ziele, sondern nicht weiter begründbare Gründe. Nicht nur deshalb, weil diese Prinzipi-

---

13 Ohnehin kursieren alle möglichen Mythen über die ‚added values' liberaldemokratischer Systeme, wie etwa über deren friedliebende Natur.

en im postfundamentalistischen Sinn *an-archisch*, also auf keinen ‚ontologischen' oder metaphysischen Grund rückführbar sind, sondern auch, weil aus demokratischer Sicht keine ‚ontische' Möglichkeit ihrer letzten Grundlegung existiert. Demokratische Prinzipien ruhen auf keinem letzten, sondern immer nur auf einem vorletzten, historisch-politischen Institutionsmoment, das so umkämpft ist wie es kontingent ist. Dieser genealogische Grund der demokratischen Prinzipien ist die demokratische Revolution: der historische Moment ihrer Erfindung im Handgemenge politischer Auseinandersetzung.

Eine politische Theorie radikaler Demokratie muss, um den Demokratisierungskämpfen der Gegenwart gerecht zu werden, zu dieser Urszene zurückkehren, in der die politischen Positionen des Radikalismus, Sozialismus, Kommunismus und progressiven Liberalismus noch nicht in wechselseitiger Feindschaft erstarrt waren, sondern fluide Allianzen eingingen. Nicht weil die historische Situation dieselbe wäre, obgleich gewisse Parallelen zur Phase des aggressiven *enrichissez vous!*-Liberalismus ins Auge stechen, sondern weil es die unabgegoltenen Potentiale der demokratischen Revolution in Form neuer Bündnisse wiederzubeleben gilt. Es geht darum, die Blickachse auf den Möglichkeitshorizont der Demokratie wieder freizuräumen von den Selbstblockaden linker Gewissheitsgewissheit. Zugleich gilt es, in einem historischen Raum, in dem in sich verkapselte Ideologeme eines fragmentierten und desillusionierten Progressismus unverbunden herumschweben, so lange neue Verknüpfungen herzustellen, bis sich die Konturen eines gegenhegemonialen Projekts – Gramsci hätte von einem ‚kollektiven Willen' gesprochen – der radikalen Demokratisierung abzeichnen. Die demokratische Revolution muss – wie jedes andere politische Projekt – immer aufs Neue aktualisiert werden, soll sie politische Wirkkraft entfalten. Dies ist freilich keine rein intellektuelle Tätigkeit. Es ist in erster Linie eine politische Tätigkeit, die im alltäglichen politischen Konflikt erprobt wird und der man den Namen eines radikalen Experimentalismus geben könnte.

Literaturverzeichnis

Badiou, Alain 2011: *Die kommunistische Hypothese*. Berlin.
Balibar, Etienne 2015: *Citizenship*. Cambridge.
von Beyme, Klaus 1984: *Parteien in westlichen Demokratien*. München.
von Beyme, Klaus 2013: *Sozialismus. Theorien des Sozialismus, Anarchismus und Kommunismus im Zeitalter der Ideologien 1789-1945*. Wiesbaden.
Canfora, Lucio 2006: *Eine kurze Geschichte der Demokratie*. Köln.

Comtesse, Dagmar/Flügel-Martinsen, Oliver/Martinsen, Franziska/Nonhoff, Martin (Hg.) 2019: *Radikale Demokratietheorie. Ein Handbuch*. Berlin.

Crouch, Colin 2008: *Postdemokratie*. Berlin.

Dean, Jodi 2012: *The Communist Horizon*. London/New York.

Douzinas, Costas/Žižek, Slavoj (Hg.) 2012: *Die Idee des Kommunismus I*, Hamburg.

Furet, Francois/Richet, Denis 1989: *Die Französische Revolution*, Frankfurt/M.

Hazareesingh, Sudhir 2004: Jacobinisme(s) en France: diversité, continuités et changements. In: Basquias, Paul (Hg.), *Deux siècles de débats républicains (1792-2004)*. Paris, S. 13-28.

Hobsbawm, Eric 1992: *The Age of Revolution. Europe 1789-1848*. London: Abacus.

Honneth, Axel 2015: *Die Idee des Sozialismus. Versuch einer Aktualisierung*. Berlin.

James, J. L. R. 1984: *Die schwarzen Jakobiner. Toussaint Louverture und die Unabhängigkeitserklärung in Haiti*. Köln.

Kioupkiolis, Alexandros/Katsambekis, Giorgos (Hg.) 2014: *Radical Democracy and Collective Movements Today. The Biopolitics of the Multitude versus the Hegemony of the People*. Farnham.

Lefort, Claude 1994: *L'invention démocratique*. Paris.

Levitsky, Steven/Ziblatt, Daniel 2018: *How Democracies Die. What History Reveals about Our Future*. New York.

Lichtheim, George 1968: *The Origins of Socialism*. London.

Lyotard, Jean-Francois 1999: *Das postmoderne Wissen. Ein Bericht*. Wien.

Manow, Philip 2020: *(Ent-)Demokratisierung der Demokratie. Ein Essay*. Berlin.

Marchart, Oliver 2010: *Die politische Differenz. Zum Denken des Politischen bei Nancy, Lefort, Badiou, Laclau und Agamben*. Berlin.

Marchart, Oliver 2013: *Das unmögliche Objekt. Eine postfundamentalistische Theorie der Gesellschaft*. Berlin.

Marchart, Oliver 2017: Liberaler Antipopulismus. Ein Ausdruck von Postpolitik. In: *Aus Politik und Zeitgeschichte* 44-45, S. 11-16.

Marchart, Oliver 2018: *Thinking Antagonism: Political Ontology After Laclau*. Edinburgh.

Marchart, Oliver 2021: *Der demokratische Horizont. Politik und Ethik radikaler Demokratie*. Berlin (i.E.).

Merkel, Wolfgang/Vehrkamp, Robert 2020: *Populismusbarometer 2020. Populistische Einstellungen bei Wählern und Nichtwählern in Deutschland 2020*. Bertelsmann Stiftung, Gütersloh. https://www.bertelsmann-stiftung.de/fileadmin/files/BSt/Pu blikationen/GrauePublikationen/ZD_Einwurf_2_2020_Populismusbarometer.p df.

Mouffe, Chantal 2010: *Das demokratische Paradox*. Wien.

Mounk, Yascha 2018: *Cambridge, The People vs. Democracy. Why Our Freedom is in Danger and How to Save it*. MA.

Offe, Claus (Hg.) 2003: *Demokratisierung der Demokratie. Diagnosen und Reformvorschläge*. Frankfurt/M./New York.

Oliver Marchart

Pettit, Philip 2015: *Gerechte Freiheit. Ein moralischer Kompass für eine komplexe Welt.* Berlin.

Runciman, David 2018: *How Democracy Ends.* London.

Seidel-Höppner, Waltraud 2001: Frühsozialistisches Demokratieverständnis – Kritik und Anspruch. In: *Sitzungsbericht der Leibniz Sozietät* 48, S. 55-85.

Snyder, Timothy 2018: *The Road To Unfreedom. Russia, Europe, America.* New York.

Tonder, Lars/Thomassen, Lasse (Hg.) 2005: *Radical Democracy. Politics between abundance and lack.* Manchester.

Trend, David (Hg.) 1996; *Radical Democracy. Identity, Citizenship, and the State.* New York.

Vovelle, Michel 2001: *Les Jacobins. De Robespierre à Chevènement.* Paris.

Der letzte Universalismus.
Foucaults Freiheitsdenken und die Begründung von radikaler Demokratie im Postfundamentalismus[1]

Karsten Schubert

Die Debatte um die politische Differenz stellt Kontingenz und Konfliktualität als fundamentale Eigenschaften des Politischen heraus. Dies birgt ein Problem für die postfundamentalistische Demokratietheorie, die auf Augenhöhe mit dieser Debatte argumentieren will: Durch die Kontingentsetzung aller normativen Begründungen ist zunächst unklar, welche Art von demokratischen Institutionen wie begründet werden kann, und sogar, ob es überhaupt eine von der postfundamentalistischen Sozialontologie ausgehend argumentierende normative Begründung für demokratische Institutionen geben kann. Meine These ist, dass Freiheit, verstanden als kontinuierliche selbstreflexive Kritik, derjenige normative Begriff ist, der sich aus der Sozialontologie von Konflikt und Kontingenz herleiten lässt. Anders gesagt: Freiheit als Kritik ist derjenige Universalismus, der sich aus der Ontologie des Partikularismus ableitet. Freiheit als Kritik kann dabei einerseits das Operieren einiger Institutionen in liberal-pluralistischen Demokratien beschreiben, und andererseits als radikaldemokratisch-normativer Kritikbegriff für die Analyse ihrer Dysfunktionalität dienen.

Um diese These zu begründen, gehe ich zurück zu einem Theoretiker, der eine Grundlage der aktuellen Debatte um das Politische bildet: Foucault, dessen Machttheorie als Ansatz einer Sozialontologie der Kontingenz und Konfliktualität gelten kann. Gleichzeitig hat Foucault den Begriff der Freiheit als den zu dieser Ontologie passenden normativen Begriff herausgestellt. Durch eine Rekonstruktion und Kritik der sozialphilosophischen Debatte um Freiheit in Foucaults Werk lässt sich der Begriff der Freiheit als Kritik systematisch bestimmen. So kann – mit Foucault gegen Foucault – gezeigt werden, dass er nur innerhalb einer pluralistischen, liberalen und radikalen Demokratietheorie gedacht werden kann. Die Methode der Rekonstruktion und Kritik der sozialphilosophischen Debatte

---

1 Eine frühere und kürzere Version dieses Artikels ist als Blogbeitrag erschienen, siehe Schubert 2017.

um Freiheit bei Foucault ist nötig, weil Foucault selbst gar nicht systematisch am Problem der Freiheit gearbeitet hat, sondern erst vermittelt durch diese Debatte an die politische Theorie anschlussfähig wird.

Anstatt nun aber die komplette Rekonstruktion von ‚Freiheit als Kritik' aus der Debatte um Foucault aufzuzeigen, werde ich die Implikationen des Begriffs für das eingangs geschilderte Begründungsproblem systematisch darlegen.[2] Dafür gehe ich in drei Schritten vor: Erstens erläutere ich das Begründungsproblem im Postfundamentalismus und die sich daraus ergebenden Anforderungen für Freiheit als letzten Universalismus. Zweitens zeige ich die systematischen Grundzüge von Freiheit als Kritik auf, insbesondere, warum ein solcher Begriff der Freiheit nur in Hinblick auf politische Institutionalisierung verstanden werden kann. Drittens führe ich beides zusammen und synthetisiere den Foucault'schen Beitrag zur radikalen Demokratietheorie.

1. Das Begründungsproblem im Postfundamentalismus

In der Debatte um das Politische, so das Problem, welches hier den Ausgangspunkt bildet, ist unklar, welche politischen Institutionen wünschenswert sind, steht doch die Analyse des Politischen in einem Gegensatz zur normativen Demokratietheorie.[3] Dieses Problem ist in der postfundamentalistischen Beschreibung des Politischen als grundsätzlich konflikthaft und kontingent angelegt, wie es unter anderem von Foucault, Rancière, Laclau und Mouffe verstanden wird. Denn politische Theorie, die tiefe politische Kontingenz konstatiert – also Kontingenz nicht nur bezüglich spezifischer politischer Auseinandersetzungen, sondern auch bezüglich der politischen Rahmenordnung – eine solche Theorie wäre widersprüchlich, wenn sie einen bestimmten institutionellen Rahmen der Politik als richtig

---

2 Die vollständige Rekonstruktion und Kritik der Debatte um Freiheit bei Foucault und die Herleitung des Arguments, dass Freiheit als Kritik nur als Resultat von freiheitlicher Subjektivierung durch politische Institution verstanden werden kann, habe ich in Schubert (2018) vorgenommen. Dort untersuche ich vier verschiedene Interpretationsstrategien von Foucaults Werk in Bezug auf das Freiheitsproblem anhand von exemplarischen Vertreter_innen dieser Strategien und leite durch eine interne Kritik dieser Texte den Begriff der Freiheit als Kritik her. Die vier Strategien und ihre Vertreter_innen sind: 1. Foucault ist kohärent (Paul Patton 1989), 2. Foucault korrigiert sich (Thomas Lemke 1997), 3. Foucault kritisiert kohärent (Martin Saar 2007), 4. Foucault ist nicht genug (Amy Allen 2008).
3 Siehe zur Debatte um das Politische die einschlägigen Sammelbände Flügel et al. 2004; Heil/Hetzel 2006; Bedorf/Röttgers 2010; Bröckling 2010.

und gut festsetzen würde. Anders gesagt: Wenn man, und ich folge hier Oliver Marchart, den Postfundamentalismus als die Einsicht in die Kontingenz aller Letztbegründungen, also die Abwesenheit von letzten Gründen versteht, dann führt dies zu neuen Schwierigkeiten, normative Demokratietheorie zu betreiben (Marchart 2011b). Denn normative Demokratietheorie zielt auf die Begründung von allgemeiner institutioneller Ordnung und impliziert dadurch eine universalistische Position, die postfundamentalistisch gerade ausgeschlossen wird. Nach Marchart folgt deshalb aus dem Postfundamentalismus nicht notwendig, dass Demokratie die richtige Regierungsform ist, sondern nur, dass Demokratie immer postfundamentalistisch ist. Marchart entwickelt die Implikationen des Postfundamentalismus für die Demokratie im Raster der Ethik weiter und argumentiert für eine Ethik der Selbstentfremdung als Grundlage der Demokratie (Marchart 2011a, 2010).

Ich möchte dagegen versuchen, die Konsequenzen des Postfundamentalismus für die Begründung demokratischer Institutionen in den Blick zu nehmen. Ich gehe davon aus, dass das Problem der Begründung von Institutionen in der Frage nach dem Politischen immer anwesend ist, weil die Thematisierung der sozialontologischen Basis der Politik Konsequenzen für die institutionelle Ordnung der Politik hat. Und das Politische als grundsätzlich kontingent zu bestimmen führt zu spezifischen Konsequenzen.

Entscheidend ist zunächst, dass die Dimension der Notwendigkeit und Universalität nicht ausgeschaltet ist. Dies ist in der logischen Struktur der Allaussage zur Kontingenz beziehungsweise zum Partikularismus sichtbar. Es gibt keine Notwendigkeit, sondern alle Gründe sind kontingent; es gibt keine universelle Position, sondern nur Partikularität. Doch diese Aussage ist selbst universell und nicht kontingent bzw. partikular. Die Aussage ist damit aber nicht einfach widersprüchlich, vielmehr weist ihre auf den ersten Blick widersprüchliche Struktur auf unterschiedliche Aussagenebenen hin.[4] Was kontingent ist, sind alle ethisch-politischen Projekte; worüber

---

4 Mein Argument ist deshalb anders gelagert als Marcharts Insistieren, dass Postfundamentalismus kein Antifundamentalismus sei (Marchart 2009: 134-136). Antifundamentalismus versteht Marchart als die Ablehnung aller Begründung, wobei er diese Position unter anderem Richard Rorty zuschreibt. Postfundamentalismus, exemplarisch vertreten von Ernesto Laclau, geht dagegen davon aus, dass alle Begründung kontingent sei, konstatiert aber gleichzeitig, dass das Politische auf ständiger Begründungsbehauptung beruhe und Politik der Kampf um die Hegemonie von universalistischen politischen Behauptungen sei. Während ich diese politische Ontologie für plausibel halte, bin ich daran interessiert, wie sie zu Fra-

dennoch universell gesprochen werden kann, ist der Pluralismus dieser Projekte, die sozialontologische Erklärung dafür (Machttheorien) und der Umgang damit (Demokratietheorien).

Weiter noch: Die Einsicht in die Kontingenz *verpflichtet* auf universalistisches politiktheoretisches Sprechen, denn das Bewusstsein der Partikularität der eigenen Position führt zur Einsicht in die Notwendigkeit von politischem Pluralismus – und damit zur demokratietheoretischen Frage, wie damit umgegangen werden kann. Als linke_r Politiktheoretiker_in ist man dadurch in der Spannung zwischen zwei Rollen: Einerseits als linke_r Aktivist_in, die eine bestimmte partikulare politische Position vertritt, andererseits als Politiktheoretiker_in, die nach philosophischer, universeller Wahrheit über die Politik strebt – und ihren Gegenstand deshalb als ‚das Politische' bezeichnet.[5]

Die Begründung von politischen Institutionen ist also auch im Postfundamentalismus nötig. Doch die Universalisierung der Kontingenz produziert neue Herausforderungen. Denn nicht nur werden die Politik und ihre jeweiligen Begründungen als kontingent ausgewiesen, sondern auch die politische Theorie und ihre Reflexion des Politischen. Wenn die Bestimmung des Politischen eindeutig wäre (und nicht immer schon durch partikulare Politik kontaminiert), dann wäre die angesprochene Rollentrennung klar und einfach. Man könnte einfach einmal als Aktivist_in, einmal als Theoretiker_in sprechen. Doch tatsächlich – und das macht die bestechende Komplexität der Debatte um das Politische erst aus – ist die Trennung niemals klar zu ziehen, sondern noch selbst kontingent. Postfundamentalistische politische Theorie beruht dann auf kontingenten Begründungen, die die kontingenten Begründungsversuche der Politik zum Thema haben. Politiktheoretische Begründung muss also unter dem Vorzeichen ihrer eigenen Unmöglichkeit operieren, und das führt zu neuen formalen Anforderungen: Temporalisierung und Prozeduralisierung. Das Universelle kann nicht mehr abschließend festgelegt werden, sondern kann nur im Verlauf der Zeit immer wieder neu bestimmt werden, genau wie die Prozeduren, die diese Bestimmung leisten. Weil man auch die Prozeduren nicht ein für alle Mal festlegen kann, bleibt als letzter Universalismus die formale Feststellung ihrer Funktionsanforderung: Sie müssen

---

gen in der politischen Theorie führt. Aus der Diagnose, dass Politik der Kampf um kontingente Begründungen ist (die Marchart postfundamentalistisch nennt), leite ich die Notwendigkeit von universeller Demokratietheorie als einzige Möglichkeit zum politiktheoretischen Umgang mit dieser pluralistischen Diagnose ab.

5 Ein Bespiel für die Performance dieser Spannung im Text ist Chantal Mouffes *Über das Politische* (Mouffe 2009).

ständige Kritik, Reflexion und Re-Evaluation erlauben. Dies ist der Kern des Freiheitsbegriffes bei Foucault.

2. Freiheit als Kritik

Ich schildere nun – sehr schematisch – den Aufbau des Arguments für Freiheit als Kritik.[6] Während die Analyse des Begründungsproblems die Anforderungen für den normativen Begriff, auf dem Demokratie gründen kann, schon umrissen hat, gehe ich jetzt von der anderen Seite vor, und rekonstruiere diesen Begriff – Freiheit – aus der sozialphilosophischen Debatte um Foucaults Werk.

2.1 Subjektivierung

Subjektivierung bedeutet, dass Subjekte durch Macht konstituiert sind. Macht ist produktiv – sie ermöglicht denken und handeln von Subjekten; das heißt aber, dass es keine Eigenschaften des Subjekts gibt, von denen man sicher sagen kann, dass sie nicht durch Macht im Prozess der Subjektivierung instanziiert worden sind. Insbesondere können keine anspruchsvollen Fähigkeiten als der Subjektivierung vorgängig im Subjekt angenommen werden. Zwar subjektivieren sich Subjekte auch selbst, Subjektivierung ist also kein passives Erleiden des Subjekts, sondern ein aktiver Vorgang des sich selbst Subjektivierens. Doch über die entsprechenden Selbsttechnologien verfügen die Subjekte wiederum nicht vorgängig oder autonom, vielmehr sind auch diese durch Macht instanziiert. Diese Situation stellt den Freiheitsbegriff vor ein Problem: Freiheit kann nicht negativ als Nichteinmischung gefasst werden, weil es keinen eigenen und inneren Kern des Subjekts gibt, der vom Verdacht der Vermachtung ausgenommen wäre. Freiheit kann auch nicht positiv in der einfachen Übernahme und Anerkennung der subjektivierenden Macht bestehen, weil diese oft unterwerfende Effekte hat. Zwar ist Macht nach Foucault produktiv, doch dies lässt offen, ob ihre produktiven Effekte repressiv oder freiheitlich sind.

---

6 Das Folgende ist eine leicht überarbeitete Version des Abschnitts „Das Argument" aus der Monographie *Freiheit als Kritik* (Schubert 2018: 305-312). Dieser Abschnitt der Monographie kondensiert das Argument systematisch, das davor aus einem kritischen *close reading* der verschiedenen Beiträge der sozialphilosophischen Debatte um Foucault entwickelt wurde.

Das Freiheitsproblem der Subjektivierung besteht in der Frage, wie Freiheit in dieser Situation der Äquidistanz zu einem negativen und positiven Freiheitsbegriff gedacht werden kann.

2.2 Freiheit

Freiheit in Bezug auf das Freiheitproblem der Subjektivierung bedeutet die Fähigkeit zur reflexiven Kritik der eigenen Subjektivierung. Diese Fähigkeit ermöglicht es, mit Subjektivierung als Freiheitsproblem umzugehen. Sie ist eine höherstufige Reflexion im Gegensatz zu der einfach durch Subjektivierung gestifteten Reflexion, die es ermöglichen kann, die von der Subjektivierung instanziierte Reflexion zu überschreiten. Anders gesagt ist Freiheit eine bestimmte Selbsttechnologie, deren Operation in der Reflexion der potentiellen Vermachtung aller Selbsttechnologien besteht. Zwar ist auch Freiheit als Kritik von der Subjektivierung abhängig – ,absolute' Freiheit oder Freiheit als einen festgesetzten Status wird es also nicht geben können –, doch als immer über sich selbst hinauszielende Bewegung kann sie so viel Distanz zur und Eigenständigkeit gegenüber der Subjektivierung wie möglich erreichen. Freiheit als Kritik ist eine internalisierte, ständige Hermeneutik des Verdachts, die immer alles, und auch sich selbst, kritisch überprüft. Dabei kommt sie zu keinem Stillstand, sondern kann nur kritische Operation an kritische Operation anschließen; sie ist deshalb eine Praxis (und kein Status oder Zustand), die aber dennoch von Fähigkeiten abhängig ist.

Durch diese Operation der Kritik, diese Arbeit an sich selbst, kann ein Subjekt sich selbst transformieren und sich von den es konstituierenden Subjektivierungen emanzipieren; es kann im Subjekt dadurch also Unabhängigkeit und tatsächliche Eigenständigkeit gegenüber dem es konstituierenden Außen entstehen. Es entsteht Neues, das sich nicht auf Macht verrechnen lässt. Freiheit ist eine emergente Operationsebene gegenüber den das Subjekt konstituiert habenden Subjektivierungen – innerpsychische Emergenz. Wie genau das Neue in die Welt kommt, lässt sich nicht vorhersagen; es lässt sich aber sagen, dass diese Art innerpsychischer Emergenz durch freiheitliche Subjektivierungen wahrscheinlicher ist.[7]

---

7 Deleuze scheint mit seiner Beschreibung der Subjektivierung als Faltung der Macht, also einer Faltung des Außen, die ein Inneres konstituiert, solche Emergenz im Sinn zu haben. Doch im Unterschied zur hier vertretenen Konzeption hat Deleuze kein Konzept von unterschiedlichen Arten von Faltungen oder ,Faltungstie-

Als voraussetzungsreiche Fähigkeit kann Freiheit als Kritik nicht vorgängig im Subjekt angenommen werden. Vielmehr legt subjektivierungstheoretisches Denken es nahe, Freiheit als Kritik als ein Resultat von Subjektivierung aufzufassen – denn die Eigenschaften der Subjekte sind von Macht im Prozess der Subjektivierung instanziiert. Als paradigmatischer Fall einer solchen freiheitlichen Subjektivierung kann die genealogische Kritik gelten, die ihre Leser_innen dazu anregt, ihre eigene Subjektivierung kritisch zu reflektieren, und dadurch die Fähigkeit der Freiheit als Kritik in ihnen instanziieren kann – aber auch andere Praxen der Gesellschaftskritik ermöglichen dies, wenn sie Subjektivierung als Freiheitsproblem thematisieren.[8] Insofern Subjektivierung*en* immer im Plural auftreten und langfristig wirken, sich also im Subjekt über den Zeitverlauf sedimentieren und sich erst durch Wiederholung tief einschreiben, kann davon ausgegangen werden, dass auch freiheitliche Subjektivierungen vor allem dann zu Freiheit als Kritik führen können, wenn sie langfristig und wiederholt wirken.

2.3 Modalitäten der Freiheit

Gesellschaftskritik, die Subjektivierung problematisiert, kann als freiheitliche Subjektivierung wirken. Mit anderen Worten: Sie kann die Fähigkeit der Freiheit als Kritik in Subjekten instanziieren. Doch mit dieser Feststellung der generellen Möglichkeit von Freiheit (durch Gesellschaftskritik) ist das Freiheitsproblem der Subjektivierung noch nicht gelöst, sondern nur verschoben. Denn die generelle Möglichkeit von Freiheit festzustellen kann nicht als Lösung dieses Problems gelten, in dessen Zentrum die

---

fen', sondern scheint vorauszusetzen, dass diese Emergenz immer gleichermaßen auftritt, vgl. Deleuze 2004.

8 An dieser Stelle kann nun eine Differenzierung verschiedener Kritikangebote daraufhin stattfinden, ob sie tatsächlich Subjektivierung thematisieren oder mit einem theoretischen Instrumentarium arbeiten, das den Prämissen der Subjektivierungstheorie widerspricht. Beispielsweise könnten orthodoxe Formen der Ideologiekritik kritisiert werden, wenn sie in der Repressionshypothese stecken bleiben und ein unentfremdetes Wesen des Menschen annehmen. Auf solche Abgrenzungen kann hier nicht weiter eingegangen werden. Ein inklusiver Umgang mit anderen Kritikangeboten erscheint allerdings geboten, weil die Problematisierung des prekären Verhältnisses zwischen Gesellschaft und Individuum seit der Moderne ein geteiltes Kernanliegen von (kritischer) Sozialphilosophie insgesamt ist, vgl. Saar 2009: 567. Kurz: Auch subjektivierungstheoretisch problematische Kritikangebote wirken reflexionssteigernd, solange sie nicht in Orthodoxie verfallen.

begründete Befürchtung steht, dass wir viel unfreier sind, als wir denken. Wenn man sich mit der Aussage ‚Freiheit ist möglich' zufriedengibt, muss man dafür die Hermeneutik des Verdachts suspendieren – was widersprüchlich ist, war sie doch der Stein des Anstoßes. Kurz: Man verliert das Problem als sozialphilosophisches Problem aus den Augen, wenn man sich mit Aussagen in der Modalität der allgemeinen Möglichkeit zufriedengibt, weil sie keine adäquate Antwort auf die begründete Befürchtung der weitgehenden Vermachtung sind.

Eine adäquate Antwort erfordert die Umstellung der Modalitäten: nicht allgemeine Aussagen der Möglichkeit, sondern Unterscheidungen verschiedener Wahrscheinlichkeiten sind nötig. Entsprechend kann die Identifikation – und, daran anschließend, deren Herbeiführung – von solchen sozialen Situationen, in denen freiheitliche Subjektivierung wahrscheinlicher ist, als Lösung des Freiheitsproblems der Subjektivierung gelten. Es geht also darum, modal robuste Praxen bezüglich der freiheitlichen Subjektivierung zu identifizieren, also solche, die unter verschiedenen Umständen mit hoher Wahrscheinlichkeit freiheitlich subjektivieren. Solche modal robusten Subjektivierungspraxen können auch als Subjektivierungsregime bezeichnet werden. Die Notwendigkeit der Identifikation freiheitlicher Subjektivierungsregime leitet sich auch aus der beschriebenen langfristigen Wirkweise von Subjektivierung ab: Nur wenn die freiheitlich subjektivierende Gesellschaftskritik wiederholt und langfristig wirkt, kann davon ausgegangen werden, dass Subjekte die Fähigkeit zur Freiheit als Kritik ausbilden. Schon deshalb wäre es nicht genug für die Bestimmung von Freiheit, festzustellen, dass freiheitliche Subjektivierung immer möglich ist, weil dies nicht ausschließt, dass sie nur gelegentlich und zufällig auftaucht. Dieses ‚Argument der modalen Robustheit' ist der entscheidende Schritt meiner Argumentation über die existierende Literatur zu Foucault hinaus.[9] Daraus leitet sich die Notwendigkeit ab, das Problem der Freiheit in eine Frage nach der Institutionalisierung von Freiheit zu transformieren.

2.4 Verortung von Freiheit

Bis hierhin ergab sich die Argumentation aus den begrifflichen Anforderungen der Definition von Freiheit vor dem Hintergrund des Freiheitsproblems der Subjektivierung. Freiheit kann als Fähigkeit zur Kritik der eige-

---

9 Siehe zum Argument der modalen Robustheit auch Schubert 2020a.

nen Subjektivierung definiert werden, die davon abhängt, durch freiheitliche Subjektivierungsregime instanziiert zu werden, durch die freiheitliche Subjektivierung wiederholt und langfristig wirkt, also modal robust ist. Diese Definition lässt aber noch offen, wo genau Freiheit verortet und weiter untersucht werden sollte. So könnte beispielsweise ein dauerhaft stabiles freiheitliches Subjektivierungsregime einer bestimmten Protest- oder Subkultur, in der kritisch reflektiert wird, als Ort der Freiheit analysiert werden. Insbesondere die queere Kritik an Heteronormativität und die von ihr entworfenen gegenhegemonialen Identifikationsangebote, die ‚Normalität' subversiv umschreiben, könnten als Paradebeispiel für freiheitliche Subjektivierung untersucht werden, wie Amy Allen vorschlägt (Allen 2008).

Doch eine solche Verortung von Freiheit in einem spezifischen politischen Projekt wird dem prozeduralistischen und konflikthaften Charakter von Freiheit nicht gerecht. Wenn Freiheit als ein bestimmtes ethisch-politisches Projekt festgeschrieben wird, dann verliert sie ihren begrifflichen Kern der immer weitergehenden Hyperreflexion und es wird suggeriert, dass die eine Art von ethisch-politischer Subjektivierung, die von der ethischen-politischen Freiheitstheorie als gut ausgezeichnet wurde, unumstritten sei. Dies ist jedoch ein unzulässiges Argument in einer postfundamentalistischen Argumentation, die davon ausgeht, dass jeder Anspruch auf politische Universalität partikular ist, es also keine Repräsentation der ganzen Gesellschaft im Politischen geben kann. Darüber hinaus geht die Hermeneutik des Verdachts, die dem Konzept der Freiheit als Kritik zugrunde liegt, davon aus, dass jede partikulare Politik der Freiheit leicht in Repression umschlagen kann. Deshalb ist es sinnvoll, Freiheit nicht nur in Protestbewegungen zu verorten, sondern die Fragestellung in eine demokratietheoretische zu transformieren, in der mit dem Problem der potentiell paternalistischen Normierungsansprüche von ethisch-politischen Projekten, also der Umstrittenheit von Freiheit, umgegangen werden kann. Dieser Argumentationsschritt geht endgültig über den Foucault'schen Rahmen hinaus und führt den Begriff der Freiheit als Kritik (zurück) in die politische Theorie.

2.5 Freiheit für alle und Demokratietheorie

Dieses bis jetzt geschilderte Argument für die Verortung von Freiheit in demokratischen Institutionen ist noch aus der formalen Logik von Freiheit als Kritik abgeleitet, und ihm könnte widersprochen werden, indem man die Protestbewegungen so reflexiv konzipiert, dass sie gegen das Umschlagen in Repression gewappnet sind, während man gleichzeitig argumentiert, dass politische Institutionen grundsätzlich repressiv seien – von Rancière werden sie in diesem Sinn „Polizei" genannt (Rancière 2002). Wenn man den Freiheitsbegriff aber – wie Allen dies tut (Allen 2008) – in einer immanenten Kritik als normativen Wert der Spätmoderne rekonstruiert und damit das Ziel begründet, Freiheit für alle, gesellschaftsweit zu verwirklichen, dann reicht der Fokus auf die (eigene) politische Protestbewegung nicht aus, sondern das allgemeine Institutionendesign der Gesellschaft rückt notwendig in den Fokus.[10] Zwar ist der Freiheitsbegriff immer schon normativ: Es ist klar, dass Freiheit im Rahmen der Subjektivierungstheorie wünschenswert ist, dass es also gut ist, die eigene Subjektivierung reflektieren zu können. Doch erst mit Allens immanenter Begründung von Freiheit als Ideal der Spätmoderne wird der Anspruch expliziert, Freiheit für alle gleichermaßen zu verwirklichen.

Kombiniert man diesen Universalisierungsanspruch mit den Anforderungen an modale Robustheit und die Bestimmung von Freiheit als Kritik als ein Formprinzip der ständigen kritischen Reflexion gegen (politische) Normierung, folgt daraus, dass die kritische Reflexion dauerhaft und gesellschaftsweit angewendet werden sollte (und nicht nur in linken Bewegungen), weil nur so Freiheit für alle wahrscheinlich ist. Damit kann die Gefahr, dass die Einrichtung eines solchen Freiheitsregimes selbst repressive Effekte hat, nicht ausgeschlossen, sondern nur angemessen prozessiert werden – durch die ständige Selbstverdächtigung der Hermeneutik des Verdachts.

Um eine Unterscheidung des Liberalismus zu bemühen, sollte Freiheit auf der Ebene der Moral angesiedelt, also im allgemeinen politischen Institutionendesign der Gesellschaft verankert werden. Freiheit als Kritik hat hier die Funktion, in zwei Richtungen zu wirken: einerseits fordert sie selbstreflexive, selbstkritische und änderungsoffene politische Institutionen, denn die Hermeneutik des Verdachts ist besonders wachsam gegenüber den Ansprüchen auf politische Universalisierung und den damit einhergehenden politischen Normierungen. Andererseits fordert sie die Einrichtung solcher Subjektivierungsregime, die zum Ziel haben, Freiheit als Kritik in allen Subjekten zu instanziieren. Freiheit als Kritik soll so

10 Allen (2008) erarbeitet einen solchen kontextualistischen Universalismus, der universelle Behauptungen für den (ganzen) Kontext der (westlichen) Spätmoderne aufstellt, in einer Theoriesymbiose aus Foucault und Habermas. Von Habermas kommt dabei die Einsicht in die Notwendigkeit von Normativität und der Differenzierung zwischen Autonomie und Repression, die aber, wie Allen zeigt, mit Foucaults Macht- und Subjekttheorie kompatibel ist.

auch auf alle ethisch-politischen Projekte wirken und ihren Mitgliedern die Fähigkeit geben, sich auch kritisch zu diesen ethisch-politischen Subjektivierungsregimen zu verhalten.

Der immer auch arbiträren ethisch-politischen Festsetzung von Freiheit kann nur durch eine weitere kritische Prozessierung begegnet werden.[11] Der Anlass und die Energie zu dieser weiteren Prozessierung kommt dabei von den einzelnen Individuen, die sich transformieren und dabei auch die sie subjektivierenden Institutionen kritisieren und ändern. Dass sie dies tun, ist wahrscheinlicher, wenn sie freiheitlich subjektiviert wurden; die Dynamik der Institutionen kann aus der Perspektive der Freiheit als Kritik also durch die Institutionen selbst erzeugt werden.[12]

---

11 Ein an Allens Verortung von Freiheit in queerer Kritik anschließendes Beispiel kann dies erläutern: Die queere Bildungsarbeit und Sexualaufklärung an staatlichen Schulen sind Institutionalisierungen von Freiheit als Kritik. Dabei findet im Regelfall nicht eine indoktrinierende Subjektivierung statt, sondern eine Subjektivierung, die zur machtkritischen Selbstreflexion befähigt. Doch in den Jahren 2014 und 2015 wurde die queere Bildungsarbeit in Deutschland von konservativer Seite heftig als indoktrinierend kritisiert; vgl. zur kritischen Analyse dieses aktuellen ‚Anti-Genderismus‘ die Beiträge in Hark/Villa 2015. An diesem Beispiel und seiner gesellschaftlichen Umstrittenheit sieht man, dass Freiheit als Kritik niemals ein neutrales Formprinzip sein kann, sondern immer auch politisch-partikular ausgestaltet wird. Jede konkrete Praxis der Freiheit als Kritik weicht also vom Ideal der Hyperreflexion ab – sprich: auch wenn die queere Kritik das Paradebeispiel für freiheitliche Subjektivierung ist, muss sie an diesem Ideal der Hyperreflexion doch immer scheitern, weil sie arbiträre Reflexionsstops vornimmt. Dies geschieht beispielsweise, indem sich bestimmte Identitätsbezeichnungen wie ‚queer‘ als ein Standard herauskristallisieren, der wiederum Ausschlüsse produziert; oder weil in der Bildungsarbeit konkrete Bildungsmethoden mit einem spezifischen Inhalt festgelegt werden müssen. Folglich sollte sie (sich) immer wieder neu kritisieren bzw. immer wieder neu kritisiert werden.
12 Mit diesem Argument ist ein Moment der Kontingenz, das zu einer Änderung führt, selbstverständlich nicht ausgeschlossen; im Gegenteil soll ja die freiheitliche Subjektivierung die Schaffung von Neuem durch die Subjekte wahrscheinlicher machen. Kein Strukturdeterminismus ist gemeint, sondern ein dynamisch-relationales Verhältnis zwischen Institutionen und kritischen Subjekten. Dennoch setzt die Perspektive der Subjektivierungtheorie, wenn sie modal robuste Aussagen machen möchte, innerhalb dieses grundsätzlich relationalen Modells an der Ebene der Struktur bzw. der Institutionen an.

3. Foucault und radikale Demokratietheorie

Ich habe auf den Begriff der Freiheit als Kritik zuerst vom demokratietheoretischen Begründungsproblem im Postfundamentalismus hingeleitet und
ihn dann aus Foucaults Subjektivierungstheorie hergeleitet. Damit habe
ich Freiheit als Kritik als den normativen Leitbegriff von postfundamenta-
listischer Demokratietheorie ausgewiesen. Im Folgenden bringe ich beides
zusammen, um zu zeigen, welchen Beitrag das Foucault'sche Freiheitsdenken zur Debatte um das Politische und zur radikalen Demokratietheorie
leistet.

Die Analyse des demokratietheoretischen Begründungsproblems im
Postfundamentalismus hat gezeigt, dass universelle Begründungen sowohl
unmöglich als auch notwendig sind. Beide – Unmöglichkeit und Notwen-
digkeit – ergeben sich aus Kontingenz und Antagonismus als Grundbegrif-
fen des Politischen. Universelle Begründungen sind unmöglich, weil alle
Begründungen kontingent sind und der Streit zwischen verschiedenen
Begründungsprojekten die grundlegende Dynamik des Sozialen bildet.
Dies bedeutet, dass es einen antagonistischen Pluralismus verschiedener
Begründungsprojekte gibt, was notwendig zur politiktheoretischen Frage
führt, wie mit diesem Pluralismus umgegangen werden kann. Ein solcher
Umgang kann nur in der universellen Begründung von demokratischen
Institutionen liegen. Die Alternative dazu, dezisionistisch die eigene Position als einzig wahre darzustellen, ist zwar möglich – wie man am Erstarken des Rechtspopulismus gut erkennen kann – fällt aber hinter die
Einsicht in die Kontingenz aller Begründungen zurück und verlässt damit
den Prämissenrahmen der postfundamentalistischen Debatte um das Politische. Postfundamentalistische politische Theorie muss die Frage nach der
demokratischen Universalisierung aber im Bewusstsein der Unmöglichkeit
derselben stellen, und das bedeutet, dass sie ihre eigenen Ergebnisse immer
nur als Provisorien verstehen kann, die immer weiter kritisiert werden
müssen. Diese Notwendigkeit immer weitergehender Kritik ist die einzige
definitiv bestimmbare Position des Postfundamentalismus, mithin sein
letzter Universalismus.

Diese Forderung nach auf Dauer gestellter Kritik und Reflexion, also
Prozeduralisierung anstatt ethisch-politischer Universalisierung, ist nicht
neu. Sie ist Grundthema der radikalen Demokratie und findet sich bei paradigmatisch in Leforts Rede vom leeren Ort der Macht (Lefort 1990: 293).
Der nach Foucault entwickelte Freiheitsbegriff der Kritik dient erstens der
substantiellen normativen Begründung von Kritik durch ihre Bestimmung
als Essenz von Freiheit, die über das formallogische Argument des Verhältnisses von Kontingenz und Notwendigkeit hinausgeht. Zweitens zeigt er

deutlicher als die Debatte um das Politische, dass demokratische Institutionen nötig sind, um Kritik zu verstetigen, und wie solche Institutionen aussehen können. Und drittens bietet er die subjektivierungstheoretische Grundlage für die Konzeption von radikaldemokratischen Institutionen und zeigt, dass freie und demokratische Subjekte durch Institutionen selbst produziert werden müssen, und nicht gleichsam als Material der Demokratietheorie vorausgesetzt werden können.

1. Die normative Begründung der radikaldemokratischen Institutionen generiert Freiheit als Kritik aus Foucaults Macht- und Subjekttheorie, die Vermachtung als Freiheitsproblem darstellt. Zwar speist sich auch die Sozialontologie der Kontingenz und des Antagonismus, aus der ich das Argument für Kritik als letzten Universalismus im ersten Abschnitt abgeleitet habe, unter anderem aus Foucaults Macht- und Diskurstheorie. Doch erst durch die Herleitung des Freiheitsbegriffs aus der sozialphilosophischen Debatte um Foucault wird die Kontingenz von der subjektiven Seite des Erlebens von Freiheit beziehungsweise Vermachtung her dargestellt, wodurch sie als existentielle Problematik deutlich wird. Kurz: Radikaldemokratische Institutionen sind nicht (nur) deshalb wichtig, weil sie sich aus den Prämissen des Postfundamentalismus logisch ergeben, sondern insbesondere, weil nur sie das Leiden durch repressive Vermachtung einhegen können und Subjekte nur in ihnen ein möglichst selbstbestimmtes Leben führen können.

2. Nachdem aus den postfundamentalistischen Prämissen formal die Notwendigkeit der Begründung von demokratischen Institutionen abgeleitet ist, kann mit der Foucault'schen Bestimmung von Freiheit als Kritik spezifiziert werden, wie solche Institutionen aussehen sollten. Sie sollen freiheitlich subjektivieren, also die Fähigkeit zur Kritik der eigenen Subjektivierung in Subjekten instanziieren, und sie sollen offen sein für von den Subjekten geäußerte Kritik und diese Offenheit durch Mechanismen der ständigen Selbstkritik institutionalisieren. Weil Kontestation zu ermöglichen der Kern dieser Institutionen ist, bezeichne ich sie als radikaldemokratisch.[13] Dies impliziert auch, dass sie grundsätzlich pluralistisch sein müssen, denn nur so können Kritiken aus unterschiedlichen ethisch-politischen Projekten prozessiert werden. Dies ist nötig, um eine hegemoniale Schließung der Gesellschaft durch ein ethisch-politisches Projekt zu

---

13 Die mit einer solchen radikaldemokratischen Theorie kompatible gesellschaftskritische Ethik habe ich als einen „partikularistischen Universalismus" bezeichnet, der universalistisch-emanzipative Privilegienkritik auf der Basis einer perspektivistischen Epistemologie formuliert, siehe Schubert 2020b.

verhindern. Genau diese Gefahr entsteht, wenn man aus dem Postfundamentalismus ausschließlich eine demokratische Ethik der Kritik ableitet und diese nur auf der Ebene von sozialen Bewegungen und ethischen Anrufungen, nicht aber auf der Ebene von politischen Institutionen lokalisiert, wie Marchart es vorschlägt. Der Foucault'sche Begriff der Freiheit als Kritik basiert hingegen auf einer Hermeneutik des Verdachts *auch* gegenüber Machtschließungen in kritischen sozialen Bewegungen und insistiert deshalb auf der Institutionalisierung des Pluralismus. Deshalb geht mein Vorschlag der Institutionalisierung über den in der Debatte um das Politische üblichen Fokus auf Ethik in Abgrenzung zu politischen Institutionen hinaus. Vielmehr sind freiheitliche Institutionen die notwendige Bedingung für demokratische Ethik.

3. Die Institutionen kommen in den Blick, weil erst sie Freiheit als die Fähigkeit zur reflexiven Kritik der eigenen Subjektivierung in den Subjekten modal robust instanziieren. Das Foucault'sche Freiheitsdenken erweitert damit die Debatte um das Politische und die (radikale) Demokratietheorie subjekttheoretisch und informiert über die subjektiven Bedingungen von Gesellschaftskritik. Die Fähigkeit von Subjekten, sich machtkritisch zu äußern und sich gegen gesellschaftliche oder ethisch-politische Normierungen und Identitätsformen zu wehren, ist die Grundlage von antagonistischen Politikmodellen. Klassisch liberale und deliberative Demokratiemodelle tendieren dazu, sich selbst transparente Subjekte vorauszusetzen. Die Foucault'sche Subjektivierungstheorie hingegen klärt darüber auf, dass liberale Selbsttransparenz (die mit einem Konzept von negativer Freiheit korreliert) unmöglich ist, und relative Freiheit von Subjektivierungen nur durch die reflexive Kritik dieser Subjektivierungen erreicht werden kann, was erst Selbsttransformation und Gesellschaftskritik von Normierungen ermöglicht. Doch die Fähigkeit dazu kann nicht ontologisiert werden, sondern ist selbst bedingt, und zwar durch Subjektivierungen. Erst freiheitliche Subjektivierungen schaffen kritische Subjekte und ermöglichen so die Kontestation von Hegemonie und die Formierung neuer Äquivalenzketten. Mithin kommt es erst durch freiheitlich subjektivierte Subjekte zu antagonistischer gesellschaftskritischer Dynamik. Widerstand und Kritik können also nicht als Konstanten des Politischen vorausgesetzt werden, sondern müssen zum Thema (radikal-)demokratietheoretischer Problematisierung werden.

Über die sozialphilosophische Debatte um seinen Freiheitsbegriff ist Foucault nun zum zentralen Denker der postfundamentalistischen Debatte um das Politische und der radikalen Demokratietheorie geworden. Das Foucault'sche Freiheitsdenken hilft dabei, zu zeigen, dass aus dem Postfundamentalismus eine ganz bestimmte politiktheoretische Position folgt: Kontingenz und Konflikt als Grundbegriffe des Politischen führen zu einem Argument für liberale und kritisch-reflektive demokratische Institutionen. Freiheit als Kritik ist dafür die normative Basis und mithin der letzte Universalismus im Postfundamentalismus.

Literaturverzeichnis

Allen, Amy 2008: *The Politics of Our Selves. Power, Autonomy, and Gender in Contemporary Critical Theory.* New York.

Bedorf, Thomas/Röttgers, Kurt (Hg.) 2010: *Das Politische und die Politik.* Berlin.

Bröckling, Ulrich (Hg.) 2010: *Das Politische denken. Zeitgenössische Positionen.* Bielefeld.

Deleuze, Gilles 2004: *Foucault.* Paris.

Flügel, Oliver/Heil, Reinhard/Hetzel, Andreas (Hg.) 2004: *Die Rückkehr des Politischen. Demokratietheorien heute.* Darmstadt.

Hark, Sabine/Villa, Paula-Irene (Hg.) 2015: *(Anti-)Genderismus. Sexualität und Geschlecht als Schauplätze aktueller politischer Auseinandersetzungen.* Bielefeld.

Heil, Reinhard/Hetzel, Andreas (Hg.) 2006: *Die unendliche Aufgabe. Kritik und Perspektiven der Demokratietheorie.* Bielefeld.

Lefort, Claude 1990: Die Frage der Demokratie. In: Rödel, Ulrich (Hg.), *Autonome Gesellschaft und libertäre Demokratie.* Frankfurt/M., S. 281-297.

Lemke, Thomas 1997: *Eine Kritik der politischen Vernunft. Foucaults Analyse der modernen Gouvernementalität.* Hamburg.

Marchart, Oliver 2009: Politik ohne Fundament. Das Politische, der Staat und die Unmöglichkeit der Gesellschaft bei Ernesto Laclau und Chantal Mouffe. In: Hirsch, Michael/Voigt, Rüdiger (Hg.), *Der Staat in der Postdemokratie. Staat, Politik, Demokratie und Recht im neueren französischen Denken.* Stuttgart, S. 133-144.

Marchart, Oliver 2010: Politische Theorie als Erste Philosophie. Warum der ontologischen Differenz die politische Differenz zugrunde liegt. In: Bedorf, Thomas/ Röttgers, Kurt (Hg.), *Das Politische und die Politik.* Berlin, S. 143-158.

Marchart, Oliver 2011a: Democracy and Minimal Politics: The Political Difference and Its Consequences. In: *South Atlantic Quarterly* 110(4), S. 965-973.

Marchart, Oliver 2011b: *Die politische Differenz. Zum Denken des Politischen bei Nancy, Lefort, Badiou, Laclau und Agamben.* Berlin.

Mouffe, Chantal 2009: *Über das Politische. Wider die kosmopolitische Illusion.* Frankfurt/M.

Patton, Paul 1989: Taylor and Foucault on Power and Freedom. In: *Political Studies* 37(2), S. 260-276.

Rancière, Jacques 2002: *Das Unvernehmen. Politik und Philosophie.* Frankfurt/M.

Saar, Martin 2007: *Genealogie als Kritik. Geschichte und Theorie des Subjekts nach Nietzsche und Foucault.* Frankfurt/M.

Saar, Martin 2009: Macht und Kritik. In: Forst, Rainer/Hartmann, Martin/Jaeggi, Rahel/Saar, Martin (Hg.), *Sozialphilosophie und Kritik*. Frankfurt/M., S. 567-587.

Schubert, Karsten 2017: Der letzte Universalismus. Kontingenz, Konflikt und normative Demokratietheorie: Schwerpunktbeitrag. In: Philosophie InDebate. https://philosophie-indebate.de/2995/schwerpunktbeitrag-der-letzte-universalismus-kontingenz-konflikt-und-normative-demokratietheorie/ (13.07.2021).

Schubert, Karsten 2018: *Freiheit als Kritik. Sozialphilosophie nach Foucault*. Bielefeld.

Schubert, Karsten 2020a: Freedom as Critique. Foucault Beyond Anarchism. In: *Philosophy & Social Criticism*. DOI:10.1177/0191453720917733.

Schubert, Karsten 2020b: ‚Political Correctness' als Sklavenmoral? Zur politischen Theorie der Privilegienkritik. In: *Leviathan* 48(1), S. 29-51. DOI: 10.5771/0340-0425-2020-1-29.

Das Politische und die Unerlässlichkeit der Herrschaftskritik, oder: Populismus und das (radikal-)demokratische Versprechen

Martin Nonhoff

Einleitung

Die Rede vom Politischen ist kein belangloses Glasperlenspiel. Denn verschiedene Begriffe des Politischen haben Konsequenzen für unseren Blick auf Politik, darauf, was sie ausmacht und was sie ermöglicht. Hier will ich im Besonderen diskutieren, welchen Blick auf Herrschaftsverhältnisse und welche Optionen zur Herrschaftskritik unterschiedliche Begriffe des Politischen ermöglichen. Dieses Argument verbinde ich mit einer Lektüre des Verhältnisses von Populismus und dem in ihm anklingenden, aber allzu oft missverstandenem demokratischen Versprechen. Dass Missverständnis zeigt sich nämlich darin, dass Populist_innen meistens (wenigstens in Europa) die in Demokratien gebotene, allgemeine Kritik an Unterwerfungs- und Herrschaftsverhältnissen ignorieren.

Ich werde dazu zunächst auf die Spielarten des Politischen in Ernesto Laclaus Hegemonietheorie eingehen und vorschlagen, dass man hier einen radikaldemokratisches von einem populistischen Verständnis des Politischen unterscheiden kann. Ich werde diese Lektüre dann als Auftakt dafür nehmen, das Verhältnis von Demokratie und Populismus aus radikaldemokratischer Perspektive zu beleuchten und insbesondere danach fragen, wie sich populistische von liberaler und (radikal-)demokratischer Herrschaftskritik unterscheidet. Ich will auf Herrschaft fokussieren, weil ich denke, dass in den jüngeren Populismuskritiken vor allem liberaler Provinienz, z.B. bei Jan-Werner Müller, die spezifisch demokratische Problematik des Populismus nicht beleuchtet wird. Und diese liegt darin, dass Demokrat_innen und Populist_innen ein unterschiedliches Verhältnis zur Frage der Herrschaft haben. Populist_innen zeichnen sich durch einen dezidierten Willen zur Herrschaft aus, Demokrat_innen hingegen werden Herrschaftsverhältnisse hartnäckig und auf sehr grundsätzliche Weise skandalisieren. Der populistische und der radikaldemokratische Begriff des Politischen bereiten diese unterschiedlichen Positionierungen zur Frage von Herrschaft und Herrschaftskritik auf maßgebliche Weise vor.

Ich werde nun zuerst auf die unterschiedlichen Verständnisse des Politischen bei Laclau eingehen, um so die Spannung zwischen Populismus und Demokratie zu etablieren. Ich werfe dann einen kursorischen Blick auf die Empirie einer pro-demokratischen Selbstbeschreibung von allgemein als populistisch eingeschätzten Parteien sowie die dieser Selbstbeschreibung entgegenstehenden Bemühungen der liberalen Populismustheorien, eine klare Trennlinie zwischen Populismus und liberaler Demokratie zu verteidigen. In einem dritten Schritt nähere ich mich dem Begriff der Herrschaft und der Herrschaftskritik an und gehe dabei insbesondere auf liberale und republikanische Formen der Herrschaftskritik ein. Ich kontrastiere diese Formen dann mit dem, was ich eine radikaldemokratische Form der Herrschaftskritik nennen würde, die sich meines Erachtens vor allem auf die Idee des demokratischen Versprechens, wie wir sie bei Derrida finden, stützen kann. Anhand dieser radikaldemokratischen Form von Herrschaftskritik, so der letzte Schritt meines Arguments, lässt sich die Differenz zwischen Demokratie und Populismus deutlich bestimmen.

Das Politische in der Hegemonietheorie

Beginnen wir also mit einem kurzen Blick auf die Ausführungen zum Verständnis des Politischen in den Schriften Ernesto Laclaus. Wir können hier, so möchte ich vorschlagen, drei unterschiedliche Varianten der Rede vom Politischen vorfinden. Einmal verweist sie als radikaldemokratisch grundierte Redeweise auf eine dynamisch-dynamisierende Kraft, die die vielfältig und immer aufs Neue stattfindende Re-Konstituierung des Sozialen erlaubt; zum Zweiten wird mit ihr ein Kontinuum bestimmter politischer Formen beschrieben; zum Dritten tritt sie auf in Strukturanalogie zu Laclaus Begriff des Populismus. Ich will nun zunächst relativ ausführlich auf die erste Redeweise eingehen und dann deutlich knapper auf die beiden anderen.

Erstens tritt das Politische als das Andere des Sozialen in Erscheinung. Mit dem Begriff des Sozialen beschreibt Laclau das gesellschaftlich Geronnene, die etablierten und standardisierten gesellschaftlichen Abläufe und Subjektkonstellationen, die Gesellschaften mit Stabilität und Erwartbarkeit versehen, weil sie auf Regelbefolgung basieren (Laclau 2005: 117). Unter dem Politischen hingegen versteht Laclau all das, was die stabilisierte soziale Ordnung einerseits in Bewegung und durcheinander bringen, andererseits aber auch neu fixieren bzw. instituieren kann. Die Hervorbringung des Sozialen mit all seinen spezifischen und vielfältigen gesellschaftlichen Beziehungen findet demnach also im Register des Politischen statt (Laclau/Mouffe 1985: 153). Der Modus, in dem dies geschieht, ist jener der Hegemonie – und es ist bei der Laclau-Lektüre nicht immer ganz leicht, zwischen dem Politischen und der Hegemonie oder, vielleicht genauer, dem hegemonialen Geschehen zu unterscheiden. Bekanntermaßen führt er aus, dass die die Etablierung erfolgreicher hegemonialer Projekte aus drei Schritten besteht: (a) der Verknüpfung oder Artikulation unterschiedlicher Forderungen als zusammengehörig bzw. äquivalent, wodurch eine sogenannte Äquivalenzkette von Forderungen und den sich in diese Forderungen einschreibenden Subjekten entsteht; (b) der Instituierung einer antagonistischen Grenze gegenüber einem Pol der Macht, z.B. einem herrschenden Regime, die die Äquivalenzsetzung in der Äquivalenzkette erst erlaubt; und schließlich (c) die Repräsentation der Äquivalenzkette durch eine zentrale Forderung oder einen zentralen Akteur, den sog. leeren Signifikanten, auf den sich alle anderen Forderungen projizieren lassen. Diese Seite des hegemonialen Geschehens wird komplementiert durch eine Gegenbewegung, die darauf abzielt, Forderungen einzeln zu erfüllen oder doch wenigstens als nicht sinnvoll kombinierbare Forderungen zu verstehen. Ziel dabei ist es, die Ausformung von Äquivalenzketten zu vermeiden. In dieser Gegenbewegung ist nach Laclau nicht die Logik der Äquivalenz, sondern jene der Differenz bestimmend. Beide Logiken gelten als miteinander unaufhörlich ringend und dieses Ringen ist gleichbedeutend mit jener dynamisierenden Kraft, die dem Politischen gegenüber dem Sozialen zugeschrieben wird. Entscheidend für die erste Form der Rede vom Politischen ist nun, dass sie sich – vor allem in *Hegemony and Socialist Strategy* (HSS) – mit dem Projekt der radikalen Demokratie verbindet. Dieses basiert auf der Annahme eines grundsätzlich pluralen, offenen und instabilen Raums des Sozialen, in dem sich zwar Sedimente früherer politischer Entscheidungen und Konflikte aufgehäuft haben, die aber durch politisches Handeln wieder dynamisiert werden können. Auch wenn die Äquivalenzlogik als Teil des hegemonialen Geschehens tendenziell auf eine antagonistische Zweiteilung des sozialen Raums hinwirkt, so ist doch in *HSS* klar, dass es zum einen die zerstreuende Gegenbewegung gibt, dass aber zum anderen moderne, pluralistische Demokratien von sich stets überlappenden, auch konträr verlaufenden und mit zahlreichen Kontingenzeffekten wirkenden hegemonialen Kämpfen zu tun haben, die eine einfache und strikte Zweiteilung des gesamten sozialen Raums entlang bestimmter privilegierter Bruchlinien nur in Ausnahmefällen zulassen. Explizit wenden sich Laclau und Mouffe in *HSS* daher gegen die jakobinische und die marxistische Zuspitzung von Politik auf den Kampf zweier klar definierter Lager:

> „[I]t is this moment of continuity between the Jacobin and the Marxist political imaginary which has to be put in question by the project for a *radical democracy*. The rejection of priviledged points of rupture and [of] the confluence of struggles into a unified political space, and the acceptance, on the contrary, of the plurality and indeterminacy of the social, seem to us the two fundamental bases from which a new political imaginary can be constructed, radically libertarian and infinitely more ambitious in its objectives than that of the classic left." (Laclau/Mouffe 1985: 152)

Statt einer einfachen Zuspitzung von Politik in einem alles beherrschenden einzigen Antagonismus läuft das radikaldemokratische Argument in *HSS* auf die Anerkennung einer Vielzahl von sich komplex überlagernden Antagonismen und der vielen damit verbundenen zahlreichen Subjektivitäten hinaus, wobei sich letztere zwar gelegentlich als Teil einer gemeinsamen Äquivalenzkette artikulieren lassen, aber grundsätzlich immer auch Teil autonomer Sphären sind:

> „Hence, the project for a radical and plural democracy, in a primary sense, is nothing other than the struggle for a maximum autonomization of spheres on the basis of the generalization of the equivalential-egalitarian logic." (Ebd.: 167)

Dementsprechend verknüpft sich auch das Verständnis des Politischen unter dem Zeichen der radikalen Demokratie nicht nur mit dem Moment der Dynamisierung des Sozialen, sondern mit einer sehr großen Offenheit dahingehend, auf welche Weise es strukturierend oder re-strukturierend wirkt: Konstituierung von Äquivalenzketten, differenzielle Separierung, Aufrechterhaltung autonomer Sphären, all diese Wirkweisen der Hegemonie fallen unter den Begriff des Politischen. In Anlehnung an Oliver Marcharts Verwendungsweise des Begriffs der ‚politischen Differenz' ließe sich sagen, dass das Politische die je bestehenden institutionalisierte Politik mit ihrer Erschütterbarkeit und Wandelbarkeit konfrontiert. Das Denken der radikalen Demokratie, das sich hiermit verbindet, ist also zugleich ein radikal offenes und pluralistisches.

Damit komme ich zur zweiten Weise des Redens vom Politischen. Diese taucht dort auf, wo Laclau ein Gedankenexperiment darüber durchführt, was passieren würde, wenn sich Äquivalenz- oder Differenzlogik vollständig durchsetzten. Die eine mögliche Folge – bei vollständiger Äquivalenz – wäre ein durch zwei antagonistische Camps fest strukturierter sozialer Raum oder aber bei vollständiger Differenz ein nicht minder stabil strukturierter, wenngleich völlig zerstreuter sozialer Raum. Die Extrempunkte dieses Kontinuums nennt Laclau Populismus und Institutionalismus. Das Kontinuum selbst beschreibt er auch als den Raum des Politischen, so dass das Politische zweitens auch im Sinne einer Raummetapher Verwendung findet. Zugleich aber ist durch die Festschreibung des Kontinuums auch die dynamische und offene Pluralität, die sich mit der ersten, der radikaldemokratischen Redeweise vom Politischen verbindet, bereits eingeschränkt.

Drittens schließlich wird in *On Populist Reason* diese dynamische Idee des Politischen in eine relativ enge Form gebracht, weil letztlich die populistische Bewegung, das heißt die Vereinheitlichung eines politischen Raums entlang einer einzigen antagonistischen Grenze, in eins gesetzt wird mit dem Politischen selbst. So reduziert Laclau zunächst die hegemoniale Arbeit im Wesentlichen auf die Konstruktion eines Volkes: „[T]he political operation par excellence is always going to be the construction of a ‚people‘." (Laclau 2005: 153) Anschließend folgert er hieraus, dass Populismus als Synonym für das Politische selbst verstanden werden müsste, weil beide dieselben Strukturmerkmal teilen würden (Äquivalenzkette, antagonistische Zweiteilung, Repräsentation durch einen leeren Signifikanten). Er nimmt dabei zwar auch noch einmal die Idee auf, dass sich Politik ja auch in institutionalistischen Diskursen spiegeln könnte, verwirft sie aber letztlich (ebd.: 154/155). Und die Idee von vielfältigen, sich gegenseitig überlagernden und überschneidenden hegemonialen Kämpfen entlang unterschiedlichster antagonistischer Kampflinien verschwindet immer stärker hinter der Idee von *einer* einzigen, populistisch-antagonistischen Spaltung.

Nach meiner Lesart gibt es damit also bei Ernesto Laclau eine Spannung zwischen unterschiedlichen Redeweisen vom Politischen, zwischen einerseits einer radikaldemokratischen Lesart, nach der das Politische ein dynamischer und ein das Soziale dynamisierender Faktor ist, und andererseits der Fesselung des Politischen an die Form des Populismus. Und man kann und muss natürlich – und diese ist der kritische Einsatz der hier vorgeschlagenen Laclaulektüre – fragen, wieso das Politische, wenn es denn die Kraft der Veränderbarkeit und der Kontingenz ist, sich ausschließlich in einer recht fixierten populistischen Grundstruktur manifestieren sollte.

Ich möchte daher erstens dafür plädieren, bei der Laclaulektüre, wie eben demonstriert, einen radikaldemokratischen von einem populistischen Begriff des Politischen zu unterscheiden. Zweitens möchte ich im Folgenden ausführen, wieso eine emanzipatorische Politische Theorie sehr viel besser an den radikaldemokratischen Begriff anschließen kann als an den populistischen. Der Grund hierfür ist, dass dem populistischen Begriff des Politischen ein Ausschließungs- und Herrschaftscharakter eingeschrie-

ben ist, der sich auf zwei Weisen zeigt: einerseits methodisch, indem er
eben eine Engführung darstellt; andererseits – und das ist entscheidend
– in Bezug auf den Gegenstand, weil dieser Begriff des Politischen einen
Modus der Strukturierung von Gesellschaften zum allein maßgeblichen
erklärt, nämlich den Modus des Unter- und Einordnens in Äquivalenzketten mit dem Ziel der Beherrschung eines antagonistischen Blocks. Dem-
gegenüber anerkennt ein radikaldemokratischer Begriff des Politischen
zwar, dass dieser Modus der Gesellschaftsstrukturierung oft eine wichtige
Rolle spielen wird; bestreitet aber zugleich, dass es sich um den allein maßgeblichen Modus handelt. Vielmehr hebt ein radikaldemokratisches Verständnis des Politischen stärker auf dessen dynamisierend-pluralistischen
Charakter ab. Indem er sich – in Termini der Hegemonietheorie gesprochen – ein hohes Bewusstsein für Differenz-, und nicht nur für Äquiva-
lenzartikulationen bewahrt, erlaubt ein radikaldemokratischer Begriff des
Politischen sehr viel besser die Distanz von und die Kritik an Unterwer-
fungs- und Herrschaftsbestrebungen, die dem populistischen Begriff des
Politischen stets aneignen.

Populismus und Demokratie? Populismus gegen Demokratie?

Ich werde mich im Folgenden auf die Spannung zwischen Populismus
und Demokratie bzw. radikaler Demokratie konzentrieren, greife aber
mit Blick auf Populismustheorien nicht nur auf Laclau zurück. Beginnen
möchte ich mit der empirischen Beobachtung, dass es zum Standardreper-
toire jener Parteien gehört, die wir üblicherweise als populistisch bezeichnen, sich als Verteidigerinnen der Demokratie zu positionieren. Es mögen
an dieser Stelle zwei Beispiele genügen, um diese Beobachtung zu plausi-
bilieren. Das erste Beispiel bildet die AfD, die den prominenten ersten
Teil ihres Bundestagswahlprogramms von 2017 ‚Wiederherstellung der
Demokratie in Deutschland‘ getauft hat. In diesem Abschnitt betont sie
zunächst die Bedeutung nationaler Eigenstaatlichkeit und begründet diese
Bedeutung mit dem Konnex von Nationalstaat und Demokratie, denn
nur innerhalb nationaler Grenzen „kann Volkssouveränität gelebt werden,
die Mutter und das Herzstück von Demokratie" (Alternative für Deutschland 2017: 7). Weiter verdeutlicht das Programm, dass die Tatsache, dass
das Volk nicht Souverän ist, nicht nur darauf zurückzuführen ist, dass
Deutschland in supranationale Gefüge (zuallererst die EU) eingeflochten
ist, sondern auch darauf, dass sich in Deutschland ein „heimlicher Souverän" herausgebildet hat, „eine kleine, machtvolle politische Oligarchie",
die „die Fehlentwicklungen der vergangenen Jahrzehnte zu verantworten"

hat (ebd.: 8). Diese Oligarchie soll durch das und im Namen des Staatsvolks überwunden werden. Als Mittel der Wahl hierfür gelten insbesondere „Volksabstimmungen nach Schweizer Vorbild", aber z.B. auch die Direktwahl des Bundespräsidenten (ebd.: 8/9).

Als zweites Beispiel kann das ebenfalls aus dem Jahr 2017 stammende Präsidentschaftswahlprogramm von Marine le Pen dienen. Es hat eine sehr ähnliche Struktur: Es setzt ein mit dem nationalen Souveränitätsbestreben gegenüber der EU, verknüpft dies mit der Souveränität des Volkes und fährt dann unmittelbar damit fort, dass institutionelle Reformen gefordert werden, die dem Volk wieder Gehör verschaffen und eine „démocratie de proximité", also eine direktere Form der Demokratie etablieren sollen. Hierzu gehört neben der Einführung eines Verhältniswahlrechts auch die Ausweitung von Volksabstimmungen und Volksinitiativen, insbesondere mit Blick auf Verfassungsänderungen (Le Pen 2017: 3).

Die AfD und der Front National Marine Le Pens sind nun keineswegs Einzelfälle. Weitere Beispiele für ähnlich positive Bezugnahmen auf die Demokratie in populistischen Parteien und Bewegungen ließen sich leicht finden. Das Interessante ist nun, dass diese Bekenntnisse zu grundlegenden demokratischen Werten in den allermeisten Beiträgen des Feuilletons und auch der Politischen Theorie zurückgewiesen werden, entweder als nicht vertrauenswürdige oder als sachlich verfehlte Bekenntnisse. Das fehlende Vertrauen lässt sich aufgrund einschlägiger Erfahrungen mit populistischen Parteien, die nach ihrer Regierungsübernahme autoritäre Neigungen zeigten, etwa in Ungarn, in Polen oder in Venezuela, leicht nachvollziehen. Ich möchte es im Folgenden allerdings nicht näher betrachten, sondern mich auf das demokratietheoretische Problem im engeren Sinn konzentrieren und fragen, ob die populistischen Bekenntnisse zur Demokratie sachlich verfehlt sind, ähnlich etwa denen von Stalkern, die ja auch immer wieder vorgeben, ihre Opfer zu lieben und zu verehren.

Das Ziel, den entsprechenden Beweis zu führen, leitet einen großen Teil der jüngeren Populismus-Kritiken in der vergleichenden Populismusforschung ebenso wie in der Politischen Theorie an. So definieren etwa Cas Mudde und Cristóbal Kaltwasser Populismus als

> „thin-centered ideology that considers society to be ultimately separated into two homogeneous and antagonistic groups, ‚the pure people' versus ‚the corrupt elite', and which argues that politics should be an expression of the *volonté générale* of the people." (Mudde/Kaltwasser 2012: 149/150)

Anhand dieser allgemeinen Definition sehen sie sich dann in der Lage, ein klares Anderes des Populismus auszuzeichnen: den Pluralismus, der eben keine Konfrontation zwischen Eliten und Volk kenne, und in etwa dem Standardmodell liberaler Demokratien entspricht. In der Politischen Theorie hat sich jüngst bekanntlich vor allem Jan-Werner Müller (2016; 2014) darum bemüht, die Grenzlinie zwischen Populismus und Demokratie zu befestigen. Er arbeitet heraus, dass Populist_innen zwar Wahlen als Mittel und auch das Prinzip der Repräsentation akzeptieren, dass sie aber – und hier überschneidet sich Müllers Analyse mit der von Mudde und Kaltwasser – eine grundsätzlich antiparlamentarische und antipluralistische Haltung einnehmen, indem sie der Pluralität des Parteienkampfs die Einheit des Volkes entgegenstellen. Verknüpft hiermit sei ein fehlendes Verständnis für die Notwendigkeit von Deliberation, Gewaltenteilung, Checks und Balances und Minderheitenrechten. Für Müller (2014: 488) und andere (z.B. Abts/Rummens 2007: 421) ergibt sich hierdurch eine strukturelle Nähe von Populismus und Totalitarismus. Pierre Rosanvallon (2008: 273) bezeichnet Populismen aus ähnlichen Gründen als „Anti-Politik".

Gleich ob die Bezeichnung nun anti-pluralistisch, anti-parlamentarisch, totalitaristisch oder anti-politisch ist, es zeigt sich, dass viele Kommentator_innen immens viel diskursive Arbeit investieren, um eine klare Grenze zwischen Populismus von Demokratie zu ziehen. Meine Vermutung ist nun, dass diese Arbeit genau deshalb erbracht wird, weil die Grenzziehung so einfach nicht ist. Denn einige zentrale diskursive Merkmale von Populismen verweisen eben hartnäckig auf das demokratische Dispositiv und gelten normalerweise als wesentlich für Demokratien. Insbesondere lassen sich aus demokratietheoretischer Warte weder die Berufung auf die kollektive Selbstregierung noch jene auf die Legitimationsinstanz des Volkes skandalisieren. Und auch vehemente Kritik an den herrschenden Eliten erzeugt demokratietheoretisch kein Legitimitätsproblem. Ganz im Gegenteil soll ja Kritik – durchaus auch harsche Kritik – der Abschirmung und Selbstgefälligkeit politischer Eliten vorbeugen.

Eben weil diese Elemente des Populismus dem demokratischen Dispositiv entlehnt sind und so wenigstens eine Verwandtschaft von Populismus und Demokratie nahelegen, rekurriert die Abgrenzungsarbeit in den meisten Fällen vor allem auf jene Elemente der modernen Demokratien, die durch die Vermählung von Demokratie und Liberalismus entstanden sind und das pluralistische Spiel der Kräfte absichern sollen: konstitutionelle Ordnung mit Gewaltenteilung, vor allem mit Unabhängigkeit der Gerichte, sowie Minderheitenschutz durch unveräußerliche Rechte. Es gibt einige gute Gründe für diese liberale oder liberaldemokratische Grenzziehung. Und wenn ich oben für ein radikaldemokratisches Verständnis des Politischen auch deswegen plädiert habe, weil es einen dynamisierend-pluralistischen Charakter aufweist, so liegt es aufgrund des Differenz- und Pluralismusbezugs vielleicht sogar nahe, eine Nähe von Liberalismus und radikaler Demokratie zu konstruieren. Aber es scheint mir doch so zu sein, dass eine im Kern liberale Argumentationslinie Schwächen aufweist, die von ihren populistischen Gegnern allzu leicht ausgenützt werden können, eben weil sie auf so zentrale demokratische Ideen wie die Volkssouveränität und kollektive Selbstregierung hinweisen können. Die drängendste Aufgabe der Populismuskritik besteht deswegen meines Erachtens nicht darin, zum wiederholten Mal zu demonstrieren, inwiefern Populismen dem Liberalismus entgegenstehen, sondern darin zu zeigen, wie der Bezug auf die *demokratischen* Grundideen ein verfehlter, weil unvollständiger ist. Dieser Aufgabe wende ich mich nun vor dem Hintergrund des oben erarbeiteten radikaldemokratischen Verständnisses des Politischen zu.

Ich werde im Kern argumentieren, dass Volksherrschaft zwar einerseits auf die Ideen der Selbstregierung eines Volks aus Freien und Gleichen und auf die Souveränität dieses Volks als Orientierungspunkte angewiesen ist, dass aber andererseits das Erfordernis, diese Selbstregierung organisatorisch tatsächlich ins Werk zu setzen, die Einführung von Herrschaftsstrukturen mit sich bringt, die verhindern, dass wir uns tatsächlich als Freie und Gleiche begegnen können. Wenn aber Demokratie die Selbstregierung von Freien und Gleichen sein soll, so folgt daraus, dass in Demokratien Herrschaft grundsätzlich nicht gerechtfertigt werden kann, selbst dann nicht, wenn man sie, wofür es gute Gründe geben kann, als notwendiges Übel anerkennt und auch zwischen erträglicheren und weniger erträglichen Formen von Herrschaft unterscheiden kann. In einer Demokratie zu leben bedeutet demnach zwei Bestrebungen zu verfolgen, die in Spannung zueinander stehen: einerseits an der souveränen Herrschaft des Volks teilzuhaben; andererseits aber gleich und frei zu sein, also gerade nicht beherrscht zu werden. Dies übersetzt sich in nicht minder spannungsreiche prototypische demokratische Sprechakte, nämlich einerseits jene der Berufung auf den Volkswillen und andererseits jene einer verallgemeinerten Kritik von Herrschaft und Beherrschung. Das, was vielen Populismen eine antidemokratische – und also nicht nur antiliberale – Stoßrichtung verleiht, ist, wie ich argumentieren möchte, dass sie zwar den Verweis auf die Volksherrschaft wie eine Monstranz vor sich her tragen, aber keine oder eine allenfalls sehr eingeschränkte Idee von Herrschaftskritik vertreten. Populisten wollen eine politische Gemeinschaft, die sie im Namen des Volkes beherrschen können; sie wollen keine Gesellschaft, in der das Herrschaftsansinnen im Namen der Freien und Gleichen, die sich im Volk versammeln, zurückgewiesen wird.

Herrschaft und Herrschaftskritik

Um dieses Argument genauer auszuführen, werde ich nun auf den Begriff der Herrschaft und zwei klassische Formen demokratischer Herrschaftskritik, nämlich die liberale und die republikanische, eingehen. Ich will meine Annäherung an den Begriff der Herrschaft mit der vielleicht bekanntesten Definition beginnen, jener Max Webers, der unter Herrschaft bekanntermaßen „die Chance [versteht], für einen Befehl bestimmten angebbaren Inhalts bei angebbaren Personen Gehorsam zu finden" (Weber 1980: 28). Weber führt Herrschaft also als eine besondere Art der sozialen Beziehung ein, in der eine oder mehrere Personen sich Befehlen fügen (mit einer gewissen Wahrscheinlichkeit, also einer „Chance"). Aufbauend auf der Überlegung, dass man von Gehorsam sinnvollerweise nur sprechen kann, wenn es ein Mindestmaß an Gehorchen-Wollen gibt (ebd.: 122), befasst sich die Weber'sche Herrschaftssoziologie dann im Wesentlichen mit der Frage, was diesen Gehorsam motiviert. Wie allgemein bekannt ist, ist dies für Weber die spezifische Legitimität einer Herrschaftsbeziehung, in welcher der Legitimitätsanspruch der Herrschenden und der spezifische Legitimitätsglaube der Beherrschten zusammenfinden. Drei Typen legitimer Herrschaft unterscheidet Weber: rationale, traditionale und charismatische Herrschaft (ebd.: 124).

Es ist hier nicht der Ort, um auf die weitgehend bekannte Spezifik dieser Typen im Detail einzugehen. Stattdessen will ich auf ein Problem des Weber'schen Begriffs der Herrschaft hinweisen, das zugleich ein Problem der deutschen Vokabel ‚Herrschaft' im Allgemeinen ist, weshalb es sich auch in den Schwierigkeiten bei der Übersetzung von ‚Herrschaft' niederschlägt. Wenn Weber von Herrschaft spricht, so tut er das allermeistens im Sinne legitimer Herrschaft. Dass in der englischen Weber-Übersetzung ‚Herrschaft' sehr oft mit *authority* oder mit *legitimate rule*, aber nur selten mit *domination* übersetzt wird, verdeutlicht diesen Punkt. Denn *domination* würde eher auf das rohe, nicht legitimierte Herrschaftsverhältnis verweisen; hier schwingen im Deutschen Begriffe wie ‚Beherrschung' oder ‚Unterwerfung' mit. Wenn Herrschaft nicht nur als immer schon legitime Herrschaft typologisiert, sondern die dynamischen Kämpfe um ihre Legitimität betrachtet werden sollen, so muss man sich vor Augen halten, dass diese verschiedenen Begriffskomponenten selbst ein Einsatz des Konflikts sind. In anderen Worten werden bestimmte Herrschaftsarrangements als *domination* markiert, gerade um andere als *legitimate rule* erscheinen zu lassen. Aus diesem Grund ist die moderne Rede von der Herrschaft, wenigstens wenn sie den distanziert-typologisierenden Blick der Weber'schen

Soziologie aufgibt, ohne die eine oder andere Form von Herrschafts*kritik* nicht zu haben.

Herrschaft(skritik) in Liberalismus und Republikanismus

Liberales Denken, so ein ebenso geläufiges wie richtiges Urteil, beginnt beim Schutz der Freiheit des Individuums gegenüber Eingriffen anderer. Da Herrschaft offenkundig genau solche Eingriffe impliziert, ist dem Liberalismus kaum überraschend eine große Herrschaftsskepsis eigen. Diese Skepsis schlägt sich in zwei Anforderungen nieder, die erfüllt sein müssen und in liberalen Staaten idealerweise auch erfüllt sind, damit Herrschaft akzeptiert werden kann: die Einschränkung der Handlungsfähigkeit der Herrschenden und die Zustimmung der Beherrschten zur Herrschaft.

Die politische Ideengeschichte der Neuzeit von Locke über Montesquieu bis zu den Federalist Papers gibt eine kondensierte Vorstellung davon, wie Herrschaft limitiert werden soll. Die entsprechenden Institutionen sind jene, die wir heute im Allgemeinen mit dem liberalen Konstitutionalismus verbinden: verfassungsmäßige Ordnung, Rechtsstaat, Gewaltenteilung, *Checks and Balances* und individuelle Grundrechte. Vor allem letztere dienen dazu, einen sozialen Raum zu konstruieren, von dem herrschaftliche Eingriffe des Staats ganz ausgeschlossen sein sollen: den Raum des Privaten. Bei aller Skepsis gegenüber zu viel und zu geballter Herrschaftsgewalt wird allerdings auch deutlich, warum der Liberalismus Herrschaft, wenn sie entsprechend zerstreut und eingeschränkt ist, als legitim anerkennt. Denn nur, wo es einen Staat gibt, in dem Herrschaft organisiert wird, können das Recht und insbesondere die individuellen Grundrechte auch effektiv verteidigt werden.

Zweitens ist Herrschaft nur zulässig, wenn man ihr freiwillig zugestimmt hat. Die wichtigste Konstruktion zur Rechtfertigung von Herrschaft in diesem Sinne ist gewiss der Gesellschaftsvertrag. Die Bedingung der Zustimmung für die *grundsätzliche* Einrichtung von Herrschaft, wie wir sie schon bei Hobbes finden, wird dabei rasch – bei Locke – dadurch ergänzt, dass die Zustimmung auch für die konkrete institutionelle Ausgestaltung und die Eingriffstiefe von Herrschaft erforderlich ist. Nach dem Rousseauschen Entwurf schließlich ist das Zustimmungserfordernis so weit ausgedehnt, dass es Verfassung bzw. institutionelle Ordnung, Gesetze und Amtsinhaber betrifft.

Verlassen wir nun diese Standarderzählung von der liberalen Kritik und Rechtfertigung von Herrschaft und wenden wir uns der jüngeren politisch-theoretischen Diskussion zwischen Liberalismus und Republikanismus zu. Diese findet insbesondere im Feld der Theorien der Freiheit statt, weil Herrschaft immer auch als freiheitseinschränkend verstanden wird. Als Kern einer liberalen Idee von Freiheit wird für gewöhnlich die negative Freiheit angesehen, wie sie Isaiah Berlin theoretisiert hat. Demnach besteht Freiheit „to the degree to which no man or body of men interferes with my activity" (Berlin 1969: 122). Es geht also um die Freiheit, den Kurs des eigenen Handelns frei wählen zu können, ohne Einmischung von anderen. Dabei gilt die besondere Aufmerksamkeit dem Staat, der als besonders mächtiger Akteur auch besondere Möglichkeiten hat, sich in unsere Leben einzumischen. Ein Großteil des eben aufgeführten Katalogs liberaler Institutionen dient denn auch dazu, staatliche Einmischung zu erschweren. Allen voran sollen, wie schon erwähnt, die Grundrechte dazu dienen, meinen privaten Raum der Wahlfreiheit zu schützen. In den jüngeren freiheitstheoretischen Schriften firmiert diese Vorstellung von Freiheit als ‚Freiheit im Sinne von Nicht-Einmischung' oder ‚freedom as non-interference'.

Während Berlin selbst als die große alternative Lesart von Freiheit bekanntermaßen die positive Freiheit ausmacht, weist die die republikanische Kritik am liberalen Freiheitsverständnis, die sich vor allem mit dem Namen Philip Pettit verbindet, darauf hin, dass das negative Freiheitsverständnis selbst nicht umfassend genug formuliert wird. Pettit macht zwei wichtige Argumente gegen Berlin: Erstens ist für eine Person nicht jede Einmischung freiheitsgefährdend, sondern nur jene, die sie nicht kontrollieren kann, die also allein von der Willkür des anderen ausgeht. Wenn ich als glücksspielabhängiger Mensch jemanden beauftrage, zu intervenieren, wenn ich eine Spielhalle betreten will, und wenn ich in der Folge tatsächlich am Betreten gehindert werde, so lässt sich dies nach Pettit sinnvollerweise nicht als Freiheitseinschränkung deuten. Wenn allerdings eine unkontrollierte, willkürliche Einmischung vorliegt, dann ist dies zugleich ein Akt der Unterwerfung unter den Willen eines anderen. Zweitens ist mit der Feststellung, dass sich eine Person A aktuell *nicht* in die Entscheidungen von B einmischt, noch nichts darüber gesagt, ob A nicht die strukturelle Fähigkeit besäße, sich willkürlich bei B einzumischen (Pettit 1997; 2012: 50). Entscheidend für die Einschränkung der Freiheit von B ist demnach, ob B in einer Situation lebt, in der sich A jederzeit willkürlich einmischen könnte, unabhängig davon, ob diese Einmischung tatsächlich erfolgt. Ein Verhältnis wie das beschriebene zwischen A und B bezeichnet Pettit als Herrschaftsbeziehung bzw. als *domination*: „An agent is dominated [...] to the extent that a group or individual is in a position to interfere arbitrarily in his or her affairs." (Pettit 2005: 93) Die dem gegenüberstehende Freiheit wird entsprechend als „freedom as non-domination" bzw. „Freiheit als Nicht-Beherrschung" bezeichnet.

Pettits Republikanismus ist somit grundsätzlich herrschaftskritisch angelegt. In Teilen spiegelt er die liberale Herrschaftskritik und die hieraus abgeleiteten Forderungen, denn z.B. verfassungsmäßige Ordnung, Rechtsstaat und Grundrechte schränken ja auch die strukturelle Fähigkeit zur Einmischung ein. Aber es gibt auch einige markante Unterschiede. Insbesondere nimmt der Staat eine andere Rolle ein. Zum einen ist dies der Fall, weil der Begriff der *domination* so hergeleitet wird, dass er allgemein auf soziale Verhältnisse angewendet werden kann. Wo die liberale Position das Problem vor allem in der staatlichen Einmischung sieht, ist die republikanische Perspektive breiter angelegt und theoretisiert das Problem der Beherrschung auch in der liberalen Privatsphäre, also z.B. in der Wirtschaft (Pettit 2005: 95) und in der Familie (Pettit 2014: xiv). Zum anderen wird das Argument, dass nicht jede Einmischung freiheitsgefährdend ist, dahingehend weiterentwickelt, dass staatliche Einmischung die Wahlfreiheit auch schützen und sogar erhöhen kann. Dies gilt erstens ganz klassisch (und durchaus in Übereinstimmung mit der liberalen Position) dann, wenn der Staat uns gegen Beherrschungsversuche krimineller Akteure schützt; es gilt aber zweitens auch im Falle nicht-krimineller Herrschaftsansinnen im Bereich des Privaten; und drittens schließlich dann, wenn durch staatliche, vor allem sozialstaatliche Unterstützung Handlungsoptionen vergrößert werden. Dass hierfür auch belastende Einmischung erforderlich ist – etwa durch Steuern – ist so lange kein Problem, wie diese Einmischung nicht-willkürlich, also im Auftrag derjenigen geschieht, in deren Leben interveniert wird. Und solange ein Staat gleichermaßen demokratisch wie rechtsstaatlich verfasst ist, lässt sich staatliche Intervention aus republikanischer Perspektive als nicht-willkürlich begreifen. Daraus folgt zum einen, dass sich die republikanische institutionelle Ausgestaltung einer Herrschaftsordnung von der liberaldemokratischen kaum unterscheiden wird, aber zum anderen auch, dass staatliche Intervention eine weiter reichende Legitimität erhält. Das Ziel einer republikanischen Politik besteht dabei zusammenfassend darin, dass man als gleicher Freier frei von Beherrschung den anderen Freien begegnen kann, und dass man deshalb niemals eine Veranlassung für Unterwürfigkeit oder Liebedienerei sieht.

Martin Nonhoff

Radikale Demokratietheorie und demokratisches Versprechen

An diese Idee der gleichen Freiheit, die es erlaubt, sowohl erhobenen Hauptes am öffentlichen Leben teilzuhaben als auch selbstbewusst das private Leben zu regeln, kann ich nun anschließen, wenn ich im nächsten Schritt zeige, wie sich eine radikaldemokratische Herrschaftskritik von der liberalen und der republikanischen Spielart unterscheidet. Ins Zentrum dieser radikaldemokratischen Perspektive möchte ich den Begriff des demokratischen Versprechens stellen, ein Begriff, der auf Jacques Derrida (1995; 2003) zurückgeht, den ich aber etwas anders konturieren werde.

Dieser Begriff lässt sich in fünf Schritten erhellen: *Erstens* besteht das Versprechen, folgt man Derrida, bei aller Vagheit und vielleicht auch bei allem Spannungsreichtum der dabei verwendeten Begriffe darin, dass wir uns als Freie und Gleiche selbst regieren, dass wir uns also nur den Gesetzen unterwerfen und durch die Institutionen regieren lassen, an deren Zustandekommen wir in einem Prozess beteiligt waren, der es zulässt, dass wir uns als gleiche Freie begegnen können. Im Anschluss an Pettit lässt sich ergänzen, dass ein wesentlicher Aspekt gleicher Freiheit darin besteht, nicht beherrscht zu werden.

Zweitens lässt sich, ebenso mit Pettit, hinzufügen, dass sich die demokratische gleiche Freiheit nicht nur auf die Selbstgesetzgebung im engeren Sinn bezieht. Es ist Teil des demokratischen Versprechens, dass wir in *keiner* sozialen Sphäre der Willkür anderer ausgesetzt sind, so dass wir uns überall und jederzeit als gleiche Freie begegnen können, als gleichermaßen nicht Beherrschte. Sofern dies nur unter bestimmten materiellen Bedingungen möglich ist, garantiert uns das demokratische Versprechen zudem, dass die Selbstregierung in einem sozio-ökonomischen Kontext stattfindet, der die Rede von der gleichen Freiheit nicht unterminiert.

Drittens ist es die vielleicht entscheidende Eigenheit des demokratischen Versprechens, dass es ein *unerfüllbares* Versprechen ist: Aufgrund zahlreicher praktischer Erfordernisse, die vor allem in modernen, ausdifferenzierten Gesellschaften die kontinuierliche Teilhabe an der Selbstgesetzgebung zu oft sehr komplexen Gegenständen unmöglich machen, werden Demokratien offensichtlich de facto immer als Oligarchien organisiert (Rancière 2006); dabei bezeichnet der Begriff der Oligarchie zunächst nichts anderes, als dass es tatsächlich auch in Demokratien stets wenige sind, die über den großen Rest herrschen. Diese De-facto-Herrschaft der wenigen über viele lässt sich im Rahmen liberaler wie republikanischer Herrschaftskritik dadurch rechtfertigen, dass sie erstens durch demokratische Wahl zustande kommt und zweitens rechtsstaatlich ausgeübt wird. Dies sind gut etablierte Rechtfertigungen; doch aus radikaldemokratischer Perspektive heben sie die Tatsache der Herrschaft nicht auf. Denn zum einen können sich Gesetze nicht selbst auslegen und durchsetzen, weshalb man einen entsprechenden Apparat benötigt (Oakeshott 1975: 143). Diesem Apparat gegenüber hat man aber nur zwei Möglichkeiten: sich unterwerfen oder sich nicht unterwerfen (Vatter 2005: 127), weshalb der Herrschaftscharakter auch im Rechtsstaat erhalten bleibt. Und auch dass das politische Führungspersonal von allen in einem rechtlich abgesicherten Verfahren gewählt wird, ändert den Zustand einer Herrschaft weniger über den Rest nicht, zumal ein nicht geringer Teil dieses Personals nur indirekt durch Wahl legitimiert ist und das meiste nicht-politische Führungspersonal, z.B. in der Privatwirtschaft, überhaupt nicht. Das demokratische Versprechen auf gleiche Freiheit und Herrschaftsfreiheit wird also nicht schon dadurch erfüllt, dass man bestimmte Herrschaftsformen als legitim rechtfertigen kann.

Viertens ist das demokratische Versprechen insofern ein unmäßiges Versprechen, als es uns immer auch, mit Arendt gesprochen, die Möglichkeit des grundsätzlichen Neu-Beginnens verspricht, um gleiche Freiheit herzustellen. Es ist also nicht auf eine je bestehende institutionelle Ordnung festgelegt. Das demokratische Versprechen berührt die freien Gleichen nicht nur als konstituierter Demos, sondern auch als konstituierende Macht, die eine institutionelle Ordnung neu hervorbringen kann. In diesem Sinne verbindet es sich mit dem eingangs dargestellten radikaldemokratischen Begriff des Politischen, insofern dieser Begriff eben dazu dient, die Dynamisierung einer je gegebenen gesellschaftlichen oder politischen Ordnung zu beschreiben.

Fünftens hat das demokratische Versprechen, auch wenn es unerfüllbar ist, wichtige Konsequenzen: Es ruft uns nämlich sowohl als konstituierte als auch als konstituierende Macht an und eröffnet uns die Möglichkeit und drängt uns zugleich zur Skandalisierung von Ungleichheit und Unfreiheit; oder in den Worten Sheldon Wolins: „Democracy was and is the only political ideal that condemns its own denial of equality and inclusion" (Wolin 1995: 80); oder noch anders: auch wenn Demokratie stets de facto Herrschaftsbeziehungen oligarchischer Natur impliziert, so bleibt Herrschaft doch für Demokrat_innen ein Skandal, der zwar ausgehalten, aber nie in letzter Konsequenz für gut befunden werden kann.

Der Unterschied zur liberalen und zur republikanischen Form von Herrschaftskritik liegt somit auf der Hand. Liberale Herrschaftskritik lässt sich damit befrieden, dass zwischen nicht legitimierbaren und legitimen Formen von politischer Herrschaft unterschieden wird. Sie wacht aufmerksam darüber, dass Herrschaft limitiert wird, etwa indem sie verschiedene Gewalten aufgeteilt und durch den Raum des Privaten begrenzt wird. Aber wird sie solchermaßen gehemmt und begrenzt, ist Herrschaft legitim. Zudem fallen einige Formen von Herrschaft im Raum des Privaten ganz aus dem Sichtfeld liberaler Herrschaftskritik. Republikanische Herrschaftskritik öffnet dieses Sichtfeld wieder. Doch auch sie legitimiert Herrschaft, oder genauer: sie spricht nicht mehr von Herrschaft, wenn die Eingrenzung von Handlungsoptionen als nicht-willkürlich eingeordnet werden kann.

Im Vergleich hierzu lässt sich die Herrschaftskritik, die mit dem demokratischen Versprechen verbunden ist, niemals wirklich befrieden. Es versieht also die oben erarbeitete analytisch-deskriptive, radikaldemokratische Kategorie eines auf Dynamisierung abzielenden Politischen mit einem Aufforderungscharakter, indem es uns dazu drängt, jede Form von Herrschaft in Frage zu stellen, weil ein Zustand der Herrschaft nie ein Zustand von gleicher Freiheit sein kann. Das ist im Übrigen nicht gleichbedeutend mit der Aussage, dass *jede* Form von Herrschaft auf gleiche Weise und gleichermaßen kritikwürdig wäre. Aber dass es erträglichere und weniger erträgliche Formen von Herrschaft gibt, kann das grundsätzliche Problem, dass Freiheit und Gleichheit immer konterkariert werden, nicht aufheben.

Entsprechend wird die Frage, welche Formen von Herrschaft als legitim anerkannt werden können, aus der Perspektive des demokratischen Versprechens zwar nicht irrelevant, aber sie wird zu einer Frage zweiten Rangs. Man könnte dieser Position deswegen vorwerfen, dass sie zum Problem einer gelingenden demokratischen Ordnung nur wenig beizutragen hat, weil sie sich auf die zuallererst auf Kritikwürdigkeit jeder Herrschaftsordnung bezieht. Man kann sie aber sie aber auch verteidigen, indem man darauf verweist, dass das demokratische Versprechen als überschießender Horizontbegriff die Basis dafür bereitstellt, Unterwerfungsbeziehungen in diesen Ordnungen immer wieder aufzuzeigen und – so die Hoffnung – in einzelnen konkreten Fällen zu überwinden.

Populismus und das demokratische Versprechen

Abschließend lässt sich nun darlegen, dass die radikaldemokratische Herrschaftskritik, wie sie sich in der Idee des demokratischen Versprechens spiegelt, erklären kann, was es ist, das viele Populismen antidemokratisch und nicht nur antiliberal macht. Es lässt sich nämlich erkennen, dass Populist_innen zwar einen Bezug zum demokratischen Versprechen herzustellen suchen – siehe die oben zitierten Bezüge zur souveränen Selbstregierung –, dass dieser Versuch aber dadurch scheitert, dass zwei zentrale Elemente dieses Versprechens übergangen werden. Das demokratische

Versprechen retardiert damit zu dem, was man ein populistisches Versprechen nennen könnte.

Dies lässt sich sehr gut am Beispiel der AfD verdeutlichen: In ihrem schon zitierten Wahlprogramm spricht die Partei, wie wir gesehen haben, sehr explizit davon, dass sich eine kleine Oligarchie die Schalthebel der Macht angeeignet habe, und ruft zur Behebung dieser oligarchischen Herrschaft das deutsche Staatsvolk an (Alternative für Deutschland 2017). Dieser Schritt kann bei freundlicher Auslegung gut als Herrschaftskritik und Aufforderung zum Neubeginn verstanden werden. Doch zwei demokratisch maßgebliche Erkenntnisse reflektiert die AfD eben nicht: Zum einen erkennt sie nicht die Unausweichlichkeit der oligarchischen Organisation moderner Demokratien, die selbstverständlich genauso einträte, würde sie selbst die Regierung stellen. Zum anderen verbleibt ihre Herrschaftskritik eine spezifische, nämlich die der Herrschaft der nun herrschenden Eliten ('Altparteien'). Dass für Demokrat_innen jede Herrschaft einen Skandal darstellt, dass das demokratische Versprechen also allgemeine und nicht nur spezifische Herrschaftskritik impliziert, wäre mit dem Autoritätsdenken der AfD unvereinbar.

Ganz im Gegenteil: Viele Populist_innen legen einen dezidierten Willen zur Herrschaft an den Tag und lieben es, sich daran zu ergötzen, wen sie alles wie beherrschen und unterwerfen werden. Nehmen wir nun das Beispiel des Front National: von einer Nulltoleranzpolitik im Bereich Kriminalität über die Beseitigung außereuropäischer Doppelstaatlichkeit oder die Wiederetablierung des nur gegen islamistische Straftäter anzuwendenden Straftatbestands der nationalen Schande bis hin zur Forderung nach völliger kultureller Assimilation statt 'bloßer' Integration findet sich ein Strauß an Beherrschungsphantasien im Wahlprogramm Marine Le Pens (Le Pen 2017). Ähnliches und aufgrund der Verfügung über die staatlichen Gewaltmittel noch Drastischeres ließe sich, damit nicht nur von Rechtspopulismen die Rede ist, sehr einfach auch im Rahmen einer Diskursanalyse in Reden und Verlautbarungen des Maduro-Regimes in Venezuela zeigen.

Wenn also eine radikale Demokratietheorie eine Einsicht zum Verständnis des Unterschieds zwischen Demokratie und Populismus beisteuern kann, dann die, dass sich die Unvereinbarkeit der beiden in ihrem Verhältnis zur Herrschaft zeigt. Dabei geht es aber, so wichtig das auch ist, nicht allein um die anhaltende Offenheit für Pluralismus und die Verteidigung der liberalen Institutionen. Es scheint mir um viel mehr zu gehen, nämlich darum, dass wir als Freie und Gleiche, als Demokrat_innen den Skandal der Herrschaft in allen seinen Dimensionen immer wieder, immer aufs Neue zum Gegenstand unserer Kritik machen. Und diese Einsicht wird sich nicht allein auf populistische Unterwerfungsphantasien beziehen dür-

Martin Nonhoff

fen, sondern ebenso auf die zahlreichen Herrschaftszumutungen, mit denen uns auch verschiedene Akteure des liberalen Staats selbst regelmäßig konfrontieren.

Für die Politische Theorie sowie die Theorien des Politischen hingegen lässt sich der Schluss ziehen, dass es ein radikaldemokratisches Verständnis des Politischen ist, also eines, das im Politischen die Kraft zur Dynamisierung des Sedimentierten, des stets offenen Ringens zwischen Vereinheitlichung und Pluralisierung, Universalität und Partikularität (oder, hegemonietheoretisch gesprochen, von Äquivalenz und Differenz) sieht, zugleich ein Verständnis des Politischen ist, welches die kontinuierliche Infragestellung von Herrschaftsverhältnissen erlaubt. Dies unterscheidet es von einem populistisch enggeführten Verständnis des Politischen, welches im Kern nur den Kampf um Herrschaft erfassen kann, nicht aber radikale Herrschaftskritik.

Literaturverzeichnis

Abts, Koen/Rummens, Stefan 2007: Populism versus Democracy. In: *Political Studies* 55(2), S. 405-424.

Alternative für Deutschland 2017: *Programm für Deutschland. Wahlprogramm der Alternative für Deutschland für die Wahl zum Deutschen Bundestag am 24. September 2017.* https://www.afd.de/wp-content/uploads/sites/111/2017/06/2017-06-01_AfD-Bundestagswahlprogramm_Onlinefassung.pdf (07.08.2017).

Berlin, Isaiah 1969: Two Concepts of Liberty. In: Ders., *Four Essays on Liberty.* London/Oxford/New York, S. 118-172.

Derrida, Jacques 1995: *Marx' Gespenster. Der verschuldete Staat, die Trauerarbeit und die neue Internationale.* Frankfurt/M.

Derrida, Jacques 2003: *Schurken: Zwei Essays über die Vernunft.* Frankfurt/M.

Laclau, Ernesto 2005: *On Populist Reason.* London/New York.

Laclau, Ernesto/Mouffe, Chantal 1985: *Hegemony and Socialist Strategy. Towards a Radical Democratic Politics.* London/New York.

Le Pen, Marine 2017: *144 Éngagements Présidentiels.* https://www.google.de/url?sa=t&rct=j&q=&esrc=s&source=web&cd=1&cad=rja&uact=8&ved=0ahUKEwiVw4Xen8XVAhXFaVAKHZLHC8MQFggnMAA&url=https%3A%2F%2Fwww.marine2017.fr%2Fwp-content%2Fuploads%2F2017%2F02%2Fprojet-presidentiel-marine-le-pen.pdf&usg=AFQjCNFMpOCnadrhcHD7Avs_sVoKp4gjYw (07.08.2017).

Mudde, Cas/Kaltwasser, Cristóbal Rovira 2012: Exclusionary vs. Inclusionary Populism: Comparing Contemporary Europe and Latin America. In: *Government and Opposition* 48(2), S. 147-174.

Müller, Jan-Werner 2016: *Was ist Populismus?* Berlin.

Müller, Jan-Werner 2014: ‚The People Must Be Extracted from Within the People‘: Reflections on Populism. In: *Constellations* 21(4), S. 483-493.

Oakeshott, Michael 1975: *On Human Conduct*. Oxford/New York.

Pettit, Philip 1997: *Republicanism. A Theory of Freedom and Government*. Oxford/New York.

Pettit, Philip 2005: The Domination Complaint. In: Williams, Melissa S./Macedo, Stephen (Hg.), *Political Exclusion and Domination*. New York/London, S. 87-117.

Pettit, Philip 2012: *On the People's Terms. A Republican Theory and Model of Democracy*. Cambridge.

Pettit, Philip 2014: *Just Freedom. A Moral Compass for a Complex World*. New York/London.

Rancière, Jacques 2006: *Hatred of Democracy*. London/New York.

Rosanvallon, Pierre 2008: *Counter-Democracy. Politics in an Age of Distrust*. Cambridge.

Vatter, Miguel 2005: Pettit and Modern Republican Thought, in: Williams, Melissa S./Macedo, Stephen (Hg.), *Political Exclusion and Domination*. New York/London, S. 118-163.

Weber, Max 1980: *Wirtschaft und Gesellschaft. Grundriß der verstehenden Soziologie*, Tübingen.

Wolin, Sheldon S. 1995: Transgression, Equality, Voice. In: Ober, Josiah/Hendrick, Charles (Hg.), *Demokratia: A Conversation on Democracies, Ancient and Modern*. Princeton, S. 68-92.

Das ‚Wer' des politischen Handelns.
Zum Potential der Debatte um ‚das Politische' für ein demokratisches politisches Projekt

Anastasiya Kasko

Politische Gemeinschaft ist weder als homogene Einheit der Mitglieder zu realisieren noch als ihre vollendete Gesamtheit darzustellen. Vielmehr zeichnet sie sich durch Konflikthaftigkeit, Zerstrittenheit und Offenheit für Eingriffe aus. Diese Eigenschaften verkörpern das schöpferische Moment, das jedem politischen Handeln innewohnt, und sie sind für dessen Realisierung unabdingbar. Anhand der Theorie der politischen Subjektivität von Jacques Rancière und der Machttheorie von Hannah Arendt will ich in diesem Essay der Frage nach dem demokratisch verfassten politischen Handlungssubjekt nachgehen.

Etablierte Konzeptionen des *demos* stehen zunehmend im Zentrum politischer Kontroversen. Die ohnehin bestehende Problematik der Ungleichverteilung an sozialer, politischer und wirtschaftlicher Teilhabe wird durch jüngere Entwicklungen noch verschärft: Internationale Migrationsbewegungen nehmen zu, transnational agierende Konzerne erweitern ihre Einflussbereiche, Probleme im Bereich der Ökologie und des Umweltschutzes verschärfen sich. Diese Entwicklungen stellen die etablierten Konzeptionen des *demos* bzw. des politischen Subjekts vor Schwierigkeiten, die sie nicht adäquat bearbeiten können. Stattdessen werden Menschen in den meisten herkömmlichen Definitionen aufgrund des ihnen von Institutionen zugeschriebenen Status (als Geflüchtete, Asylsuchende oder anders definierte Nicht-Bürger*innen) ausgegrenzt und marginalisiert. Als Gegenvorschlag, der dieser Problematik entgegentritt, ist es das Ziel des vorliegenden Textes, das Modell eines demokratisch verfassten politischen Handlungssubjekts zu skizzieren, das das politische Zusammenleben und die Teilnahme am Alltag der Zivilgesellschaft als grundlegend für die Entstehung politischer Subjektivität betrachtet. Dabei greife ich terminologisch und konzeptionell auf Überlegungen zurück, die in den vergangenen Jahren durch die Diskurse über das Politische in die Politische Theorie eingeführt wurden.

Nastasiya Kasko

In neueren Philosophien des Politischen wird zwischen der Politik und dem Politischen unterschieden.[1] Der Begriff der Politik bezeichnet dabei die institutionelle Ordnung und die staatliche Verwaltung des Gemeinwesens. Dagegen betont der Begriff des Politischen Momente des Dissenses und der Unterbrechung. Das Politische ist für diese Tradition dann nicht einfach nur ein soziales Funktionssystem neben anderen (wie beispielsweise die Wirtschaft oder die Religion), sondern ein Modus kollektiver Selbstbestimmung. In dieser Definition schließe ich mich dem postfundamentalistischen Denken an.[2] In den neueren Diskursen des Politischen wird häufig die ontologische politische Qualität der menschlichen Existenz, der kontingente Charakter aller sozialen und politischen Ordnungen und der kritisch-hinterfragende Charakter politischen Handelns betont. Das Vokabular des Politischen, so werde ich zeigen, gibt uns einen Begriffsapparat an die Hand, der helfen kann, über die Herausforderungen politischer Zugehörigkeit im 21. Jahrhundert nachzudenken.

Politische Subjektivität

Der Thematik der politischen Subjektivität möchte ich mich nähern, indem ich 1) das ambivalente und heterogene Wesen des Volkes, 2) die Kontingenz der Grenzziehungen und ihre kontinuierliche Aufhebung durch die politische Aktion und 3) Freiheit, Gleichheit und Emanzipation als Hintergründe bzw. Ideale des politischen Handelns als Eckpfeiler meiner Untersuchung festlege. Auf diese Weise möchte ich an eine konzeptionell intern egalitäre und inklusive Normativität anschließen, die das radikaldemokratische Verständnis der Demokratie ausweist.

Ein Problem, vor dem die Konzeption einer demokratischen politischen Subjektivität immer zu stehen scheint, ist die Frage nach der sowohl horizontalen – d.h. erweiterbar auf neue gesellschaftliche Gruppen – als auch vertikalen – d.h. erweiterbar um neue Rechte – Inklusion. Genau dieser theoretischen Herausforderung lässt es sich mit der Theorie der politischen Subjektivität von Jacques Rancière begegnen. Rancières Theorie bietet ein theoretisches Instrumentarium, das dabei helfen kann, die Prozesse sowohl der horizontalen als auch der vertikalen Inklusion anzuleiten. Dabei sind folgende Annahmen für die vorliegende Untersuchung von besonderem Interesse. Erstens betrachtet Rancière Politik als interaktions- und

---

1 Siehe dazu Hebekus/Völker 2012.
2 Siehe dazu grundlegend Marchart 2010.

pluralitätserschließende Praxis. Zweitens geht er von der Ermöglichung politischer Auseinandersetzung durch Dissens aus. Und drittens sieht er die Möglichkeit der Neuaufteilung des Sinnlichen als prinzipiell immer gegeben.

Ich will der Problematik der politischen Subjektivität mit der politischen Theorie Jacques Rancières begegnen. Das Besondere des Rancièreschen Verständnis des *demos* besteht in seiner radikalen Inklusivität. Der *demos* ist für Rancière die „undifferenzierte Masse derer, die keine positiven Anspruchsrechte haben [...], aber denen dennoch dieselbe Freiheit zuerkannt wird wie denen, die diese Anrechte besitzen" (Rancière 2002: 21). Diese negativ formulierte Gleichheit der Ansprüche, die sowohl von den Besitzenden als auch von der „undifferenzierten Masse" geteilt werden, stellt das Mittel zur Emanzipation dar. In einem omnipräsenten und permanenten Kampf um die Freiheit und gegen die Unterdrückung spielt eine kritische Betrachtung sowohl der etablierten als auch der unsichtbaren Akteure eine primäre Rolle. Es muss gezeigt werden, wie das politische Subjekt überhaupt tätig und wirksamen werden (und bleiben) kann.

Die Frage nach dem politischen Akteur wirft in der Folge die Frage nach den Inhaber*innen der politischen Macht auf, d. h. danach, wer dazu ermächtigt ist, politische Probleme zu definieren und Wege für deren Lösung vorzuschlagen. Das Offen- und Umstrittenhalten dieser Fragen ist hierbei zentral, weil es das Wesen der Demokratie konstitutiv ausmacht (vgl. Saar 2013: 376). In Zeiten zunehmender postdemokratischer Verunsicherung, die durch globale Migration, globale Armut, transnational agierende Konzerne und anschwellende Probleme im Bereich des Klimawandels gekennzeichnet ist, steht es außer Zweifel, dass das Verständnis des politischen Subjekts auf nicht-kodifizierte politische Akteure ausgeweitet werden muss.

Mit dem modernen Verständnis des politischen Subjekts ist ein Bild desselben als „Träger individueller oder kollektiver Handlungsfähigkeit und moralischer Zurechenbarkeit" (Saar 2011: 317) verbunden. Die Subjektivität ist inter-individuell und pluralistisch. Sie beinhaltet eine Vielzahl grundlegender, selbstständiger und irreduzibler Prinzipien, die in verschiedenartigen Begründungszusammenhängen unterschiedlich zum Vorschein kommen. Sie ist wandlungsfähig und nicht abgeschlossen. Weil die Subjektivität sich außerdem auf das Verhältnis der Einzelnen zur Gesellschaft bezieht, ist sie reflexiv. Politische Subjekte zeichnen sich hierbei durch kollektive Bestimmungskraft aus. Sie sind keine bestimmten, fest etablierten Kollektive oder Akteure. Im Gegenteil: Sie formieren sich innerhalb von Systemen inter-individueller Machtbeziehungen und ändern sich entsprechend der Zeit und den Machtverhältnissen. Wenn es darum geht, die vorherrschenden sozialen, kulturellen und wirtschaftlichen Bedingungen innerhalb der Gemeinschaft kritisch zu hinterfragen, ist das die Aufgabe der politischen Subjekte (vgl. Rancière 2011: 484f.).

Den Dreh- und Angelpunkt von Rancières Überlegungen zur Rolle der politischen Subjektivität für das demokratische Handeln bildet die Differenz zwischen der Politik und der Polizei. Unter *Polizei* fasst Rancière „eine symbolische Konstitution des Sozialen" (Rancière 2008: 31), eine allgemeine Organisation des öffentlichen Raums, die auf die Regelung von allgemeinen Erscheinungen der Körper und die Zuschreibung von Rollen ausgerichtet ist. Die Polizei arbeitet auf die Herstellung eines Konsenses hin (vgl. Rancière 2002: 39 f.). Das Prinzip der polizeilichen Ordnung besteht im Ausschluss dessen, was scheinbar nicht gesehen und gehört wird oder nicht gesehen und gehört werden kann. In einem solchem Ausschluss artikuliert sich ein permanentes Übersehen von Anteillosen, die weder über den Besitz noch über eine besondere Position (beides Schlüsselfaktoren für die Teilnahme an den Machtinstitutionen der modernen Gesellschaft) verfügen, jedoch einen bedeutenden Teil der Gemeinschaft ausmachen.

Dieser Ausschluss entfacht, laut Rancière, einen Streit, in dem es um die Inklusion der Anteillosen in die Teilhabe an der Gemeinschaft geht. Der Anteil der Anteillosen inszeniert dabei „das Problem des Ausschlusses in Form eines Konflikts, als Gegensatz zwischen verschiedenen Welten" (Rancière 2007). Die politische Sphäre kann prinzipiell kontinuierlich neu verhandelt werden, weil jede Etablierung neue Ausschlüsse produziert. Die jeweils neue Gruppe versteht sich dann als anteillos und fordert vor dem Hintergrund der Gleichheit ihre Rechte ein. Die Anteillosen provozieren einen Bruch mit der bestehenden gesellschaftlichen Ordnung; diesen Bruch bezeichnet Rancière als *Politik* (vgl. Rancière 2002: 41).

In dem Gespräch mit Eric Hazan „Demokratien gegen die Demokratie" propagiert Rancière ein Verständnis von Demokratie, das eine Gleichheit voraussetzt, gegenüber der sich alle Arten von Staatsformen rechtfertigen müssen (vgl. Rancière 2012: 93). Denn nur die Demokratie als „Herrschaft derer, die weder einen besonderen Anspruch auf ihre Ausübung noch eine spezifische Eignung dafür besitzen" (ebd.), mache Politik im eben beschriebenen Sinne überhaupt erst möglich:

> „Die Demokratie ist weder eine zu regierende Gesellschaft noch eine Regierung durch die Gesellschaft, sie ist streng genommen jenes Unregierbare, das jede Regierung letztendlich als ihre Grundlage anerkennen muss." (Rancière 2011: 60)

Diesen Gedanken eines radikalen Anti-Elitismus des politischen Handelns verfolgt Rancière konsequent in seinen Überlegungen zu Demokratie und Emanzipation. Er nimmt die Aristotelische Vorstellung der Demokratie als einer verfehlten Regierungsform und stellt diese auf den Kopf. Gerade weil *niemand* eine angeborene Eignung – weder zum Regieren noch zum Regiert-Werden – hat, sollte *jede*r* an der Macht teilhaben. Die Demokratie ist somit keine Gesellschaftsform und kein Verfassungstyp – sie ist „vielmehr das Prinzip der Politik selbst, das Prinzip also, das die ‚gute‘ Regierung auf dem Fehlen ihrer eigenen Grundlage begründet“ (ebd.).

Diese Überlegungen ließen sich ergänzen um die Perspektiven von Étienne Balibar, Benedict Anderson und Michael Wildt. Balibar bezeichnet die Gemeinschaft der Bürger*innen in der Tradition Jacques Derridas als eine „kommende Gemeinschaft, die es zu erfinden und durchzusetzen gilt“ (Balibar 2012: 249). Für ihn ist die politische Gemeinschaft somit weder als homogene Einheit der Mitglieder zu realisieren, noch als ihre vollendete Gesamtheit darzustellen. Vielmehr sind die innere Konflikthaftigkeit, Zerstrittenheit und Offenheit für Eingriffe für die Konstitution einer politischen Gemeinschaft unabdingbar. Gerade diese Eigenschaften verkörpern ihr schöpferisches Moment – ihre absolute Unbestimmtheit verleiht der politischen Gemeinschaft erst eine emanzipatorische Kraft.

Im Anschluss an Benedict Anderson und Michael Wildt verstehe ich das demokratisch verfasste politische Subjekt als *imagined community*, „dessen Definition durchaus fluid, umkämpft und nicht von vornherein gegeben ist“ (Wildt 2017: 12). Weil die Subjektivität sich außerdem auf das Verhältnis des Einzelnen zur Gesellschaft bezieht, ist sie notwendigerweise reflexiv:

> „ein [...] nicht-zentriertes und nicht-transzendentales Bild vom Subjekt [bildet] den Ausgangspunkt für eine komplexe Beschreibung menschlicher Interaktionen, in denen sich Subjektivität in wert- und sinnhaften Praktiken allererst bildet, formiert und in denen sie verändert wird.“ (Saar 2007: 99)

Das politische Subjekt ist somit immer ein Kollektiv- und Handlungssubjekt. Das Wort ‚politisch‘ wird hier als eine Äußerung des gemeinsamen Agierens verstanden und deutet darauf hin, dass das Individuum, das sich in einer Situation der Konfrontation befindet, zwischen zwei Polen (Politik als ständiger Kampf und Politik als Organisation und Verwaltung) hin und her manövriert.

Jacques Rancière sieht die schöpferische Kraft der politischen Subjekte in ihrer Fähigkeit, den Dissens zu inszenieren. Unter Dissens versteht Rancière „[den] Streit darüber, was gegeben ist, und über den Rahmen, in dem wir etwas als gegeben wahrnehmen" (Rancière 2011: 483 f.). Der Dissens stellt jede politische, soziale, wirtschaftliche, kulturelle Grenzziehung – und alle anderen denkbaren Arten – infrage und irritiert somit die vorherrschenden Mechanismen des Einschlusses und Ausschlusses.

Die Radikalität des Rancièreschen Denkens besteht in seiner Auffassung der Demokratie. Denn unter Demokratie versteht er weder eine Regierungs- noch eine Gesellschaftsform, sondern die „Herrschaft derer, die weder einen besonderen Anspruch auf ihre Ausübung noch eine spezifische Eignung dafür besitzen" (Rancière 2012: 93). Diese Idee hat weitreichende Konsequenzen. Denn da *niemand* einen solchen besonderen Anspruch oder eine spezifische Eignung besitzt, holt Rancière die Gleichheit vom Sockel eines zu erreichenden Ziels und stellt sie an den Anfang jeder politischen Aktion bzw. Zusammensetzung. Er macht somit Gleichheit zur entscheidenden Voraussetzung für das politische Handeln überhaupt. Die kritische Funktion der Demokratie entspringt ihrem radikal egalitären Selbstverständnis: Demokratie setzt eine Gleichheit voraus, gegenüber der sich alle Arten von Staatsformen rechtfertigen müssen (vgl. ebd.: 90 ff.).

In einem im Jahr 2011 verfassten und erst 2017 auf Deutsch erschienenen Aufsatz zum Thema „Der unauffindbare Populismus" problematisiert Rancière noch einmal die Identitätszuschreibung seitens des Staates. Er stellt fest,

> „,das Volk' existiert nicht. Es gibt nur unterschiedliche, ja widerstreitende Gestalten des Volkes, Gestalten, die konstruiert werden, indem bestimmte Versammlungsweisen, gewisse Unterscheidungsmerkmale, gewisse Fähigkeiten oder Unfähigkeiten bevorzugt werden." (Rancière 2017: 98)

Es besteht ein Spannungsverhältnis zwischen der Identifizierung auf Seiten der Machtapparate und der Subjektivierung auf Seiten der politischen Subjekte, das sich in der Differenz des Volkes zu sich selbst äußert. Mit anderen Worten: Die Identitäten werden von der etablierten Ordnung bestimmt und den Subjekten zugeschieden, was zu einer Kluft führt – das Subjekt ist nicht identisch mit der polizeilichen Identifikation des Subjekts (es entsteht die Differenz des Volkes zu sich selbst). Die Subjektivierung geht gegen Entwicklungen dieser Art vor, indem sie die Zuschreibungen hinterfragt bzw. in eine Streiterfahrung umformt:

> „Unter Subjektivierung wird man eine Reihe von Handlungen verstehen, die eine Instanz und eine Fähigkeit zur Aussage erzeugen, die nicht in einem gegebenen Erfahrungsfeld identifizierbar waren, deren

Identifizierung also mit der Neuordnung des Erfahrungsfeldes einhergeht." (Rancière 2002: 47)

Die Subjektivierung treibt somit die Emanzipation voran. Im Rancièreschen Modell des politischen Handelns ist die Emanzipation nicht nur *möglich*, sondern sein *notwendiger* Bestandteil. Der Dissens, der Streit um die gemeinsam wahrgenommene und gelebte Welt und der Ausweis der Kontingenz der Gründe für die bestehende Aufteilung des sinnlich Wahrnehmbaren führen zum Bruch mit und zur Emanzipation von der etablierten Ordnung. Die Teilnahme an einer politischen Gemeinschaft und am Alltag der Zivilgesellschaft fußt auf menschlicher Pluralität und artikuliert sich über gemeinsames Sprechen, Handeln und Leben heterogener Individuen. Obwohl das Sein des politischen Subjekts in einer gegebenen Situation gezwungenermaßen begrenzt ist, kann diese Grenze angefochten und neu definiert werden, und zwar durch das gemeinsame Handeln derjenigen, die sich ausgeschlossen fühlen.

Wie oben bereits dargelegt, versteht Rancière den *demos* als „an excessive part – the whole of those who are nothing, who do not have specific properties allowing them to exercise power" (Rancière 2010: 124). Diese Idee führt zweifelsohne zu einem emanzipatorischen Verständnis der Gleichheit. Zum einen muss diese Gleichheit ständig negativ formuliert bleiben, um die ereignishafte Natur politischer Aktionen zu gewährleisten. Reale Gleichheit existiert somit lediglich als realisierte Gleichheit (vgl. Rancière 2012: 94). Zum anderen stellt die Gleichheit den Hintergrund dar, der den Bruch mit der etablierten Herrschaftsordnung zuallererst ermöglicht: Die aus der gesellschaftlichen Strukturen Ausgeschlossenen beziehen sich auf die jeweils konkreten Ausformulierungen der Gleichheit, um ihre Rechte gegenüber den an der Gesellschaft Anteilhabenden einzuklagen.

Aus diesem Verständnis der Gleichheit ergeben sich jedoch zwei konkrete Problemstellungen: eine davon betrifft die Anteillosen und die zweite die Anteilhabenden. Erstens existiert der Argumentation Rancières zufolge Demokratie nur dann, wenn der *demos* seine Rechte erfolgreich einklagt – Politik wie Demokratie sind flüchtig. Rancières Konzeption des *demos* ist vor diesem Hintergrund eine aktivistische. Zum einen bringt sie notwendigerweise Exklusionseffekte hervor und lässt neue Grenzziehungen entstehen. Zum anderen ist der *demos* im Rahmen des Rancièreschen Verständnis der Demokratie selbst nur retrospektiv feststellbar. Inwiefern dies problematisch sein kann, lässt sich anhand der Unabhängigkeitserklärung der Vereinigten Staaten zeigen, die Jacques Derrida in seinem Aufsatz „Declarations of Independence" (1986) diskutiert. Die Etablierung der

Institution des Staates ist unmittelbar und äußerst eng mit der Tatsache verbunden, dass die Unabhängigkeitserklärung unterschrieben wird. Wer ist aber derjenige, der unterschreibt? Thomas Jefferson schreibt lediglich den Text nieder. Er repräsentiert die Repräsentant*innen. Die Repräsentant*innen selbst unterschreiben auch nicht, weil sie ‚die guten Leute‘ repräsentieren. Diese ‚guten Leute‘ sind also auch diejenigen, die letztendlich unterschreiben. Dabei erhebt sich die Frage, ob die Unabhängigkeit ‚der guten Leute‘ bereits vor dem Unterschreiben da war oder erst durch das Unterschreiben der Unabhängigkeitserklärung der Vereinigten Staaten zustande gekommen ist. Hier konzentriert sich Derrida auf das Paradoxon der Demokratie: es gibt kein kollektives Subjekt, solange die Repräsentant*innen ihre Unterschriften nicht unter den Text gesetzt haben. Also konstituieren ‚die guten Leute‘ sich selbst. Wenn man die kodifizierten Rechte an die Zugehörigkeit zum *demos* bündelt, der *demos* jedoch lediglich zu den Zeiten des Aufbruchs aus der etablierten Ordnung sichtbar wird, heißt es, dass die Anteillosen zum Zeitpunkt ihres Aufstandes sich nicht so sehr rechtswidrig verhalten, sondern sich jenseits des Rechts überhaupt befinden.

Die zweite Schwierigkeit, vor der das aktivistische Verständnis der Demokratie steht, ist die Rolle der Anteilhabenden. Die Tatsache, dass die Anteilhabenden sich innerhalb der etablierten Ordnung befinden und in ihr auch wiederfinden, disqualifiziert sie per definitionem von der Teilnahme am politischen Handeln. Diese Erkenntnis hat realpolitisch weitreichende Konsequenzen: Inwiefern ist die Rede vom *gemeinsamen* politischen Handeln angebracht, wenn der Großteil der Bevölkerung a priori davon ausgeschlossen ist? Außerdem versetzt das Problem des Ausschlusses der Teilhabenden von der Politik die Anteillosen in eine ambivalente Rolle: Einerseits sind sie die Einzigen, die die Demokratie hervorbringen können. Andererseits werden sie gerade aufgrund ihrer emanzipatorischen Qualität als Kämpfende marginalisiert.

Gemeinsames Handeln

Um diesen Problematiken im Rancièreschen Modell der politischen Subjekte entgegenzutreten, schlage ich an dieser Stelle vor, die Machttheorie von Hannah Arendt zurate zu ziehen. Nach Arendt führt das *gemeinsame* Handeln im Rahmen kollektiver Selbstbestimmung dazu, dass der Grund der Gesellschaft neu definiert wird. Mit anderen Worten entscheiden die Handelnden selbst über die neuen (unvermeidlichen) Grenzziehungen innerhalb der gesellschaftlichen Ordnung. Die grundlegende Pointe besteht dabei darin, dass allen Handelnden gleiche Bedeutung zukommt und ihre Stellung inner- oder außerhalb der gesellschaftlichen Ordnung keine Rolle spielt. Alle Handelnden sind im Prozess des Handelns frei und gleich.

Um über die neuen Handlungsmaßstäbe gemeinsam zu *entscheiden*, bedienen sich die Beteiligten der, laut Arendt und Rancière, per se politischen menschlichen Begabung – der Begabung zur Sprache:

> „Der Sinn des Politischen [...] ist, daß Menschen in Freiheit, jenseits von Gewalt, Zwang und Herrschaft, miteinander verkehren, Gleiche mit Gleichen [...] alle Angelegenheiten durch das Miteinander-Reden und das gegenseitige Sich-Überzeugen regel[n]." (Arendt 2010: 39)

Auch Rancière versteht Sprache als einen Mechanismus der Anerkennung und der Zugehörigkeit (aber auch als einen Mechanismus des Ausschlusses[3]): „Logos, als Sprache und Zählung, ist der Ort, an dem sich der Konflikt abspielt." (Rancière 2002: 37) Das Miteinander-Sprechen kann man somit im Denken Arendts und Rancières als ein Zeichen der gegenseitigen Anerkennung der politisch handelnden Individuen deuten.

Das intersubjektive Handeln und Sprechen im öffentlichen Raum bringt die Macht hervor: „*Macht* entspricht der menschlichen Fähigkeit, nicht nur zu handeln oder etwas zu tun, sondern sich mit anderen zusammenzuschließen und im Einvernehmen mit ihnen zu handeln" (Arendt 2014: 45). In diesem berühmten Zitat fasst Arendt ihr positives Machtverständnis zusammen: Macht entspringt dem kollektiven Wunsch auf Veränderung und formt das entstehende politische Subjekt. Handeln und Macht stehen somit in einem „gegenseitig-wechselnden Bedingungsverhältnis" (Schnabl 1999: 227): Sie „verweisen wechselseitig aufeinander [und] explizieren sich gewissermaßen gegenseitig" (Grossmann 2008: 52). Wenn Macht nur dann entsteht, wenn Menschen sich entscheiden, ‚im Einvernehmen'[4] mit anderen zu handeln, bedeutet dies, dass jedes politische Handeln einen Neuanfang der Macht bedeutet. So treten politische Subjekte jeweils neu in Erscheinung unter Bedingungen reziproker Anerkennung. Diese Reziprozität ist in dem Recht, Rechte zu haben, verankert. Arendt sagt:

> „[E]in Recht, Rechte zu haben, [...] ist gleichbedeutend damit, in einem Beziehungssystem zu leben, in dem man aufgrund von Handlungen und Meinungen beurteilt wird." (Arendt 2017: 614)

---

3 Siehe dazu seine Überlegungen zum Phone und Logos in Rancière 2002: 33 ff.
4 ‚to act in concert' wie Arendt Burke an verschiedenen Stellen zitiert.

Daraus folgt, dass politisches Handeln und Sprechen die Zugehörigkeit zu einer (politischen) Gemeinschaft überhaupt sicherstellen, denn, um politisch handeln und sprechen zu können, muss man von seinem Gegenüber anerkannt sein. Umgekehrt kann „der Verlust [...] des politischen Status identisch werden mit der Ausstoßung aus der Menschheit überhaupt" (ebd.). Das Erscheinen der Macht setzt eine gleichgesinnte Gemeinschaft voraus: „Macht gehört in der Tat zum Wesen alles staatlichen Gemeinwesen, ja aller irgendwie organisierten Gruppen" (Arendt 2014: 52). Dadurch, dass jedes Individuum qua Geburt bereits selbst einen Neu-Anfang darstellt, scheint die Möglichkeit eines politischen Neu-Anfangs in einer plural verfassten Gemeinschaft prinzipiell immer präsent zu sein:

> „In jedem wirklich politischen Handeln, so bescheiden sein Umfang sein mag, ist ein Stück dieses *revolutionary spirit*, denn in jedem Handeln, das wirklich politisch ist, wird ein Neubeginn gesetzt." (Marchart 2006: 36, Herv. i. O.)[5]

Macht entsteht, wenn Individuen ihre Ansprüche gegenüber der bestehenden Ordnung artikulieren und diese somit hinterfragen. Mit jeder kollektiven politischen Forderung wird ein Neu-Anfang in die gemeinsame Welt gesetzt. In der Möglichkeit des Neu-Anfangens liegt somit das emanzipatorische Moment des gemeinsamen politischen Handelns. Arendt beschwört „die Überzeugung, wonach die potenzielle Rettung der Welt allein darin begründet liegt, dass sich die menschliche Gattung immer wieder und für immer erneuert" (Arendt 2018: 36 f.). Die vorherrschende Ordnung wird suspendiert und es entsteht eine Zäsur in den etablierten Machtverhältnissen.

Politisches Handeln besteht also in Neuaufteilungen der Macht, die von politischen Subjekten im Prozess der Anfechtung der etablierten Herrschaftsverhältnisse durchgeführt werden. Gleichzeitig werden die politischen Subjekte im Laufe der Neuaufteilung der Macht und der damit zusammenhängenden Grenzziehungen neu formiert. Somit konstituiert das Handeln der politischen Subjekte die Macht und vice versa. In Jacques Rancières Überlegungen zur Möglichkeit der Politik finden wir einen ähnlichen Gedanken. Wenn die von der Teilnahme an politischer Partizipation Ausgeschlossenen sich auf Gleichheit zwischen Beliebigen als Prinzip

---

5 Arendt erklärt die menschliche Fähigkeit zum Neu-Anfang mit der Bedingtheit der Natalität: „Der Neubeginn, der mit jeder Geburt in die Welt kommt, kann sich in der Welt nur darum zur Geltung bringen, weil dem Neuankömmling die Fähigkeit zukommt, selbst einen neuen Anfang zu machen, d.h. zu handeln." (Arendt 2011: 18).

der Politik beziehen und ihre Rechte einfordern, wird die politische Sphäre neu verhandelt. Es ist wesentlich, die Rancièresche (Neu-)Aufteilung des sinnlich Wahrnehmbaren nicht nur horizontal, sondern auch vertikal zu denken. Es reicht nicht, dass die Anteillosen ‚sichtbar' werden. Eine einfache Inklusion in die bestehende Ordnung ist nicht das, wofür Rancière plädiert. Das System selbst muss durch das Sichtbar-Werden der Anteillosen verändert werden. Somit werden die Ausgeschlossenen nicht in das *etablierte* System integriert; vielmehr wirken sie aktiv und gleichberechtigt an der Schaffung eines neuen Systems mit, in dem die zuvor existierenden Grenzen eliminiert bzw. verschoben werden. Diese Logik ähnelt der Logik der Entstehung und Teilung von Macht bei Arendt: Dadurch, dass Macht lediglich zwischen den Individuen besteht, wird sie ständig neu hervorgebracht. Die Teilnehmer*innen, ihre subjektiven Erfahrungen und Perspektiven und die Umwelt verändern sich permanent, so dass die neu entstehende Macht das gesellschaftliche Koordinatensystem verschiebt. Durch solche Veränderungen in der Konstellation der exogenen Faktoren verändert sich auch das politische Subjekt. Es existiert nicht a priori in einem zusammenhangs- und machtlosen Raum, sondern formiert sich innerhalb von Systemen der inter-individuellen Beziehungen und konkreten Praktiken und ändert sich entsprechend der Zeit und den Verhältnissen. Dabei spielt ihr Status vor dem Akt des Zusammenkommens, des gegenseitigen Anerkennens und des Handelns keine Rolle. Entscheidend ist vielmehr ihre Partizipation am Prozess des Aushandelns neuer Kriterien der Zugehörigkeit zum politischen Gemeinwesen.

Warum ist es wichtig, die Entstehung politischer Subjekte als prozesshaft zu verstehen und den Handlungsraum der Individuen nicht aufgrund eines ihnen zugeschriebenen Status festzulegen? Hannah Arendt versteht

„nur eine solche Verfassung [als] genuin politisch und im Weiteren auch Stabilität garantierend, die sich ein Volk in einem kommunikativen Prozess der Verfassungsdiskussion selbst gegeben hat" (Straßenberger 2015: 106).

Dieses dynamische Verfassungsverständnis „[verlangt] ständig eine aktive Bestätigung und Erneuerung [seiner] Gründungsleistung" (ebd.). Kommen wir an dieser Stelle nochmals auf die Amerikanische Revolution zurück. Auch wenn man Arendts Affirmation der Amerikanischen Revolution mit einer gewissen Skepsis begegnen sollte (deren Ergebnisse waren defizitär; man denke beispielsweise an den Rassismus, der bis heute andauert), stellt sie für Arendt einen paradigmatischen Neuanfang dar. In ihrem Werk *Über die Revolution* (1963) denkt Arendt über die Idee der

Freiheit nach. Sie unterscheidet streng zwischen Begriffen ‚Befreiung‘ und ‚Freiheit‘:

> „Daß Befreiung und Freiheit nicht dasselbe sind, dass Freiheit zwar ohne Befreitsein nicht möglich, aber niemals das selbstverständliche Resultat der Befreiung ist, dass der Freiheitsbegriff, der der Befreiung eigen ist, notwendigerweise nur negativ ist, und dass also die Sehnsucht nach Befreiung keineswegs identisch ist mit dem Willen zur Freiheit – all das sind natürlich Binsenweisheiten." (Arendt 1963: 34 f.)

Sie analysiert diese Unterscheidung anhand der Französischen und der Amerikanischen Revolution. Während es bei der Französischen Revolution vor allem um die Befreiung von Unterdrückung, sozialer und wirtschaftlicher Not und der Beseitigung des Ancien Régime gegangen sei, stand in der Amerikanischen Revolution, laut Arendt, die Erringung politischer Freiheit in einem Akt der Neugründung im Vordergrund. Da es der Amerikanischen Revolution gelungen sei, „Prozesse bürgerschaftlicher Gesetzgebung" anzuleiten (und nicht, wie in der Französischen Revolution, die Verfassung ‚von oben‘ an das Volk heranzutragen), kommt Grit Straßenberger zu der Schlussfolgerung, dass Arendt politische Ordnungen nur dann als legitim ansieht, wenn es „Gelegenheitsstrukturen [existieren], das im republikanischen Verfassungsvertrag enthaltene und ihm vorausgehende Verspechen auf aktive politische Partizipation praktisch einzulösen" (Straßenberger 2015: 107). Arendt plädiert für die Ausweitung und Intensivierung politischer Partizipation, um der „Beantwortung der demokratietheoretischen Kernfrage […], wie politische Freiheit unter Bedingungen demokratischer Gleichheit institutionell auf Dauer gestellt werden kann" (ebd.: 91), näher zu kommen.

Auch wenn jede institutionelle Lösung zwingenderweise neue Grenzziehungen und Ausschlussbeziehungen produziert und somit nur temporär zum Anfechten der Rechte marginalisierter Gruppen geeignet ist, ist sie dennoch notwendig für eine (wenn auch vorübergehende) Gründung funktionierender gesellschaftlicher Ordnung. Die von Oliver Marchart stammende Begrifflichkeit der gleichzeitigen Unmöglichkeit und Notwendigkeit kann helfen, diesen Umstand zu beschreiben.[6] Diese Figur bedeutet, dass man zwar nicht in der Lage ist, einen perfekten bzw. an alle Verhältnisse optimal angepassten Grund der Gesellschaft zu entwerfen, weil die Verhältnisse sich im Laufe der Geschichte ändern. Dennoch ist

---

6 Siehe Marchart, Oliver 2010: *Die politische Differenz. Zum Denken des Politischen bei Nancy, Lefort, Badiou, Laclau und Agamben*. Berlin, S. 15 ff.

man gezwungen, jeweils neu angepasste Gründungen zu erarbeiten, die die Beziehungen der Mitglieder einer Gemeinschaft untereinander und zum System selbst regeln. Mit anderen Worten: Da zu jedem gegebenen Zeitpunkt im historischen Kontinuum die politischen, sozialen und wirtschaftlichen Bedingungen verschieden sind, ist es die Aufgabe politischer Subjekte, den Neu-Anfang zu setzen bzw. die Neuaufteilung der sinnlich wahrnehmbaren Welt durchzuführen.

Ein pluralistisch verfasstes demokratisches Handlungssubjekt wird uns erlauben, die Konzeption des *demos* auf die bisher aus ihr aus systemischen Gründen Ausgeschlossenen zu erweitern und das politische Geschehen adäquater zu analysieren. Subjektwerdung ist ein inklusiver und inkludierender Prozess des gemeinsamen Handelns aller Individuen unabhängig von ihrer gesellschaftlichen Stellung. Sie richtet sich auf eine kontinuierliche Aufhebung der Grenzen durch die politische Aktion, um allen ihre Teilnahme am Gemeinsamen zu gewährleisten.

Im Aufruf zum gemeinsamen Handeln mag eine ethische Verpflichtung durchschimmern. Es ist nichtsdestotrotz unter den zeitgenössisch vorherrschenden Verhältnissen der einzig vorstellbare Weg zur politischen Selbstbestimmung.

Literaturverzeichnis

Anderson, Benedict 1996: *Die Erfindung der Nation. Zur Karriere eines folgenreichen Konzepts*. Frankfurt/M.

Arendt, Hannah 1963: *Über die Revolution*. München.

Arendt, Hannah 2010: *Was ist Politik? Fragmente aus dem Nachlaß*, herausgegeben von Ursula Ludz. München.

Arendt, Hannah 2011 [1958]: *Vita activa*. München/Zürich.

Arendt, Hannah 2014 [1970]: *Macht und Gewalt*. München.

Arendt, Hannah 2017 [1955]: *Elemente und Ursprünge totaler Herrschaft. Antisemitismus, Imperialismus, totale Herrschaft*. München.

Arendt, Hannah 2018: *Die Freiheit, frei zu sein*. München.

Balibar, Étienne 2012: *Gleichfreiheit. Politische Essays*. Frankfurt/M.

Grossmann, Andreas 2008: Macht als ‚Urphänomen' des Politischen. Überlegungen im Anschluss an Hannah Arendt. In: Krause, Ralf/ Rölli, Marc (Hg.), *Macht. Begriff und Wirkung in der politischen Philosophie der Gegenwart*. Bielefeld, S. 49-62.

Hebekus, Uwe/Völker, Jan 2012: *Neue Philosophien des Politischen*, Hamburg.

Marchart, Oliver 2006: Die Welt und die Revolution. In: *Aus Politik und Zeitgeschichte 39*.

Marchart, Oliver 2010: *Die politische Differenz. Zum Denken des Politischen bei Nancy, Lefort, Badiou, Laclau und Agamben*. Berlin.

Rancière, Jacques 2002: *Das Unvernehmen. Politik und Philosophie*. Frankfurt/M.

Rancière, Jacques 2008: *Zehn Thesen zur Politik*, Zürich/Berlin.

Rancière, Jacques 2011: Wer ist das Subjekt der Menschenrechte? In: Menke, Christoph/Raimondi, Francesca (Hg.), *Die Revolution der Menschenrechte. Grundlegende Texte zu einem neuen Begriff des Politischen*. Berlin.

Rancière, Jacques 2012: Demokratien gegen die Demokratie. In: Agamben, Giorgio/Badiou, Alain/Bensaïd, Daniel/Brown, Wendy/Nancy, Jean-Luc/Rancière, Jacques/Ross, Kristin/Žižek, Slavoj (Hg.), *Demokratie? Eine Debatte*. Berlin.

Rancière, Jacques 2017: Der unauffindbare Populismus. In: Badiou, Alain/Bourdieu, Pierre/Butler, Judith/Didi-Huberman, Georges/Khiari, Sadri/Rancière, Jacques (Hg.), *Was ist ein Volk?* Hamburg.

Saar, Martin 2007: *Genealogie als Kritik. Geschichte und Theorie des Subjekts nach Nietzsche und Foucault*. Frankfurt/M./New York.

Saar, Martin 2013: *Die Immanenz der Macht. Politische Theorie nach Spinoza*. Berlin.

Schnabl, Christa 1999: *Das Moralische im Politischen. Hannah Arendts Theorie des Handelns im Horizont der theologischen Ethik*. Frankfurt/M.

Straßenberger, Grit 2015: *Hannah Arendt zur Einführung*. Hamburg.

Wildt, Michael 2017: *Volk, Volksgemeinschaft, AfD*. Hamburg.

II.
DAS WIDERSTÄNDIGE DES POLITISCHEN

Der Spuk des Politischen.
Widerständige Figuren jenseits ethnonationaler und institutioneller Engführung von Politik

Mareike Gebhardt

„[…] die Widerstandspunkte, -knoten und -herde sind mit größerer oder geringerer Dichte in Raum und Zeit verteilt, gelegentlich kristallisieren sie sich dauerhaft in Gruppen oder Individuen oder stecken bestimmte Stellen des Körpers, bestimmte Augenblicke des Lebens, bestimmte Typen des Verhaltens an. Große radikale Brüche, massive Zweiteilungen? Sowas kommt vor. Aber weit häufiger hat man es mit mobilen und transitorischen Widerstandspunkten zu tun […].“ (Foucault 1983: 117)

Demokratie ist keine Regierungsform. Sie ist eine politische Praxis des Widerstands. Diese Annahme durchzieht die folgenden Ausführungen. Dabei verstehe ich Widerstand im Sinne Foucaults als relational und plural. Widerstand entsteht immer nur im Verhältnis zu einer Macht, die sich als hegemonial erweist; und es gibt nicht *den einen* großen Widerstand, sondern Widerstände. Sie stellen Hegemonien in Frage, unterlaufen oder sabotieren sie. Im Folgenden konzentriere ich mich auf soziopolitische Formen von Widerstand innerhalb liberaldemokratischer Rahmungen, da ich diese Regierungsweise als hegemonial in sogenannten ‚westlichen‘ Demokratieformen verstehe. Daher setze ich den Begriff einer radikalen Demokratie – im Sinne einer agonistischen Dimension des Politischen – dem der liberalen Demokratie entgegen: Radikale Demokratie ist eine Form des Widerstands gegen die Machtsysteme und Regierungsweisen der liberalen Demokratie. In Bezug auf rezente Theorien einer radikalen Demokratie diskutiere ich Widerstand im Hinblick auf seine zeiträumlichen Strukturen und unterziehe insbesondere präsentische Formen von Widerstand einer Kritik durch eine Betrachtung von Widerstand als *kommend* im Sinne Jacques Derridas (vgl. 1992: 57; 2019b: 102f.).

Wenngleich verschiedene radikale Demokratietheorien Widerstand unterschiedlich ausbuchstabieren mögen, so teilen Jacques Rancière, Isabell Lorey und Judith Butler post-phänomenologische Motive des präsentischen In-Erscheinung-Tretens von Widerstand. Dabei verstehe ich das

Präfix *post-* mit Wendy Brown (2010: 21) als „a formation that is temporal-ly after but not over that to which it is affixed." Wie bei Brown (ebd.: 21) beschreiben Rancière, Lorey und Butler mit ihren post-demokratischen, post-phänomenologischen und poststrukturalistischen Überlegungen eine

> „very peculiar condition of afterness in which what is past is not left behind, but, on the contrary, relentlessly conditions, even dominates a present that nevertheless also breaks in some way with this past. In other words, we use the term ‚post' only for a present whose past continues to capture and structure it."

Alle drei Autor*innen beschäftigen sich vor diesem theoretischen Hinter-grund mit rezenten Phänomenen des Protests und ihren spezifischen Modi politischer Subjektivierung. Daran schließe ich – in kritischer Distanz – an und werde zunächst deren Modelle des Politischen vorstellen und disku-tieren. Dieser erste Teil wird notwendigerweise fragmentarisch und kurso-risch ausfallen, da ich mich auf die Destillation der Gemeinsamkeiten kon-zentrieren werde. Im nächsten Schritt widme ich mich Derridas Kritik an einer *Metaphysik der Präsenz* und seinen Ausführungen zu einer *democratie à venir*. Ich werde aufzeigen, wie sich Rancière, Butler und Lorey Derrida annähern und sich von ihm distanzieren. Ich werde mich in den Analysen insbesondere auf die Verbindung von Temporal- und Raumordnungen konzentrieren, die eine radikaldemokratische Praxis bestimmen (können). Schließlich werde ich auf die Verschränkung von radikaldemokratischem Widerstand und einer (Theorie der) *kommenden* Demokratie eingehen.

Die Diskussion ist von dem Verlangen getrieben, aufzuzeigen, wie ra-dikaldemokratischer Widerstand in den dunklen Zeiten der Demokratie, in denen Rassismus und Sexismus die Oberhand zu gewinnen scheinen, jenseits institutioneller und ethnonationalistischer Engführungen von Po-litik konzipiert und schließlich auch praktiziert werden kann. Die wider-ständigen Bewegungen verstehe ich als transgressiv – als eine Überschrei-tung der herrschenden Normen, Normierungen und Normalisierungen von soziopolitischen Mustern. Dabei charakterisiere ich Transgression mit Derrida (2006: 175) als eine Bewegung, die annimmt, dass „hinausgehen über [nicht] heißt [...], dass man diskreditiert, worüber man hinausgeht." Diesem Aufsatz geht es also weder um einen revolutionären Gestus noch um ein postnationales Denken, der bzw. das bestehende nationalstaatli-che Strukturen final aufzulösen oder zu überwinden trachtet. Vielmehr sollen die Transgressionspotentiale widerständiger Praktiken innerhalb der hegemonialen Nationalstaatlichkeit aufgezeigt werden, die in das rigide und robuste Korsett systemisch organisierter Demokratie zu intervenieren suchen: es hinterfragen, unterlaufen, irritieren und stören.

Post-phänomenologische Reiterationen: Erscheinung und Präsenz im Raum des Politischen bei Rancière, Lorey, Butler

Trotz der verschiedenen Akzentuierungen in den jeweiligen Politiktheorien von Butler, Lorey und Rancière wird ein spatio-temporales Moment der Diskontinuität in der Formation kollektiven Widerstands von allen dreien betont. Dieses Gemeinsame möchte ich genauer herausarbeiten, um von dort mögliche Ergänzungen, Erweiterungen und Verschiebungen durch eine Derridasche Perspektive aufzuzeigen.

Widerstand als Eruption: Rancières Demokratietheorie des Streits

In *Das Unvernehmen* beschreibt Rancière (vgl. 2002: 109ff.) den Moment der Störung als dissensuelle Ruptur in einer systemischen Matrix, die von ihm mit dem Begriff der „Polizei" (ebd.: 39f.) gefasst wird. Diese Matrix wird wiederum über eine „Aufteilung des Sinnlichen" (Rancière 2006: 25) generiert und aufrechterhalten. Das Unvernehmen und die polizeiliche Ordnung sind also Momente einer *Aufteilung des Sinnlichen*, mit der Rancière (2006: 25) ein

> „System sinnlicher Evidenzen [beschreibt, MG], das zugleich die Existenz eines Gemeinsamen aufzeigt wie auch die Unterteilungen, durch die innerhalb dieses Gemeinsamen die jeweiligen Orte und Anteile bestimmt werden."

Die Aufteilung des Sinnlichen legt also sowohl die Inklusions- als auch die Exklusionsbedingungen einer Gemeinschaft fest, wobei die

> „Verteilung der Anteile und Orte [...] auf einer Aufteilung der Räume, Zeiten und Tätigkeiten [beruht], die die Art und Weise bestimmen, wie ein Gemeinsames sich der Teilhabe öffnet, und wie die einen und die anderen daran teilhaben." (Rancière 2006: 25f.)

Dabei betont Rancière (2002: 41), dass die Störung von einem marginalisierten ‚Rest' – dem „Anteil der Anteillosen" – ausgeht. Mit, an und über diese/r Figur des Randes artikuliert sich politischer Protest als Widerstand gegen die Aufteilung des Sinnlichen und ihrer konsensuellen Struktur. Der *Anteil der Anteillosen* wird so für Rancière zu einer politischen Subjektivierungsweise, die einen Dissens in den Raum des Politischen, bestenfalls in dessen ‚Zentrum', trägt, der bis dato durch das hegemoniale Regime des Konsenses der liberalen Demokratie nicht in Erscheinung treten konnte. Diesen von Rancière als ‚postdemokratisch' beschriebenen Zustand kennzeichnet neben konsensueller Politik auch eine Entleerung der Demokratie, da ihr vitalisierendes Element, der Streit, durch konsensuelle Verfahren eliminiert worden ist. So versteht Rancière unter Postdemokratie:

> „Die Post-Demokratie ist die Regierungspraxis und die begriffliche Legitimierung einer Demokratie *nach* dem *Demos*, einer Demokratie, die die Erscheinung, die Verrechnung und den Streit des Volks liquidiert hat, reduzierbar also auf das alleinige Spiel der staatlichen Dispositive und der Bündelung von Energien und gesellschaftlichen Interessen. Die Post-Demokratie ist keine Demokratie [...]. Sie ist eine Weise der Identifizierung der institutionellen Dispositive mit der Aufstellung der Teile und Anteile der Gesellschaft, die geeignet ist, das der Demokratie eigene Subjekt und Handeln verschwinden zu lassen." (Rancière 2002: 111)

Demokratie ist also, nach Rancière, eine Form der Identifizierung – und zwar genauer: einer „Ent-Identifizierung [...] von einem natürlichen Platz, die Eröffnung eines Subjektraums, in dem sich jeder dazuzählen kann, das es ein Raum einer Zählung der Ungezählten [...] ist" (Rancière 2002: 48). Postdemokratische Zustände zeichnen sich dagegen durch ein rigides Festhalten von Subjekten an ihren vermeintlich angestammten Plätzen aus. Sie fixieren Politik, ihre Strukturen, Objekte und Protagonist*innen, über konsensuelle Verfahren in Raum und Zeit.

Bei seiner Diskussion möglichen Widerstandes gegen konsensuelle Verfahren avisiert Rancière am Ende von *Das Unvernehmen* Proteste, Streiks und auch Gewaltausbrüche junger Männer* – meist mit nordafrikanischen Migrationsbiografien bzw. mit neokolonialen Erfahrungen – in den *banlieues* französischer Städte. Diese prekarisierte Gruppe ist aufgrund ihrer Randposition innerhalb der Aufteilung des Sinnlichen kaum in der Lage, sich politisch, kulturell wie auch sozial Gehör zu verschaffen. Meist verhallen ihre wütenden Stimmen in der Unsichtbarkeit der Ränder. Darüber hinaus ist die französische politische Kultur von einem robusten Republikanismus bestimmt, in dem die (rechtliche) Egalität aller Staatsbürger*innen als gegebenen erachtet wird. Im öffentlichen Raum des Politischen herrscht ein formalrechtlicher Egalitarismus, der zu einem sozialen Konformismus ausarten kann und unbedingte Gleichheit fordert. Dissens, Widerstand und Protest gegen die Verfehlungen und Missstände des republikanischen Systems werden daher als Verrat an den Idealen der *république* gelesen, sie stoßen dadurch eine Kette von Missverstehen, Unverständnis und Nicht-Intelligibilität an, die Rancière gerade auch über den Neologismus *mésentente* (Unvernehmen) sprachlich fasst. Dabei setzt sich das französische Wort aus dem Präfix ‚mes-‘, das eine Verneinung oder Opposition markiert, und dem Verb ‚entendre‘ (hören) bzw. dem Substantiv ‚entente‘ (Vereinbarung, Übereinkunft) zusammen. Das Unvernehmen kennzeichnet eine Situation, in der man den Anderen sehen und auch hören, er dennoch nicht vernommen, nicht verstanden werden kann. Damit geht das *Un*vernehmen über ein bloßes *Miss*verstehen oder *Ver*kennen hinaus (vgl. Rancière 2002: 10f.). Es sind die Figuren der Ränder, die die republikanische Übereinkunft, die ohne sie geschlossen worden war, in Frage stellen, sie herausfordern und ihr letztlich *widerstehen*; und doch kann das System sie nicht vernehmen. In diesem Widerstehen wird dabei nicht nur das Politische als Dissens sichtbar, sondern auch die Demokratie – als einem Anspruch auf Ausweitung der Gleichheit. Gerade deshalb befindet sich das widerständige Potential für Rancière in der Gruppe der Anteillosen, da sie die polizeiliche Ordnung politisieren; den vermeintlichen Konsens in Frage stellen. Widerstand ist durch die Anteillosen insofern möglich, da die hegemoniale Ordnung, die Rancière (ebd.: 40f.) als „*Polizei*“ bezeichnet, kontingent und daher transformierbar ist. Obwohl die polizeiliche Ordnung eine Neuaufteilung des Sinnlichen, eine Transformation der Zählungsweisen, *nahezu* verunmöglicht, ist Widerstand gegen ihre Rigidität möglich – wenngleich schwierig und selten. Denn auch post-demokratische polizeiliche Ordnungen tragen das demokratische Element, die Forderung nach einer Ausweitung von Gleichheit, in sich, weshalb es über die Anteillosen eingefordert werden kann. Diese Forderung ist das (re-)politisierende Element, das den Streit, das NEIN, in die polizeiliche Ordnung hineinträgt und sie umformt.[1]

Widerstand als Präsenz: Loreys präsentische Demokratie

Auch Lorey argumentiert vor einem konkreten soziopolitischen Hintergrund und nimmt insbesondere Protestbewegungen in den Blick, die sich an Themen von Prekarisierung und Austerität entzünden; insbesondere diskutiert Lorey M15, Indignad@s und OccupyWallStreet. Für Lorey lassen sich die Temporal- und Spatialordnungen dieser Bewegungen weder über Begriffe direkter Demokratie noch über Konzepte der repräsentativen Demokratie angemessen beschreiben. Sie bilden daher einen politischen Widerstand gegen den traditionellen Dualismus zwischen Repräsentation und Realpräsenz, der sich jenseits institutionalisierter Formen von Politik

---

1 Ich danke Oliver Flügel-Martinsen für Anmerkungen, durch die ich dieses Argument noch klarer herausarbeiten konnte.

dis/loziert.[2] Lorey (2014: 83) nennt diese Formen des Widerstands „präsentische Demokratie", da sie erstens ereignishaft und eruptiv im Raum des Politischen in Erscheinung treten, zweitens aus dem Dualismus ausbrechen und schließlich drittens radikale Formen demokratischer Politik austesten.

In einem ersten Zugang erinnern Loreys Ausführungen an eine poststrukturalistische Reiteration von Arendts politischer Theorie fragilen und flüchtigen Handelns. Doch Lorey distanziert sich vom Begriff des Flüchtigen, den Arendt gegen systemische Reifikationsprozesse des Politischen zu Politik noch in Stellung brachte und damit die Vergänglichkeit und Verletzlichkeit politischer Handlungsmacht betonte. Während Lorey ebenfalls von instabilen und vulnerablen Formen des Widerstands ausgeht, verneint sie jedoch die Flüchtigkeit der präsentischen Herstellung von Demokratie. Die Frage der Verdinglichung widerständiger Praktiken über präsentische Vorstellungen von Präsenz ist daher nur in Ansätzen beantwortet, wenn Lorey (2012b) betont, dass nicht „alle Teilnehmenden physisch an einen Ort sein müssen".

Lorey fokussiert auf die Spatiotemporalität von Widerstand. Gegen eine instrumentelle und teleologische Vorstellung von Politik überschreitet *präsentische* Demokratie ein Denken der Zielgerichtetheit und wendet sich gegen die „Chrono-Politik" (Lorey 2014: 83) der liberalen Demokratie, in der politische Akte klar rhythmisiert und räumlich fixiert werden.[3] Hier bezieht sich Lorey auf Benjamins Begriff der „Jetztzeit", den er in *Über den Begriff der Geschichte* (1980: 701) entwickelt hatte, und betont damit den konstruktivistischen Charakter von Zeitlichkeit.

---

2 Der Begriff der Dis/Lokation spielt in verschiedenen poststrukturalistischen und dekonstruktiven Theoretisierungen eine hervorgehobene Rolle: Laclau beschreibt in *New Reflections on the Revolution of Our Time* von 1990 (z.B. 39f.). *dislocation* als Unmöglichkeit absoluter Geschlossenheit oder eines finalen Abschlusses (vgl. Biglieri/Perelló 2011: 54ff.). Um sich als Kollektiv finden zu können, bedarf es eines gewissen Identifikationsprozesses über Verortung, der allerdings nicht als absoluter Abschluss verstanden werden kann – sowie bei Rancières *Ent-Identifizierung* –, will eine Gemeinschaft nicht in Totalitarismus, Metaphysik oder Essentialismus abgleiten. Eine ähnliche Denkbewegung lässt sich in Derridas Dekonstruktion erkennen: In der *Grammatologie* von 1983 (2013) findet sie sich im Begriff *clôture* wieder; in *Marx' Gespenster* von 1993 (2019a: 53) spricht Derrida konkret von „*dislocation*", die mit „Verschiebung" übersetzt wird. Ich verwende den Begriff mit einem Schrägstrich, um auch im Schriftbild die Unabgeschlossenheit der Bewegung zu markieren.

3 Paradigmatisch für die liberale Chrono-Politik sind Wahlen, die in bestimmten Zeitabständen und in bestimmten Räumen stattfinden.

„Die Kämpfe finden in der ‚Jetztzeit' statt, sind deswegen nicht unberührt von der Vergangenheit. Die Jetztzeit ist gerade keine Zeitlichkeit, die selbstidentisch bei sich bleibt, als unmittelbare Präsenz, als Authentizität von Körpern und Affekt oder als reine Befindlichkeit. Sie ist *konstruktive Zeitlichkeit*, in der die Splitter der Geschichte neu zusammengesetzt werden, in der Geschichte unentwegt entsteht. Jetztzeit ist schöpferischer Mittelpunkt, kein Übergang des Vergangenen in die Zukunft." (Lorey 2014: 85; Herv. MG)

Präsentische Demokratie ist also kein realpräsentisches Ineinanderfallen der anwesenden Bürger*innen zu einem ‚Volk', wie es der orthodoxe Republikanismus Rousseaus (2003: 16ff.) fordert.[4] Vielmehr schlägt das Präsentische eine Bresche in die lineare Chronopolitik der liberalen Demokratie, die auf das Erreichen nächster Ziele fokussiert (Lorey 2014: 84f.). Losgelöst von politischer Teleologie, verliert auch der Begriff des Scheiterns seine Bedeutung: Während von einer hegemonialen Position aus moniert wird, Protestbewegungen wie OccupyWallStreet seien gescheitert, da sie sich nicht in die institutionellen Formen der repräsentativen Demokratie einschreiben konnten, argumentiert Lorey das Gegenteil: Gerade weil diese Protestbewegungen Politik nicht instrumentell ausdeuten, widerstehen sie der Verdinglichung von Politik als neoliberale Gouvernementalität (Lorey 2015: 86). Vielmehr suchen sie rigide Politik durch eine radikaldemokratische Vitalisierung des Politischen zu desavouieren. Für Lorey siedeln Protest- und Besetzungsbewegungen daher *sowohl* jenseits der „juridischen Demokratie" (2012a: 14f.; 2012b), die über Repräsentation, Liberalismus und Parlamentarismus regiert wird, *als auch* jenseits der klassischen Modi direkter Demokratie.[5] Die präsentische Demokratie unterläuft also repräsentative wie auch direkte Modelle von Demokratie und kann daher, wie bei Rancière, als Eruption oder Irritation einer spezifisch ‚westlichen' polizeilichen Ordnung der liberalen Demokratie verstanden werden. Nichtsdestotrotz führt Loreys vehementes Votum gegen die Flüchtigkeit präsentischen Handelns zu einer zumindest latenten Tendenz der Verdinglichung widerständiger Praktiken, in denen das Politische dann gerade nicht dis/lokativ changiert und schillert, sondern einen festen Platz erhält – nämlich

---

4 Die Parole der spanischen Protestbewegungen von 2011/12 lautete ¡*democracia real ya!*; hier spiegelt sich das problematische Verhältnis zwischen *realer*, radikaler und direkter Demokratie wider, das Lorey (2012c: 42-47) über den Begriff der präsentischen Demokratie aufzulösen sucht.
5 Zu meiner Diskussion von repräsentativen und realpräsentischen Formen von Demokratie vgl. Gebhardt 2018: 22.

außerhalb der juridischen Demokratie. Wie bei Rancière entsteht dann Widerstand gegen ein ‚Zentrum' vom ‚Rand', womit der von Lorey (2014: 83) explizit geforderte „Exodus aus Dualismen" in gewisser Weise reproduziert erscheint.

Über ihre Kritik an liberalen, formalrechtlichen Demokratieformen kommt Lorey, in einem ähnlichen Argument wie es Mouffe (2010: 35) in *Über das Politische* zur Vernachlässigung der „affektive[n] Dimension" des Politischen durch die liberale Demokratie vorlegte, zu dem Schluss, dass über „affektive Bezogenheit [...] Praxen der Solidarität" (Lorey 2014: 86) etabliert werden können. Die hegemoniale Ordnung der juridischen (Lorey) bzw. konsensuellen (Rancière) Demokratie möchte ich daher als Regime der Nüchternheit beschreiben. Betrachtet man deren „Affektökonomie" (Ahmed 2004: 119),[6] fällt auf, dass liberale Demokratiesysteme Rationalität und Vernunft als Regierungsinstrumente des Politischen favorisieren, statt die Bedeutung von Zugehörigkeits*gefühlen* für die Konstitution eines politischen Gemeinwesens ernst zu nehmen. In dieser rational-vernünftigen Ausformung mutiert das Politische zu Politik. Damit erschafft das nüchterne Regime der liberalen Politik ein Gefühlsvakuum, in das ethnonationalistische Fantasien der Reinheit und autoritär-populistische Romantisierungen des vereinten ‚Volkes' stoßen (vgl. Gebhardt 2018: 26f.; 2019: 3ff.).

Widerstand als Recht auf Erscheinen: Butlers Performative Theorie der Versammlung

Für Lorey (2014: 85) sind „Affekte und Affizierungen" widerständigen Praktiken eingeschrieben und sie stellen die „Siege der Herrschenden, die zeitliche Kontinuität des Historismus unentwegt in Frage." Hier setzt auch Butler mit Überlegungen zu Affektivität und Prekärsein (*precariousness*) an, die zunächst in *Frames of War* (2010: 50ff.) entwickelt und dann in *No-*

---

6 Statt Affekte possessiv zu begreifen (im Sinne von ‚Gefühle haben'), versteht Sara Ahmed (2004: 119) Affekte als Produkte einer bestimmten diskursiven Ökonomie, in der diese hergestellt, zirkuliert, distribuiert und amplifiziert werden: „In such affective economies, emotions *do things*, and they align individuals with communities – or bodily space with social space – through the very intensity of their attachments. Rather than seeing emotions as psychological dispositions, we need to consider how they work, in concrete and particular ways, to mediate the relationship between the psychic and the social, and between the individual and the collective."

tes Toward a Performative Theory of Assembly (2015) demokratietheoretisch gewendet werden. In der Reflexion auf Butlers eigenes Engagement im Rahmen von OccupyWallStreet reiteriert Butler das arendtsche (2009: 614) „Recht, Rechte zu haben" aus *Elemente und Ursprünge totaler Herrschaft* als ein „right to appear" (Butler 2015: 24f., 48ff.). Damit verweist Butler, wie schon Rancière und Lorey, auf eine phänomenologische Tradition, in der das Politische als das Hervorbrechen von Handlungsmacht zu verstehen ist. Alle drei Autor*innen berufen sich auf Arendts Phänomenologie des Politischen, die als Anfangspunkt einer radikaldemokratischen Reflexion auf widerständiges Handeln gelesen werden kann (vgl. Gebhardt 2014: 251ff.). In allen drei Theorien des Politischen verbindet sich darüber hinaus ein arendtscher mit einem foucaultschen Machtbegriff: Für Arendt (2007: 252ff.) entsteht Macht dann, wenn Personen in einem Raum des Politischen – den sie das „Zwischen" nennt – miteinander handeln: ihre Stimmen erheben, sich Gehör verschaffen und erst dadurch öffentliche Sichtbarkeit erreichen. Wie bei Arendt sind bei Rancière, Lorey und Butler Gehört- und Gesehenwerden untrennbar mit politischer Handlungsmacht als Pluralität verknüpft; dabei geht es den post-phänomenologischen Positionen von Rancière, Lorey und Butler weniger um eine Diskussion institutionalisierter Formen von Politik, sondern um radikaldemokratische Akte des Politischen: um das In-Erscheinung-Treten des Gemeinsamen über Streit, Dissens, Protest, Widerstand. Damit speist sich ein foucaultscher Machtbegriff in die Reiteration der arendtschen Politiktheorie ein, denn für Foucault war Macht nicht denkbar ohne Widerstand. Er schreibt, dass dort

> „[w]o es Macht gibt, gibt es Widerstand. Und doch oder vielmehr gerade deswegen liegt der Widerstand niemals außerhalb der Macht. Soll man nun sagen, dass man notwendig ‚innerhalb' der Macht ist, dass man ihr nicht ‚entrinnt', dass es kein absolutes Außen gibt [...]? Das hieße den strikt relationalen Charakter der Machtverhältnisse verkennen. Diese können nur kraft einer Vielfalt von *Widerstandspunkten* existieren, die in den Machtbeziehungen die Rolle von Gegnern, Zielscheiben, Stützpunkten, Einfallstoren spielen. Diese Widerstandspunkte sind überall im Machtnetz präsent. Darum gibt es im Verhältnis zur Macht nicht den einen Ort der *Großen Weigerung* – die Seele der Revolte, den Brennpunkt aller Rebellionen, das reine Gesetz des Revolutionärs. Sondern es gibt *Widerstände*: [...] Widerstände, die nur im strategischen Feld der Machtbeziehungen existieren können." (Foucault 1983: 115f.; Herv. MG)

Auch für Butler liegt Widerstand nicht außerhalb eines spezifischen Raums hegemonialer Macht – eines Zentrums –, sondern ist ihm immer schon eingeschrieben. Dabei gilt für Butler das *right to appear* insbesondere für diejenigen Bereiche des Politischen, die in einem kritischen Diskurs meist als marginalisiert markiert werden – wie schon bei Rancière und Lorey. Butler (2015: 41f.; 50ff.) problematisiert hier, dass Alterität/Marginalisierung so konzipiert werden, als ob *das Andere* ‚tatsächlich‘ an einem Ort außerhalb der Politik existiere: als ob das Andere zunächst nicht dazugehöre, und, wie bei Rancière, über Protest eingespeist werden müsse. Butler dagegen legt dar, wie Alterität und Differenz *immer schon* in ein Kollektiv eingeschrieben, immer schon in ihm präsent sind und daher keine Position des Außerhalb besetzen können – auch wenn dies in den symbolischen Ordnungen und Imaginationen des Inneren und Eigenen so konstruiert wird.

Butler widersetzt sich also einer binären Codierung von Eigen- und Andersheit und konzipiert diese als verschränkt und untrennbar miteinander verbunden. Alle Versuche der Entwirrung und Auflösung sind damit immer schon phantasmagorische Vorstellungen eines klar trennbaren Bereichs des Einen und des Anderen. Auch für den Raum des Politischen gilt diese unauflösbare Verschränkung, in dem Momente der Fremdheit, der Entfremdung und Verfremdung im Sinne von Derridas *Verschiebung* eingeschrieben sind – ohne sie würde das Politische Authentizitätsfetischismen ebenso anheimfallen wie totalitären bzw. identitären Abgründen.[7]

In Anlehnung an Laclau, vor allem aber an Derrida, versteht Butler (1990: 22, 203) bereits in frühen Arbeiten, wie *Gender Trouble*, räumliche Dis/lokationen (*displacement*) und zeitliche Verschiebungen (*deferral*) als Prozesse, die bei politischen Subjektivierungen wirksam werden, will das Politische nicht als phantasmagorische Einheit gedacht werden – und damit zugleich anti-demokratischen Charakter annehmen. Demokratie ist keine Einheit, kommt nicht zu sich selbst, ist nicht mit sich selbst identisch. Vielmehr ist Demokratie Pluralität und Differenz. Matthias Flatscher (2018: 311) hat dies treffend als „Alterität-im-Plural" beschrieben. Daher sind Gemeinschaften nicht *demokratisch*, sondern können nur *demokratischer* werden. Dafür braucht es das Politische, das den Streit in die Demokratie einschreibt und diese somit vor identitären Vorstellungen der

---

7 Nicht ohne Bezug zu rechts-heideggerianischen Konzepten völkischer Präsenz als absoluter Identität haben sich rechtsradikale Bewegungen über Europa hinweg als *Die Identitären* formiert, z.B. https://www.identitaere-bewegung.de/category/politis che-forderungen/.

Gemeinschaft schützt. Absolute Identität und totale Einheit einer Gemeinschaft durch ein Ineinanderfallen von Raum, Zeit und ,Volk' sind deshalb für Butler anti-demokratische Phantasmagorien.

Darüber hinaus ist das *right to appear* für Butler (2015: 55) an Körper/lichkeit gebunden und damit auch an eine spezifische Form performativer Präsenz. Allerdings ist diese Präsenz nicht metaphysisch überhöht; wie z.B. in der direktdemokratischen Forderung nach der Einbeziehung des Volks – von Jean-Jacques Rousseaus *Gesellschaftsvertrag* bis zum rezenten ethnonationalistischen Diskurs. Vielmehr sind (widerständige) Körper für Butler immer schon an Konstruktionen von körperlichen – man könnte sagen staatskörperlichen – Normen gebunden. Diese Konstruktionen werden im lebensweltlichen Alltag normalisiert und ihre Hegemonie kaum hinterfragt: Weder die liberale Form juridico-politischer Staatsbürger*innenschaft noch die ethnonationalistisch-essentialistische Konzeption des Volkes hinterfragen sich in ihrer Staatskörperlichkeit, wodurch sie als vermeintlich evident und natürlich erscheinen. Widerständige Körper dagegen wehren sich gegen die normalisierende Kraft des Normativen. Gegen diese Kraft wird dann Widerstand geleistet, wenn in ihm deutlich wird,

> „dass die Rahmung von Wahrnehmungsverhältnissen *iterativ* erfolgt und dass jede Wiederholung zugleich befremdliche Gespenster (*specter*) des Gerahmten in Umlauf bringt, welche Autorität der Normen der Anerkennung verunsichern, indem sie deren scheinbare Selbstverständlichkeit in Frage stellen",

fasst Andreas Oberprantacher (2018: 224) Butlers Position zusammen. Hier wird Butlers versierte Lektüre Derridas sichtbar, indem sie an den Begriff der Spektralität anknüpft, auf den ich später noch genauer zurückkommen werde.

Es lässt sich resümieren, dass in Loreys und Rancières post-phänomenologischen Politiktheorien ähnliche Subjektivierungsweisen des Politischen formuliert werden, während sich sich bei Butler eine Kritik an den realpräsentischen Residuen in beiden Theorieansätzen andeutet, die sich einer vertiefenden Lektüre Derridas verdankt. Die Problematik, das Paradigma des Repräsentativen herauszufordern, ohne in einen quasi-ontologischen Jargon der Eigenheit und Einheitlichkeit zu geraten, wird zwar von Rancière und Lorey kritisch reflektiert, jedoch in ihren Theorien selbst auch sichtbar. So können sich die präsentische Demokratie Loreys und die dissensuelle Demokratie Rancières nur bedingt einer politiktheoretischen Überhöhung des Präsentischen erwehren, die in Rousseaus identitärer Demokratie ihre berühmteste Vorfahrin findet.[8] Es handelt sich bei beiden Theorien um eine problematische Nähe zu dem, was Derrida (2013: 26) in der *Grammatologie* die „Philosophie der Präsenz" nannte. Er beschreibt damit, wie im (real-)präsentischen In-Erscheinung-Treten politischer Kollektivität ein romantisierendes Phantasma (ein ‚Gespenst') der Authentizität produziert wird, das dann seinerseits Einfallstore für Essentialismen und normativ-normalisierende Füllungen öffnet – als ob ein Wir immer schon bei sich selbst sein kann: in einem bestimmten Moment in eins mit sich selbst fällt. Kollektive und Körper sind stattdessen durchzogen von Alterität.

Démocratie à venir: Derridas Politische Theorie der Spektralität

Wie kontert dekonstruktive Politiktheorie eine globale Konjunktur des Ethnonationalistischen als präsentisches Moment des Politischen? Wie reagiert eine Politiktheorie, die keine normativen Setzungen vornimmt und dennoch eine ethische Position entwickeln möchte, angesichts des Aufstiegs von Rassismus und Sexismus in liberalen Rahmungen? Was also tun angesichts des Mainstreamings rassistischer und anti-feministischer Politiken von PEGIDA, AfD, Torgau und Chemnitz, Charlottesville und Minneapolis, über ‚Grab 'em by the pussy' bis hin zu ‚Asylindustrie'-Diffamierungen?[9] Wie kann Politiktheorie das Politische markieren, ohne eine normativ durch Ethnozentrismus und Essentialismus gefüllte Identität zu produzieren – und dabei keine bloße Hülle generieren, die dann vermeintlich beliebig ‚gefüllt' werden kann? Für diese Fragen wende ich mich den ethico-politischen Überlegungen Derridas zu. Insbesondere zwei Motive seiner politischen Theorie – und ich möchte auf das Politische seiner Theorie insistieren – werde ich hierfür aufgreifen, die eng zusammenhängen und die ich als Politische Theorie der Spektralität zusammenfasse: Erstens, eine Politische Theorie, die von ‚Gespenstern' heimgesucht wird, und zweitens, die Skizzierung einer *democratie à venir*. Diese beiden Motive antworten der Kritik an der „Metaphysik der Präsenz" (Derrida 2013: 41),

---

8 Hier sei kritisch angemerkt, dass Butlers *Recht zu Erscheinen* zunächst ebenfalls diese Überhöhung des Präsentischen bergen mag, dies jedoch von ihr über dekonstruktive Verfahren der Verzerrung explizit verhindert wird.
9 Ich möchte betonen, dass die Wahl dieser Diskursereignisse selbstverstänlich keine Ähnlichkeit oder Homogenität im Sinne einer Differenzblindheit suggerieren soll. Dennoch verbindet diese Phänomene eine rassistische und anti-feministischer Grundierung, um deren Betonung es mir hier geht.

die durch die Dekonstruktion von Schließungsphantasmen vorangetrieben wird.

Phantasmen der Schließung und Authentizität: Die Kritik der Metaphysik der Präsenz

Skeptische Leser*innen mögen sich nun fragen, was eine zugegebenermaßen zunächst abstrakt daherkommende Theorie der Spektralität mit den lebensweltlichen Phänomenen der ethnonationalistischen Geschlossenheit zu tun haben mag. Eine erste Annäherung an eine Replik auf diese Skepsis mag durch Derridas Begriff der Schließung erreicht werden. In der *Grammatologie* kritisiert Derrida (2013: 28) unter dem Begriff *clôture* ein phantasmagorisches Denken der epistemologischen Geschlossenheit und historischen Vollendung. Er argumentiert, dass die Vorstellungen von sozialer, politischer, kultureller und auch historischer Abgeschlossenheit immer einer Illusion unterliegen. Denn ein Kollektiv, eine Epoche oder eine Gemeinschaft können sich nie ganz vollenden, nie mit sich selbst identisch werden, da in ihnen ein gewisser ‚Rest‘, ein Überschuss, ein Überbleibsel anwesend abwesend ist. Diese anwesende Abwesenheit fasst Derrida (2013: 99) mal als „Spur“ (*trace*), mal als *différance*, und verweist damit auf eine verschiebene Bewegung, die verhindert, dass sich Systeme, Einheiten, Kollektive final schließen. Die ephemeren Spuren, die sich in jedem Raum, in jeder Idee, in jedem Kollektiv – wenn auch unsichtbar und ungreifbar – ‚finden‘ lassen, verhindern eine absolute Abgeschlossenheit.

Das phantasmagorische Denken der Einheit, Reinheit und Abgeschlossenheit zeigt sich paradigmatisch in der ‚abendländischen‘ Philosophie, deren Logo-, Phono- und Ethnozentrismus es zu hinterfragen gilt. Deshalb entfaltet Derrida (2013: 26ff., 41ff., 85) zunächst eine Kritik an der „Metaphysik der Präsenz“ der abendländischen Philosophietradition im Allgemeinen, der heideggerschen Fundamentalontologie im Besonderen, die beide von einem Ideal der Identität und Authentizität ausgehen. Präsenz – verstanden als absolute Simultaneität, als *„eidos"*, als

> „Substanz/Essenz/Existenz [*ousia*], Präsenz als Punkt [*stigme*] des Jetzt oder des Augenblicks [*nun*], Selbstpräsenz des cogito, Bewusstsein, Subjektivität, gemeinsame Präsenz von und mit anderen" (Derrida 2013: 26)

– erfährt eine metaphysische Erhöhung, wenn sie zur Grundbedingung einer sinnhaften sozialen und politischen Existenz stilisiert wird: Wenn das kollektive ‚Sein' auf eine prädiskursive Entität, z.B. das Volk, rückgebunden bleibt und als existentielles Sein gedeutet wird, produziert diese Vorstellung einen metaphysischen Überschuss, der von der Natürlichkeit des Gemeinsamen erzählt. Diese Narrative einer vermeintlich natürlichen Zusammengehörigkeiten geraten in den Händen von Ethnonationalist*innen und Rassist*innen zu Erzählungen des ‚Völkischen', die von phantasmagorischen Entitäten des Eigenen und im Umkehrschluss eines notwendig auszuschließenden Fremden berichten.

Gegen eine solche Politik des ‚Völkischen' bringt Derrida seine Kritik, auch in einem demokratietheoretischen Sinne, in Stellung. Er zeigt auf, dass absolute Präsenz im soziopolitischen Raum, z.B. der Demokratie, ein Phantasma darstellt: Denn er ist immer schon durch eine Verschiebung und Verzerrung (*différance*) gekennzeichnet; nie ganz bei sich, nie ganz neu, oder gar originär, natürlich oder ursprünglich (Derrida 2013: 109, 113f.; 1992: 12f.). Soziopolitische Räume tragen immer schon „Spuren" (Derrida 2013: 82) des Anderen in sich und verweisen darauf, dass etwas bereits war, dass es nie einen Nullpunkt, einen reinen Anfang gab, geben kann und geben wird. Ein absoluter Neuanfang ist weder für das Subjekt noch für das Kollektiv vorstellbar, vielmehr spiegeln sich in den rezenten Reiterationen von (politischen) Normen, wie Gleichheit, Freiheit und Gerechtigkeit, vorherige Reiterationen wider.[10] Damit entsagt Derrida einem Denken der Reinheit und wendet sich der Bewegung der Spur zu. Diese Spur bleibt verborgen bzw. entzieht sie sich einer absoluten Vergegenwärtigung oder vollständigen Intelligibilität. Dennoch verweist sie auf eine bestimmte Veränderung im politischen Gewebe – auf eine bestimmte Quasi-Präsenz: auf eine Spektralität – etwas, das die rezente Reiteration heimsucht: „Die Heimsuchung gehört zur Struktur der Hegemonie", fasst Derrida (2019a: 59) dieses Moment der Spektralität zusammen. Denn die Heimsuchung beunruhigt die Hegemonie, fodert sie heraus – wie dies auch Rancières Eruption des Politischen mit der polizeilichen Ordnung

---

10 Derrida entwickelt ein „Verständnis von Normativität [...], das gänzlich ohne Normen auskommt", sondern als ethisch-politisches Kriterium Alterität – „im Sinne eines Bruchs mit dem eigenen, gegenwärtigen Verstehenshorizonts" – setzt (Flatscher 2018: 299). Pointiert formuliert Flatscher (ebd.: 309): „Verantwortung zu übernehmen, gerecht zu handeln und ethische Entscheidungen zu treffen heißt gerade nicht, die Folgen davon kalkulieren und diese im Rahmen des eigenen Horizonts integrieren zu können, sondern, im Gegenteil, der Unabsehbarkeit des Anderen gewahr zu werden, ja sich gerade als dieser Unberechenbarkeit ausgesetzt zu erfahren. Kurz: Der normative Maßstab besteht darin, dass Entscheidungen nicht im eigenen Namen, sondern stets im Namen des Anderen zu fällen sein werden."

vermag oder Foucaults Widerstand mit der Macht. Wie Butler diskutiert, dass das Politische nie ganz bei sich sein kann, nicht nur ein Eigenes imaginiert, sondern immer das Andere mitdenken muss, so argumentiert Derrida für Spuren des Anderen im Eigenen, sodass die Grenzen zwischen dem Eigenen und dem Anderen verschwimmen – doch nicht im Sinne einer Auflösung und Assimilation. Vielmehr bringt sich Derridas Demokratietheorie, ebenso wie die Butlers, gegen reinheitsorientierte Vorstellungen eines politischen Kollektivs in Stellung.

Wenn ich an dieser Stelle Derridas Kritik an der Metaphysik der Präsenz auf einer demokratietheoretischen Ebene reiteriere, wird deutlich, dass ko-präsentische Konzepte der Demokratie eine Form identitär-völkischer Politik favorisieren, die das Politische bedroht, da sie den Streit, die Auseinandersetzung, das Andere – imaginär oder auch realiter – vernichtet. Wie schon bei Lorey, ist Derridas Antwort auf die juridische Demokratie keine direkt-identitäre Demokratie, in der diejenigen dazugehören, die erstens anwesend sind und zweitens unter die androzentrische Definition des Bürgers fallen. Denn identitäre Politik verwirft, was ‚anders‘ und nicht authentisch zugegen ist, durch die Überbetonung von Einheit und Eigenheit – das Politische ist aber gerade Pluralität, Streit und Dissens. Als Authentizitätsfetischismus trägt die Metaphysik der Präsenz die sozialontologische Vorstellung, ein Kollektiv könne ‚ganz bei sich selbst sein‘, ins Politische und moralisiert und naturalisiert es dadurch auch. Die authentische Existenz des Kollektivs wird physisch überhöht und damit meta/physisch: in der körperlichen Ko-Präsenz der Vielen verschmilzt das ‚Volk‘ zu einer quasi-religiösen Einheit, die Sinn und ‚natürliche‘ Gemeinschaft stiftet – wie erfolgreich solche Diskursstrategien ins Politische wirken, erfahren Europa und die USA gerade angesichts der Wahlerfolge ethnonationalistischer, rassistischer und anti-queerfeministischer Parteien und Bewegungen. Eine Politische Theorie der Spektralität leistet gegen diese reifizierenden und naturalisierenen Politiken des ‚Völkischen‘ Widerstand.

Ereignis und Zukünftigkeit: Die kommende Demokratie

Als Antwort auf die essentialistisch-moralisierenden Versuchungen einer authentisch-identitären Politik – die historisch im Nationalsozialismus zur Geltung kam und in der rezenten Revitalisierung von Ethnonationalismus und populistischem Rassismus widerhallt – wendet Derrida (1992: 57, Herv. i. O.) seine Figur der Spur demokratietheoretisch und konzipiert eine Demokratie, die „noch *im Kommen bleibt*". Diese kommende Demokratie betont im Sinne der *différance* Entzug und Transgression statt Identität: Politische Kollektivität in demokratischen Rahmungen entzieht sich dem einen identitären Moment (vgl. ebd.: 12f.). Das Wir ist nie ganz bei sich selbst.

Die *démocratie à venir* überschreitet damit zeiträumliche Modelle optimistischer Zielgerichtetheit, die sich insbesondere in der zeitgenössischen liberalen Demokratie als hegemonial erweisen, betrachtet man die verschiedenen Formulierungen einer europäischen Gesinnung – auch im Sinne eines neoliberalen Krisenmanagements – des ,Wir schaffen das' von Merkel bis Juncker. Die *démocratie à venir* überschreitet darüber hinaus auch nostalgische und rückwärtsgewandte Verklärungen eines imaginierten vergangenen *l'âge d'or*, das in der Gegenwart zurückerobert bzw. restauriert werden muss, wie sie in Donald Trumps ,Make America Great *Again*' so pointiert wie paradigmatisch zum Ausdruck kamen.

Ähnlich wie Rancière betont Derrida den Unterschied zwischen der Regierungsform ,Demokratie' und einer demokratischen Ausgestaltung von Politik. Während für Rancière der Dissens zum entscheidenden Motiv der Differenzierung zwischen der systemischen Politik und der (radikal-)demokratischen Praxis des Politischen avanciert, betont Derrida die Kritikfähigkeit, die Kritisierbarkeit und die Fähigkeit steter Selbstkritik als den entscheidenden Unterschied zwischen systemischen Ausformungen von ,Demokratie' und demokratischen Praktiken:

> „Unter all den Namen dessen, was man ein wenig schnell in der Kategorie der ,politischen Regierungsform' klassifiziert (ich glaube nicht, dass ,Demokratie' letztlich ein politische Regierungsform bezeichnet), ist der ererbte Begriff der Demokratie der einzige, der die Möglichkeit aufnimmt, sich in Frage zu stellen, sich selbst zu kritisieren und sich in unbestimmter Weise selbst zu verbessern. Wenn es sich dabei noch um einen Namen einer Regierungsform handelte, dann um den des einzigen ,Regimes', das sich seiner eigenen Perfektionierbarkeit stellt, also seiner eigenen Geschichtlichkeit – und so verantwortlich wie möglich, würde ich sagen, sich der Aporie oder Unentscheidbarkeit annimmt, auf deren Grund ohne Grund er sich entscheidet. Ich spüre wohl, dass diese Formulierungen dunkel bleiben, aber wenn es sich bei der Demokratie auch um das Ding einer künftigen Vernunft handelt, dann kann diese Vernunft, scheint mir, sich nicht anders zeigen als in einem solchen Halbschatten." (Derrida 2006: 160)

Derrida erörtert in diesen Zeilen bis zu einem gewissen Grad einen Zustand, den Rancière als Postdemokratie beschreibt: ein politisches System, das durch seine Technologien und standardisierten Verfahren so viel Transparenz und Sichtbarkeit erzeugt hat, dass es für die Schatten, die dunklen Ränder, indifferent bleibt. In der aufklärerischen Illusion, alles beleuchten, alles verstehen, alles lesen zu können, wird die liberale Demokratie in ihrer postdemokratischen Version gleichgültig gegenüber denjenigen, die aus staatsbürgerlichen Rastern fallen, jenseits des Rechts agieren und nicht zum Kollektiv ‚gehören‘. Dabei werden die Kriterien der Zugehörigkeit oftmals mit (latentem) Essentialismus angereichert, der auf institutionalisierten Formen von Rassismus und Sexismus fußt.

Die Demokratie, die Derrida nicht als bereits gekommen und institutionalisiert, sondern als Möglichkeit, als Hoffnung, als „Versprechen" (Derrida 1992: 57) begreift, zeigt sich nur im *Halbschatten*. Die kommende Demokratie befindet sich in einem Zwischen: Sie ist noch nicht und wird wohl nie vollständig im allzu hellen Licht der Öffentlichkeit erstrahlen; sie wird aber auch nicht im Dunkel bleiben. Das politische Wir, will es demokratisch gewesen sein, muss sich den Schließungsphantasmen versagen: Es kann die Demokratie nicht einfach erreichen, indem bestimmte Ziele formuliert und dann Schritt für Schritt abgehakt werden. Die Demokratie ist kein Kriterienkatalog, wie es die liberale Demokratie täuschenderweise skizziert. Das Wir bleibt aber auch nicht zu Passivität verdammt, indem es nur auf die Ankunft – im Sinne eines entpolitisierten Messianismus – der Demokratie warten darf. Das Wir kann das Herannahen der Demokratie schon ahnen und durch eine „performative Äußerung" (Derrida 2019b: 130) herbeiführen, wenn es auf teleologische Leistungsimperative ebenso verzichtet wie auf eine absolute Schließung seiner Identität – oder positiv gewendet: wenn es handelt, interveniert, stört.

Die *kommende Demokratie* ist neben ihrer Kritikfähigkeit auch dadurch gekennzeichnet, dass sie ‚ohne Grund‘ auskommt: Sie stützt sich weder auf Narrative des Bluts noch auf Narrative des Bodens. Neben der Absage an teleologisch-lineare Zeitlichkeiten, zeichnet sich die demokratisches Praxis der Demokratie daher weiterhin durch eine gewisse Grundlosigkeit im Sinne von Oliver Marcharts (2010: 16) „Post-Fundamentalismus" aus, der darunter „einen Prozess unabschließbarer Infragestellung metaphysischer Figuren der Fundierung und Letztbegründung versteh[t]", in denen „Figuren wie Totalität, Universalität, Substanz, Essenz, Subjekt oder Struktur, aber auch Markt, Gene, Geschlecht, Hautfarbe, kulturelle Identität, Staat, Nation" auf ihren metaphysischen Gehalt hin kritisch befragt werden. Demokratie, wird sie demokratisch gewesen sein, muss also auf Letztbegründungen verzichten und offen für Veränderung und Uneindeutigkeit bleiben. Dies verdeutlicht die dekonstruktive Bewegung, die eine demokratischere Demokratie stets vollführt (Wolf 2019: 319-324).

Im Gegensatz zur juridischen Form der ‚Demokratie‘, die man nun in Anführungszeichen setzen oder ihr einen neuen Namen geben muss, wie dies Rancière durch den der *Polizei* getan hat, konzipiert Derrida (2006: 159) die „zu-künftige Demokratie" als eine „-kratie": eine Kraft, die qua Gerechtigkeit, nicht nur qua Recht ‚herrscht', jedoch nicht souverän sich selbst regiert, sondern dem Anderen ausgesetzt ist. Dabei beschreibt Derrida (2006: 159) sein Konzept einer „zu-künftigen Demokratie", also einer kommenden Demokratie, nicht als „Demokratie im Futur, die eines Tages ‚präsent' sein wird." Derrida behauptet nicht,

> „dass sie [die Demokratie, MG] morgen uns mit Sicherheit erreichen wird, so, als ginge es bloß um eine in der Zukunft gegenwärtige (nationale, internationale, staatliche oder zwischenstaatliche) Demokratie. Gemeint ist eine Demokratie, die sich durch die Struktur des Versprechens ausweisen muss – und folglich durch das Gedächtnis dessen, was *hier und jetzt zukunftsträchtig* ist." (Derrida 1992: 57; Herv. MG)

Gesellschaften und ihre juridico-politischen Systeme *sind* nicht einfach irgendwann *demokratisch*, vielmehr werden sie *demokratischer* werden bzw. geworden sein. Demokratie wird nicht einfach erreicht, sondern Demokratie muss über dekonstruktive Arbeit vertieft, radikalisiert, d.h. demokratischer, werden. Daher lassen sich Derridas Erörterungen zur Demokratie eindeutig in den ‚Kanon' radikaler Demokratietheorien einordnen.

Derridas Verweis auf die Zukunftsträchtigkeit der Gegenwart, die erst in der Vergangenheit wird beurteilt werden können, lässt sich im Deutschen grammatikalisch mit dem Futur II darstellen. Ob die Politik demokratisch gewesen sein wird, wird sich retrospektiv erweisen; und doch muss Demokratie Jetzt/Heute geschehen, denn sie kann nicht in eine zukünftige Zukunft verschoben werden, sondern muss in einer gegenwärtigen Zukunft ihren Nicht/Ort finden. Es geht Derrida dabei weder um Demokratietheorie als bloße Grammatik oder utopisches Szenario noch um einen indifferenten Verweis auf die vergangene Zukunft, die irgendwann und irgendwo einmal gewesen sein wird. Vielmehr ist die kommende Demokratie ein Appell an das Jetzt, an das „HEUTE", die Handlungen des Wir so zu gestalten, dass man retrospektiv wird sagen können, dass eine Demokratie gewesen sein wird (Derrida 1992: 14, 26). Für Derrida ist Demokratie keine teleologische Ausrichtung von Demokratie in die Zukunft, die lediglich skizziert, wie eine unbestimmte „Zukunft der Demokratie" (Habermas 1998: 91) aussehen und gestaltet werden sollte. Derrida verweigert sich damit sowohl einer Vorstellung von Zukunft als utopistischem Dunkel als auch einem vernünftig-teleologischen Entwurf von Zukunft.

Um jedoch nicht einer metaphysischen Überhöhung des präsentischen Moments der Demokratie zu unterliegen, macht Derrida (2006: 159) ebenfalls deutlich, dass „Demokratie […] nie im Präsens [existiert]":

„[S]ie [die Demokratie, MG] ist nicht präsentabel, und sie ist auch keine regulative Idee im Sinne Kants. Aber es gibt das Unmögliche, dem sie ihre Verheißung einschreibt – das wagt und immer das Wagnis eingehen muss, sich in eine Drohung zu pervertieren. Es gibt das Unmögliche, und das Unmögliche bleibt unmöglich wegen der Aporie des demos, beides zu sein: einerseits die unkalkulierbare Singularität jedes Einzelnen (vor jedem ‚Subjekt'-Sein) und die mögliche Entbindung von gesellschaftlichen, die ein zu achtendes Geheimnis mit sich bringt, jenseits aller Staatsbürgerlichkeit und allen ‚Staats', spricht: allen ‚Volks' [...]. [...]; und andererseits die Universalität des rationalen Kalküls, der Gleichheit der Bürger vor dem Gesetz, die soziale Bindung des Zusammen-Seins, mit oder ohne Gesellschaftsvertrag usw. Und dieses Unmögliche, das es da gibt, bleibt unauslöschlich. Es ist so irreduzibel wie unser Sich-Aussetzen dem gegenüber, was kommt. Es ist das Sich-Aussetzen (der Wunsch, die Öffnung, aber auch die Befürchtung), das öffnet, das sich öffnet, das uns öffnet zur Zeit hin, dem gegenüber, was uns überkommt, was kommt, für das Ereignis." (Derrida 2006: 159)

Gegen die phantasmagorische Schließung setzt Derrida also eine spatio-temporale Öffnung zum Anderen hin. Die *zu-künftige Demokratie* ist damit auch ein Gegenentwurf zu den zeitgenössisch dominanten Formen der Demokratie, in der das Eigene als Kriterium eines ethico-politischen Handelns dominiert: die juridische – mit den Worten Loreys – und die ethnonationalistische ‚Demokratie' sind auf die Stabilität und Erhaltung des Eigenen fixiert. Sie verlieren das Andere aus dem Blick. Die kommende Demokratie wendet sich stattdessen gegen Vorstellungen absoluter Abgeschlossenheit und gegen das Regime der Nüchternheit, das auch ein Resultat des philosophischen Logozentrismus liberal-deliberativer Demokratie(theorie)n darstellt; sie problematisiert den Rechtsformalismus des Staatsbürger*innenstatus und hinterfragt die Konstitutionsbedingungen der Demokratie. Schließlich subvertiert die kommende Demokratie die Temporalstrukturen der liberalen Demokratie, die auf teleologischen Prämissen beruht: Es gilt gerde nicht, ein Ziel zu erreichen – sei dies die Wiederwahl der regierenden Parteie(n), ein Wahlerfolg der Opposition, ein Koalitionsvertrag, konkrete *policies* zu implementieren oder eine Krise managerial ‚hinter sich zu bringen'. Die liberale Demokratie ist durchdrungen von Zielgerichtetheit und Leistungsimperativen. Gegen diese teleologische Temporalordnung wendet sich die kommende Demokratie, die das Jetzt heimsucht und in der lineare Zeitvorstellungen von Vergangenheit, Gegenwart und Zukunft kollabieren. Sie lehnt einen „teleologischen Horizont" (Derrida 2006: 160), den es zu erreichen gilt, vehement ab. Denn die *zu-künftige Demokratie* muss als Ereignis oder als Ankunft verstanden werden: Sie kommt auf uns zu, sie passiert (uns), sie ist da und sie ist nicht da (vgl. Derrida 1992: 26). Die kommende Demokratie changiert in einem Zwischen abwesender Anwesenheit (vgl. Derrida 2013: 82): Sie ist als „Möglich-Unmögliches" verfasst, das „unauslöschlich" bleibt (Derrida 2006: 159f.).

Die kommende Demokratie ist ungreifbar und doch immer – als Möglichkeit – vorhanden. Das macht sie hoffnungs- und verheißungsvoll. Sie ist kein Silberstreif am Horizont, sondern immer schon da: als Potenz kann sie jederzeit aktiviert werden. Wer jedoch in der Lage gewesen sein wird, die Demokratie zu aktivieren, bleibt bei Derrida vage. Im Gegensatz zu Rancières *Anteil der Anteillosen* und Loreys *Prekären* skizziert Derrida kein klar konturiertes Subjekt (radikal-)demokratischer Gestaltungsmacht. An dieser Stelle bleiben Derridas Überlegungen unbestimmt und dennoch ist deutlich: Niemand kann sich hinter einem Kollektiv verstecken. Jede*r ist verantwortlich (Derrida 1992: 56ff.). Dies teilt er mit Butler, deren *right to appear* nicht nur ein Recht für prekarisierte Randfiguren darstellt, das sie jenseits von staatlicher und rechtlicher Zugehörigkeit reklamieren können; vielmehr wird das *right to appear* auch zur Pflicht verantwortungsvoller Subjekte des ‚Zentrums'. Wie schon bei Arendt weben Derrida und im Anschluss auch Butler ein feinmaschiges Netz aus Rechten, Pflichten und Verantwortungen, die im „Bezugsgewebe menschlicher Angelegenheiten" (Arendt 2007: 225) wirksam werden müssen, um politische Handlungsmacht zu entfalten.

‚Jemand wird Widerstand geleistet haben…' – Die andere Demokratie / das Andere der Demokratie

„Was werden Sie HEUTE tun?" (Derrida 1992: 8)

Eine Politische Theorie, deren Temporalstruktur im Futur II angelegt ist, charakterisiert Demokratie als einen zeiträumlichen Zustand, in dem Demokratie immer schon gekommen sein wird und sich doch stets im Kommen befindet und nie ganz da – nie ganz bei sich selbst – gewesen sein wird. Die kommende Demokratie markiert eine Demokratie, die die ‚geisterhafte' Dimension des Politischen als Spur/Gespenst/Spuk berücksichtigt.

Dabei darf man Loreys (2014: 84) *präsentische Demokratie* durchaus als eine kritische Replik auf Derridas *kommende Demokratie* verstehen, wenn sie schreibt, dass das Präsentische auch als Ausweg aus einer „in die unendlich verschobene[n] Zukunft gerichteten Demokratisierung" verstanden werden soll. Eine Demokratie, die immer schon im Kommen ist, ist eben auch nie ganz ‚da', nie ganz ‚real', wogegen sich die präsentische Demokratie richtet. Lorey argumentiert, dass die Demokratie im Kommen das Versprechen einer radikalen Demokratisierung immer nur an den Horizont schiebt; Derrida hingegen votiert für eine Auflösung eines Denkens in Horizonten. Die kommende Demokratie stellt zuerst eine radikale Absage an teleologischen Politikvorstellung von Platon über Karl Marx bis Francis Fukuyama dar – eine Absage, die Lorey und Derrida teilen, die dann jedoch von ihnen unterschiedlich ausbuchstabiert wird: Während bei Derrida Zeitlichkeit in ihrer linearen Konstruktion als Vergangenheit – Gegenwart – Zukunft zusammenbricht, revitalisiert Lorey (2014: 85) das Politische nicht als „Übergang des Vergangenen in die Zukunft", sondern als radikale, aber nicht „unmittelbare", Präsenz. Damit hallt in Loreys politischer Theorie Rousseaus identitäre Demokratie wider. Loreys Denken wird hier von Rousseau, gewissermaßen *gespenstisch*, heimgesucht. Rousseaus Denken hat Spuren hinterlassen, die in Loreys Theorie auftauchen. Es gilt, diese Spuren kritisch zu hinterfragen. Diese Distanzierung möchte ich theoretisch wie grammatikalisch in der Temporalstruktur Futur II fassen.

Wenn Widerstand als fragile Erscheinung und in der Temporalstruktur Futur II konzipiert wird, wird er also gekommen und nie ganz bei sich selbst und gerade dadurch demokratisch gewesen sein. Ist das mehr als eine sprachliche Spielerei? Ich denke schon. Wenn ich mit Arendt (2012: 16f.) davon ausgehe, dass sich das Politische in der „Zeitlücke zwischen Vergangenheit und Zukunft" manifestiert – das ist sozusagen das präsentische Element des Politischen, wie bei Lorey –, dann holt eine politische Theorie der Spektralität die Zukunft nicht nur in die Gegenwart. Vielmehr kollabieren lineare Konstruktionen von Zeitlichkeit, in denen die Gegenwart auf die Vergangenheit folgt und Zukunft als Fortschreibung der Gegenwart verstanden wird. In der zeitlichen Konstruktion des Futur II kann man diesen Kollaps denken. So könnte man aus dem Dualismus zwischen Repräsentation und Realpräsenz ausbrechen, was Lorey (2014) unter dem Begriff des „Exodus" so vehement vertritt, dann jedoch bis zu einem gewissen Grad reproduziert.

In einer Politischen Theorie des Widerstands im Futur II werden Wir in einer vergangenen Zukunft festgestellt haben werden, dass die Demokratie gekommen gewesen sein wird. Die Temporalstruktur Futur II ermöglicht es, erstens, eine zeitliche Verschiebung in der Formation eines Kollektivs auch sprachlich auszudrücken, und zweitens verunmöglicht Futur II, dem Jargon der Eigentlichkeit als einer authentizitätsfetischisierenden Rhetorik und identitätslogischen Präsenz anheimzufallen. Die Temporalstruktur des Futur II macht es demnach drittens möglich, identitäre Politik als quasi-demokratisch zu desmaskieren – und damit auch die Rufe nach mehr Direktdemokratie als eine Politik des ‚Völkischen' zu problematisieren (z.B. durch die SVP und die AfD).[11] Damit wendet sich Widerstand im Futur II sowohl gegen die zeiträumlichen Ordnungen der liberalen Demokratie, in denen Bürger*innenschaft und politische Teilhabe in Begriffen der Repräsentation gedacht werden, als auch gegen eine Identitätslogik des ‚Völkischen', in der Bürger*innenschaft engmaschig an ethnonationalistische Eingrenzungen gebunden bleibt und einer Temporal- und Spatiallogik der Ko-Präsenz des Volkes folgt. Mit der Spektralität von Futur II kann ich die Rhetorik von Ko-Präsenz und ‚völkischer' Identität als heilsbringende Kraft für das Politische in ihrer phantasmagorischen Vorstellung nationaler Einheit und ethnischer Reinheit identifizieren – und damit z.B. zeitgenössische Phänomene des ethnonationalistischen Populismus analysieren. Ich kann jedoch auch die Webfehler (neo-)liberaler Temporalitätskonstruktionen in den Blick nehmen und deren ebenfalls eschatologischen Charakter problematisieren; z.B. Angela Merkels und Jean Claude Junckers Durchhalteparolen im Angesicht eines politischen Scheiterns der Europäischen Union, die einen supra- oder gar postnationalen Modus von Politik als bloße „Zukunft der Demokratie" (Habermas 1998: 91) denken.

Dabei bleibt zu betonten, dass Futur II die Temporalstruktur ‚Zukunft' nicht als teleologisches *futurum* formuliert, sondern als radikalisiertes *adventus*: Die Zukunft ist kein Ziel, sondern Ankunft, Ereignis, Einbruch und Verschiebung und damit immer schon, als Verheißung oder Versprechen, in die Gegenwart eingeschrieben, in der wiederum die Vergangenheit widerhallt. Allerdings unterliegt diesem Denken kein Messianismus im religiösen Sinn: Das Kollektiv muss nicht einfach auf die Zukunft warten, die dann erlösend, heilsbringend auf das Wir zukommt, in ihm ankommt. Vielmehr muss das Kollektiv – im Modus eines „Messianismus ohne Messias" (Flatscher 2018: 298, 306) – und seine es konstituierenden Subjekte, aktiv in die Ankunftsfähigkeit der Demokratie eingreifen, im Jetzt intervenieren und Politik gestalten, um retrospektiv sagen zu können, dass eine Demokratie gekommen gewesen sein wird. Widerstand im Futur II ist damit keiner eschatologischen Zielrichtung unterworfen: Wir müssen weder auf die Zukunft noch auf die Rettung durch Zukünftiges

---

11 Dass direktdemokratische bzw. plebiszitäre Verfahren, wie z.B. in der Schweiz angewandt, mehrheitlich konservative Ergebnisse hervorbringen, ist ein Gemeinplatz der empirischen Sozial- und Wahlforschung.

warten. Hier sieht sich eine politische Subjektivierungsweise mit einer Zukunft konfrontiert, die immer schon das ‚Andere' der Präsenz darstellt: Eine Zukunft, die auf das Wir zukommt, es heimsucht, Spuren hinterlässt, hinterlassen haben wird und Spuren setzt – und sich doch immer wieder der Identität der Präsenz entzieht. Ein Wir wird nie in den exakten Fußspuren eines anderen, früheren Wir, noch werden zukünftige Kollektive auf diesen Fußspuren wandeln: Sie werden nicht die Fußbewegungen einfach wiederholen und doch werden Spuren dagewesen sein werden.

Protest- und Widerstandsbewegungen wie OccupyWallStreet, Indignad@s, Slutwalks, Ni Una Menos und *blacklivesmatter* haben die zeitgenössische Politik der liberalen Demokratie konfrontiert: kamen auf sie zu, haben sie gestört und irritiert. In quasi-präsentischen Versammlungen wurde und wird das Politische als Demokratisches praktiziert. Jedoch entzogen und entziehen sich diese Bewegungen einer Institutionalisierung. Ihre Vergänglichkeit – ihre ‚Spurhaftigkeit' oder, in der Rhetorik der liberalen Demokratie, ihr ‚Scheitern' – hat sie oftmals gar nicht als Politisierung in Erscheinung treten lassen: ihre Handlungen wurden und werden als chaotisch, anarchistisch und gewalttätig diffamiert und damit auch entpolitisiert. Ihr Erscheinen war und ist oftmals nur durch eine nachträgliche mediale Darstellung protokolliert und wird damit in polizeilicher Manier fixiert: Wir, die nicht da waren, die nicht in Zelten im Zuccotti Park schliefen, die nicht die Puerta del Sol besetzten, die nicht in Toronto gegen *victim-blaming* auf die Straße gingen, die weder in Buenos Aires, Montevideo noch in Santiago gegen geschlechterbasierte Gewalt demonstriert haben, die weder in Ferguson, New York City noch Minneapolis gegen *racial profiling* und rassistisch motivierte Polizeigewalt zivilen Ungehorsam geleistet haben, haben bereits nur im Modus vergangener Zukunft von diesen Bewegungen erfahren und gesprochen: die radikale Demokratie von OccupyWallStreet, Indignad@s, Slutwalks, Ni Una Menos und *blacklivesmatter* wird bereits gewesen sein und findet doch JETZT statt. Diese Proteste und Politisierungen haben in ihrer spektralen Erscheinung im Hier und Jetzt Spuren hinterlassen und damit auch Vergangenheit – Gegenwart – Zukunft verändert; sie haben UNS in eine Zukunft hineingesogen und das HEUTE verändert. Momente des Politischen werden augenblickhaft sichtbar gewesen sein. In der schlichten Gegenwart der liberalen Demokratie wurden die *Besetzer*innen*, die *Empörten*, die *Schlampen* und die *Schwarzen* oft nur als Pastiche, Farce oder Parodie des Politischen wahr- und dafür auch kaum ernst genommen. In der Gegenwart einer vergangenen Zukunft werden sie uns HEUTE entgegengerufen haben werden – und ich möchte nicht zu enthusiastisch, aber dennoch ein wenig verheißungs- und hoffnungsvoll schließen –, dass die Gegenwart der juridisch-ethnonationalistischen Demokratie nicht widerstandslos gewesen sein wird.

In/Konklusiv

Wenn Widerstand als Heimsuchung und als Beunruhigung der Politik konzipiert wird, dann ist dies aus Perspektive radikaldemokratischer Politiktheorie derjenige Moment, in dem das Politische in Erscheinung tritt. Als ein Gespenst spukt das Politische in der Politik – es ist immer schon da, bleibt jedoch meist ungreifbar und wehrt sich dadurch gegen Tendenzen der Verdinglichung. Das Politische beunruhigt die Politik, weil es ihre normierten, normierenden und normalisierenden Rahmen sprengt und sich ‚nicht fassen' lässt. Das Politische unterläuft, unterwandert, sabotiert und irritiert die Politik.

Die Politik wird im Sinne einer Theorie der Spektralität vom Politischen heimgesucht. In dieser Form bleibt die Formulierung einer spektralen Theorie des Widerstands im Futur II ein dekonstruktives Experiment, das die Un/Möglichkeit des authentischen Ineinanderfallens verschiedener Subjekte in ein Wir berücksichtigt. Doch in ihrer Anbindung an die Analysen sozialer und politischer *Phänomene*, die selbst das Gespenstische in ihrem Namen tragen, ent- und erhält eine politische Theorie der Spektralität ein kritisches Potential, das es zu bergen gilt. Damit transformiert sich das Experiment in eine politiktheoretische Analysekategorie. Das Experiment mag zunächst wie eine sterile Abstraktheit – einem Labor gleich – anmuten und dennoch möchte ich betonen, dass eine Politische Theorie der Spektralität – wie der Spuk um Mitternacht – gerade dann wirksam werden kann, wenn sie tief im Schmutz des Alltags wühlt, wenn die Nacht schon sehr dunkel geworden ist: Wenn es heißt, politisch zu handeln, und ein laut hörbares und weithin sichtbares Signal des Widerstands zu setzen. Aus dem *Halbschatten* heraus werden die Gespenster und A-Normalen das Politische entzünden und das Versprechen geben, dass die Demokratie demokratischer gewesen sein wird.

Literaturverzeichnis

Arendt, Hannah 2007 [1967]: *Vita activa. Oder vom tätigen Leben.* München.

Arendt, Hannah 2009: *Elemente und Ursprünge totaler Herrschaft. Antisemitismus, Imperialismus, totale Herrschaft.* München.

Arendt, Hannah 2012: Vorwort. Die Lücke zwischen Vergangenheit und Zukunft. In: Dies., *Zwischen Vergangenheit und Zukunft. Übungen im politischen Denken I.* München, S. 7-19.

Benjamin, Walter 1980: Über den Begriff der Geschichte. In: *Gesammelte Schriften, Bd. I-2.* Frankfurt/M., S. 691-704.

Biglieri, Paula/Perelló, Gloria 2011: The Names of the Real in Laclau's Theory. Antagonism, Dislocation, and Heterogeneity. In: *Filozofski vestnik XXXII* 2, S. 47-64.

Brown, Wendy 2010: *Walled States, Waning Sovereignty.* New York, NY.

Butler, Judith 2015: *Notes Toward a Performative Theory of Assembly.* Cambridge, MA/London.

Derrida, Jacques 1992 [1991]: *Das andere Kap. Die vertagte Demokratie. Zwei Essays zu Europa.* Frankfurt/M.

Derrida, Jacques 2006: Autoimmunisierung, wirkliche und symbolische Selbstmorde. Ein Gespräch mit Jacques Derrida. In: Ders./Habermas, Jürgen: *Philosophie in Zeiten des Terrors.* Zwei Gespräche, geführt, eingeleitet und kommentiert von Giovanna Borradori. Hamburg, S. 117-178.

Derrida, Jacques 2013 [1983]: *Grammatologie.* Frankfurt/M.

Derrida, Jacques 2019a [1993]: *Marx' Gespenster. Der Staat der Schuld, die Trauerarbeit und die neue Internationale.* Frankfurt/M.

Derrida, Jacques 2019b [2003]: *Schurken. Zwei Essays über die Vernunft.* Frankfurt/M.

Flatscher, Matthias 2018: Derridas ‚Politik der Alterität'. Zur normativen Dimension des Kommenden. In: Boelderl, Artur R./Leisch-Kiesl, Monika (Hg.), ‚*Die Zukunft gehört den Phantomen'. Kunst und Politik nach Derrida.* Bielefeld, S. 305-334.

Foucault, Michel 1983: *Der Wille zum Wissen. Sexualität und Wahrheit I.* Frankfurt/M.

Gebhardt, Mareike 2014: *Politisches Handeln in der postmodernen Konstellation. Kritische Demokratietheorie nach Hannah Arendt und Jürgen Habermas.* Baden-Baden.

Gebhardt, Mareike 2018: Zwischen Repräsentation und (Real-)Präsenz. Populistische Intervalle und demokratische Temporalstrukturen aus politiktheoretischer Perspektive. In: *diskurs* 3, S. 21-44.

Gebhardt, Mareike 2019: The populist moment: affective orders, protest, and politics of belonging. In: *Distinktion*, S. 1-23. DOI: 10.1080/1600910X.2019.1653346.

Habermas, Jürgen 1998: Die postnationale Konstellation und die Zukunft der Demokratie. In: Ders. *Die postnationale Konstellation. Politische Essays.* Frankfurt/M., S. 91-169.

Laclau, Ernesto 1990: *New Reflections on the Revolution of Our Time.* London/New York, NY.

Lorey, Isabell 2012a: Demokratie statt Repräsentation. Zur konstituierenden Macht der Besetzungsbewegungen. In: Dies./Kastner, Jens/Raunig, Gerald/Waibel, Tom (Hg.), *Occupy! Die aktuellen Kämpfe um die Besetzung des Politischen*. Wien/ Berlin.

Lorey, Isabell 2012b: Occupy. Exodus der Beliebigen aus der juridischen Demokratie. In: *Linksnet*. http://www.linksnet.de/de/artikel/27401 (20.09.2016).

Lorey, Isabell 2012c: Reale Demokratie. In: Dies./ Nigro, Roberto/Raunig, Gerald (Hg.), *Inventionen 2. Exodus. Reale Demokratie. Immanenz. Territorium. Maßlose Differenz. Biopolitik*. Berlin, S. 42-47.

Lorey, Isabell 2014: Präsentische Demokratie. Exodus und Tigersprung. In: *Kamion 0*, S. 83-88. http://transversal.at/blog/Presentist-Democracy?lid=praesentische-de mokratie (17.07.2018).

Lorey, Isabell 2015 [2012]: *Die Regierung der Prekären*. Wien/Berlin.

Marchart, Oliver 2010: *Die politische Differenz. Zum Denken des Politischen bei Nancy, Lefort, Badiou, Laclau und Agamben*. Berlin.

Oberprantacher, Andreas 2018: Wi(e)derständiges Gedenken. Trauer und Klage nach Butler. In: Posselt, Gerald/Schönwälder-Kuntze, Tatjana/Seitz, Sergej (Hg.), *Judith Butlers Philosophie des Politischen. Kritische Lektüren*. Bielefeld, S. 209-231.

Rancière, Jacques 2002: *Das Unvernehmen. Politik und Philosophie*. Frankfurt/M.

Rancière, Jacques 2006: *Die Aufteilung des Sinnlichen. Die Politik der Kunst und ihre Paradoxien*. Berlin.

Rousseau, Jean-Jacques 2003: *Vom Gesellschaftsvertragt. Oder Grundsätze des Staatsrechts*. Stuttgart.

Wolf, Markus 2019: *Gerechtigkeit als Dekonstruktion. Zur kulturellen Form von Recht und Demokratie nach Jacques Derrida*. Konstanz.

Das Politische, agonale Politik und das Widerständige der politischen Praxis[1]

Manon Westphal

In agonalen Demokratietheorien spielt ‚das Politische' eine zentrale Rolle für die Begründung des demokratischen Charakters von Politik. Während die *Politik* ein „Ensemble von Diskursen, Institutionen und Praktiken" ist (Mouffe 2009: 51), bezeichnet das *Politische* eine Seins-Bedingung und damit ein konstitutives Merkmal von Politik.

> „[T]he political cannot be restricted to a certain type of institution, or envisaged as constituting a specific sphere or level of society. It must be conceived as a dimension that is inherent to every human society and that determines our very ontological condition." (Mouffe 2005a: 3)

In diesem Kapitel argumentiere ich, dass ein überzeugendes Modell agonaler Politik auf eine Konzeption des Politischen angewiesen ist, die in ihrer Definition der ontologischen Bedingungen von Politik zurückhaltend ist. Die Verknüpfung zwischen der These eines konstitutiven politischen Konfliktpotentials mit spezifischen Annahmen über das Wesen sozialer Identitäten, die typisch für etablierte agonale Demokratietheorien ist, sollte problematisiert werden. Das heißt nicht, dass eine Auseinandersetzung mit Strukturen sozialer Beziehungen eine geringere Rolle in agonaler Demokratietheorie spielen sollte. Vielmehr kann eine solche Auseinandersetzung anders angelegt werden. Anstatt Thesen über das Wesen sozialer Identitäten in ihre Konzeptionen des Politischen einzubinden, können agonale TheoretikerInnen eine Analyse realer Manifestationen sozialer Machtbeziehungen zu einem Bestandteil ihrer Reflexionen über agonale Formen des Umgangs mit politischen Konflikten machen. Eine solche Neujustierung des Verhältnisses zwischen dem Politischen und dem Sozia-

---

1 Ein Entwurf dieses Kapitels wurde bei der Sektionstagung „Das Politische (in) der politischen Theorie" am 28.09.2017 in Hannover präsentiert. Ich danke den TeilnehmerInnen der Tagung für hilfreiche Kommentare und Anregungen. Zentrale Überlegungen des Arguments habe ich ausführlicher im dritten Kapitel meiner Dissertation *Die Normativität agonaler Politik* (Westphal 2018) entwickelt.

len stellt eine politischere und stärker praxisorientierte agonale Demokratietheorie in Aussicht.

Agonale Demokratietheorien, für die hier exemplarisch die Theorien von Chantal Mouffe und James Tully behandelt werden,[2] beschreiben zwar die Modi demokratischer Politik unterschiedlich. Ihr gemeinsames Merkmal aber ist, dass sie Dissens und Konflikt als unüberwindbare und politisch potentiell produktive Voraussetzungen von Demokratie verstehen, nicht etwa als defizitäre Umstände einer nicht-idealen politischen Praxis. Dem Konzept des Politischen kommt eine Schlüsselfunktion in agonalen Demokratietheorien zu, insofern es auf ein Merkmal von Politik abstellt, welches unter Bedingungen von Dissens und Konflikt eine unabdingbare Ressource für eine demokratische politische Praxis ist: die *konstitutive Offenheit* jeder sozialen Ordnung.

Konstitutive Offenheit meint, dass jede soziale Ordnung inklusive ihrer jeweiligen Identitäten, Regeln und Institutionen kontingent und veränderbar ist (vgl. Laclau/Mouffe 2001: 111). Sofern sie kritisiert und zum Gegenstand von Konflikten gemacht wird, kann jede Ordnung modifiziert oder durch eine andere ersetzt werden. Zwar impliziert das nicht die Idee, dass es keine normativen Prinzipien gäbe, die in agonaler Politik eine besondere Rolle spielen. Auch agonale TheoretikerInnen gehen davon aus, dass Prinzipien wie Gleichheit und Freiheit in dem normativen Selbstverständnis demokratischer Gesellschaften einen privilegierten Status haben. Allerdings setzen sie voraus, dass diese Prinzipien aufgrund der Pluralität demokratischer Gesellschaften konstant umstritten sind. Deshalb sind sie vielmehr Gegenstände von politischen Streitfragen, als dass sie einvernehmliche Orientierungen für den Umgang mit politischen Konflikten

---

2 Zu den agonalen Demokratietheorien gehören auch andere Theorien. Neben Mouffe und Tully zählen William Connolly und Bonnie Honig zu den BegründerInnen agonaler Demokratietheorien. Bisweilen werden auch Patchen Markell, Aletta Norval, David Owen, Linda Zerilli (vgl. Wenman 2013: 4) sowie Jacques Rancière und Stephen K. White (vgl. Wingenbach 2011: 44, 63-64) zu den agonalen TheoretikerInnen gerechnet. Wenn exemplarisch VertreterInnen der agonalen Theorieperspektive ausgewählt werden sollen, bietet sich ein Fokus auf Mouffe und Tully an, weil sie neben Connolly „archetypische" (Wenman 2003) Varianten agonaler Demokratie entwickeln, die insbesondere mit Blick auf die Frage nach dem Umgang mit politischen Konflikten repräsentativ für die Diversität der Theoriefamilie sind, weil sie unterschiedliche Modelle politischer Konfliktregulierung beschreiben (vgl. Westphal 2018, 2019).

stiften.[3] Unter Bedingungen des Pluralismus und tiefer Dissense ist das Politische eine wichtige Voraussetzung für demokratische Politik. Wo Mitglieder einer Gesellschaft konfligierende Vorstellungen von der Gestalt einer guten, gerechten oder vernünftigen sozialen Ordnung haben, ermöglicht es das Politische, inklusive politische Partizipation anders zu realisieren als über die Suche nach einem Konsens.[4]

Voraussetzung dafür ist, dass es in der Politik ‚ontische‘, in einem weiten Sinne institutionelle Äquivalente für das Politische gibt, die Artikulationskanäle für Kritik bereitstellen und Möglichkeiten bieten, bestehende Regeln und Strukturen sozialer Beziehungen zu modifizieren. Unter dieser Voraussetzung kann an die Stelle eines (angesichts von Pluralismus und Dissens nicht einlösbaren) demokratischen Versprechens, verschiedene politische Ansprüche *in einer Ordnung* zu integrieren, das demokratische Versprechen auf die permanente Möglichkeit *einer anderen Ordnung* treten. Die in einer Ordnung Marginalisierten müssen das Bestehende stets in Frage stellen und verändern können. Der demokratische Charakter von Politik wird also dadurch gewährleistet, „dass kein partikularer sozialer Akteur mehr für sich selbst die Repräsentation der Totalität oder die Hoheit über die Gesellschaftsgrundlagen in Anspruch nehmen kann" (Mouffe 2007: 43). Agonale Politik ist deshalb unbedingt unabgeschlossen und setzt voraus, dass

> „die ‚Mitte der Macht leer bleiben‘ muss (Lefort), dass die Demokratie notwendig ‚im Kommen bleibt‘ (Derrida), ohne sich durch einen Rekurs auf kategoriale Vernunft – und Rechtsprinzipien eine nicht-kontingente Gestalt geben zu können" (Flügel/Heil/Hetzel 2004: 12).

Weil sie das inklusive Versprechen der Demokratie in der kontinuierlichen Problematisierung bestehender Exklusionen verortet, hat der unabgeschlossene Charakter agonaler Politik eine genuin emanzipatorische Stoßrichtung: Die AkteurInnen agonaler Politik sind die zunächst Marginalisierten, die über ihre Kritik am Status quo den immer unvollkommen inklusiven Charakter der bestehenden sozialen Ordnung sichtbar machen und durch das Einfordern von politischen Veränderungen auf eine zumindest inklusive*re* Ordnung hinwirken (vgl. Wingenbach 2011: 32-34). In

---

3 Mouffe argumentiert, dass die weitgehende Einigkeit unter BürgerInnen in liberalen Demokratien über Gleichheit und Freiheit deshalb ein „konfliktualer Konsens" sei (Mouffe 2007: 46).
4 Dass eine solche Suche das Ziel demokratischer Politik sein sollte, ist agonalen TheoretikerInnen zufolge die dominante Sichtweise zeitgenössischer liberaler und deliberativer Demokratietheorien (vgl. Mouffe 2000: 83-90, 2005b).

diesem Sinne rechnet das normative Ansinnen agonaler Demokratie mit dem Widerständigen, dem kritischen Potential der politischen Praxis.

Angesichts dieser Passung zwischen der ontologischen These des Politischen und der normativen Idee agonaler Demokratie liegt keineswegs auf der Hand, dass es Grund geben könnte, agonale Theorie neu zu justieren. Um diese Überlegung aber plausibel zu machen, gehe ich folgendermaßen vor. Zuerst zeige ich, dass sich agonale Konzeptionen des Politischen nicht in der konstitutiven Offenheit von Politik erschöpfen, weil sie über eine sozialontologische Grundierung verfügen (1). In einem zweiten Schritt argumentiere ich, dass dieses Merkmal problematisch ist, weil es für eine Engführung von agonalen Modellen politischer Konfliktregulierung sorgt (2). Drittens rekonstruiere ich mit Lois McNay eine zweite Kehrseite agonaler Konzeptionen des Politischen: Wirkmächtige schließende Effekte sozialer Machtstrukturen drohen einer Theorieperspektive, die das Politische in dem Wesen sozialer Identitäten verortet, aus dem Blick zu geraten (3). Abschließend konturiere ich, wie die agonale Demokratietheorie auf diese Befunde reagieren könnte (4).

1. Die sozialontologische Grundierung des Politischen

Agonale Demokratietheorien gehen davon aus, dass die konstitutive Offenheit von Politik mit bestimmten Eigenschaften sozialer Beziehungen verwoben ist. Ich beziehe mich exemplarisch auf die Theorien von Chantal Mouffe und James Tully, um dieses Merkmal agonaler Konzeptionen des Politischen zu veranschaulichen.

Für Mouffe ist das Politische eine Implikation der „constitutive role of antagonism in social life" (Mouffe 2005a: 2). Mit dem Antagonismus des Sozialen verweist Mouffe auf zwei Aspekte einer prinzipiellen Konflikthaftigkeit sozialer Beziehungen. Zum einen bezeichnet sie mit dem Begriff allgemein ein dem Sozialen eingeschriebenes *Konfliktpotential*. Dieses resultiere daraus, dass soziale Identitäten auf die Differenz zu einem Anderen, zu einem Außen angewiesen sind. Die Idee, dass kollektive Identitäten immer der „Formation eines ‚wir' gegen ein ‚sie'" (Mouffe 2009: 51) bedürfen, haben Mouffe und Ernsto Laclau bereits in ihrem gemeinsamen Frühwerk *Hegemony and Socialist Strategy* entwickelt. Die hier entfaltete Diskurstheorie, bei der es sich um eine „Theorie des Sozialen und des Politischen" (Nonhoff 2007: 7) handelt, beschreibt das Wesen sozialer Identitäten als relational und differenzabhängig: „to be something is always not to be something else (to be A implies not to be B)" (Laclau/Mouffe 2001: 128). Die Differenz, die Mouffe zufolge also konstitutiv für das Soziale ist (vgl. Mouffe 1999: 754, 2005a: 69, 2013: 2), ist gleichzeitig die Quelle eines permanenten Konfliktpotentials.

„In the domain of collective identifications, where what is in question is the creation of a 'we' by the delimitation of a 'them', the possibility always exists that this we/them relation will turn into a relation of the friend/enemy type; in other words, it can always become political in Schmitt's understanding of the term. " (Mouffe 2005a: 3)

Zu Transformationen von Differenzbeziehungen entlang der Freund-Feind-Dichotomie komme es, „when the others, who up to now were considered as simply different, start to be perceived as putting into question *our* identity and threatening *our* existence" (Mouffe 2013: 5). Ein manifester politischer Konflikt, der aus dem Konfliktpotential sozialer Differenzbeziehungen hervorgeht, ist das zweite soziale Phänomen, für das Mouffe den Begriff Antagonismus verwendet (vgl. Mouffe 2000: 13, 2013: 5). Als konkrete politische Konflikte haben Antagonismen eine spezifische Gestalt.

In *Hegemony and Socialist Strategy* beschreiben Laclau und Mouffe, wie beim Entstehen eines politischen Konflikts der soziale Raum von einer Opposition zwischen RepräsentantInnen der bestehenden sozialen Ordnung und einer *Äquivalenzkette*, die diese Ordnung negiert, in zwei Lager geteilt wird (vgl. Laclau/Mouffe 2001: 127-134; hierzu auch Mouffe 1992: 236). Jene kritisch agierenden AkteurInnen, die den Status quo herausfordern, bezeichnen Laclau und Mouffe als Äquivalenzketten, um zu betonen, dass die Identitäten dieser AkteurInnen Resultate von Zusammenschlüssen heterogener KoalitionärInnen sind. Die KoalitionärInnen sind äquivalent in der Hinsicht, dass sie gegen den Status quo und für politische Veränderung eintreten. Dabei teilen sie keine positiv bestimmbare Identität; ihre kollektive Identität erschöpft sich in der Ablehnung eines Gegners bzw. bestimmter Regeln und Strukturen des Status quo. Politische Konflikte zeichnet deshalb eine „radical negativity" (Mouffe 2013: 1) aus: Die Beziehung von Konfliktparteien ist umfassend von Differenz und Opposition bestimmt.

Am Beispiel von Mouffes Theorie lässt sich die sozialontologische Grundierung des Politischen in agonalen Demokratietheorien veranschaulichen. Die konstitutive Offenheit sozialer Ordnung resultiert daraus, dass dem Sozialen bestimmte Eigenschaften eingeschrieben sind. Weil die Differenz zu einem Anderen notwendig ist für das Sein sozialer Identität, ist das Soziale nicht schließbar (Laclau/Mouffe 2001: 121) und existiert stets eine potentielle, die Kontingenz des Seienden begründende Alternative. Konflikte über die Gestaltung sozialer Ordnung, die aufgrund dieser

Differenz regelmäßig entstehen, nehmen die Form einer antagonistischen Opposition zwischen zwei einander negierenden politischen Lagern an.

Dass das Politische mit bestimmten Annahmen über das Wesen sozialer Identitäten verwoben wird, ist kein Spezifikum von Mouffes agonaler Demokratieheorie. Allerdings wird diese Verwobenheit in anderen agonalen Theorien anders beschrieben. Das lässt sich anhand von Tullys Theorie demonstrieren. Tully geht nicht davon aus, dass soziale Identitäten nur durch Differenz bestimmt und politische Konflikte durch eine Opposition von sich radikal negierenden Gruppen geprägt sind. Ausgangspunkt von Tullys Theorie ist die Annahme, dass die Pluralität zeitgenössischer Gesellschaften in einer Pluralität *kultureller Gruppen* besteht, deren soziale Praxen sich auf vielfältige Weisen überlappen.

Wenn Tully von kulturellen Gruppen spricht, hat er eine Vielzahl unterschiedlicher sozialer Gruppen im Blick, zum Beispiel sprachliche und ethnische Minderheiten, indigene Gruppen oder auch die feministische Bewegung (vgl. Tully 2007: 2-3). Ein allgemeines Merkmal kultureller Gruppen sei, dass die ihnen Zugehörigen aufgrund geteilter Positionen in der Gesellschaft jeweils bestimmte soziale Praxen, Erfahrungen und Perspektiven teilen. Tully wendet sich jedoch explizit gegen ein „billiard-ball"-Modell von Kulturen (ebd.: 10). Kulturelle Gruppen seien keine geschlossenen Einheiten. Erstens zeichneten sie sich durch Überlappungen aus – selten gehören Einzelne nur einer kulturellen Gruppe an – und stehen in Interaktionen, durch die sie sich wechselseitig beeinflussen (vgl. ebd.: 11). Zweitens seien kulturelle Gruppen intern heterogen. „They are continuously contested, imagined and reimagined, transformed and negotiated, both by their members and through their interaction with others." (Ebd.: 11)

Auch Tully geht von der konstitutiven Offenheit sozialer Ordnung aus. Zwar verwendet er nicht den Begriff des Politischen, beschreibt aber genau diejenige Eigenschaft des Sozialen, die Mouffe mit dem Begriff bezeichnet, wenn er die Erfahrung von Differenz und „otherness" als allgegenwärtig und auch innerhalb von kulturellen Identitäten angelegt ausweist (vgl. Tully 2007: 13). Alle politischen Regeln seien „open to question, disagreement, contestation, deliberation, negotiation and change" (Tully 1999: 170). Weil Differenz eine „permanent provocation" (Tully 1999: 171) in sozialen Beziehungen konstituiere, die regelmäßig für politische Konflikte über Forderungen von kulturellen Gruppen nach Anerkennung sorgt, kann Politik immer nur provisorische Ergebnisse generieren, die den Prozess des Modifizierens sozialer Ordnung vorübergehend unterbrechen (vgl. Tully 2002: 208). Allerdings nimmt Tully aufgrund seines Verständnisses kultureller Gruppen nicht an, dass politische

Konflikte in einer Opposition zwischen einander radikal negierenden Lagern bestehen. Weil die sozialen Praxen kultureller Gruppen sich immer zu einem gewissen Grad überlappen und wechselseitig beeinflussen, sind die Beziehungen politischer Konfliktparteien nie von einer radikalen Differenz oder umfassenden Fremdheit geprägt. „[F]rom the outset citizens are to some extent on a negotiated, intercultural and aspectival ‚middle' or ‚common' ground with some degree of experience of cross-cultural conversation and understanding [...]." (Tully 2007: 14)

Sowohl Tully als auch Mouffe verorten das Politische also in der Pluralität sozialer Identitäten, beschreiben aber das Wesen dieser Identitäten und folglich die Beziehungen zwischen AkteurInnen in Auseinandersetzungen über die Gestaltung sozialer Ordnung, die entstehen, wenn die Differenz der Perspektiven Konflikte erzeugt, auf unterschiedliche Weisen.[5]

2. Die Herausforderung einer vielfältigen Konfliktlandschaft

Mir kommt es nun auf zwei Dinge an. Zum einen sind die sozialontologischen Grundierungen agonaler Konzeptionen des Politischen insofern folgenreich, als sie die Spezifika der Modelle agonaler Politik begründen. Mouffe und Tully schlagen sehr unterschiedliche Formen des Umgangs mit politischen Konflikten vor, und diese Unterschiede lassen sich zurückführen auf die Charakteristika der zugrundegelegten Annahmen von dem Wesen sozialer Identitäten. Zum anderen ist das Potential beider Modelle agonaler Politik, Orientierung zu geben für den praktischen Umgang mit Konflikten, angesichts der vielfältigen Konfliktlandschaft in pluralistischen Demokratien für sich genommen unzureichend. Eine agonale Demokratietheorie, die eine Sensibilität für die Vielfalt von Konfliktformen in der politischen Praxis inkorporieren möchte, müsste eine sozialontologische Grundierung des Politischen daher problematisieren.

---

5 Ein Unterschied besteht außerdem darin, dass Tully bei der Charakterisierung kultureller Gruppen soziale Praxen interpretiert und nicht, wie Mouffe es mit der Diskurstheorie tut, eine formale Theorie sozialer Identität entwickelt. Da er aber die Charakteristika seiner Interpretation kultureller Gruppen sowie politischer Konflikte um Anerkennung verallgemeinert (vgl. McNay 2014: 197), liefert er eine quasi-ontologische Beschreibung sozialer Identitäten, die mit Blick auf die Konfigurierung seiner politischen Theorie strukturell gleiche Implikationen hat wie Mouffes Sozialontologie (vgl. Westphal 2018: 273).

2.1 Hegemonialer Kampf und kooperativer Dialog als Varianten agonaler Politik

Agonale TheoretikerInnen beschreiben nicht bloß die in der konstitutiven Offenheit sozialer Ordnung gründende Herausforderung regelmäßig auftretender politischer Konflikte. Sie bieten auch Antworten auf die Frage, wie Demokratien mit dieser Herausforderung umgehen sollten. In diesem Sinne sind agonale Demokratietheorien Theorien politischer Konfliktregulierung (vgl. Westphal 2018, 2019).

Mouffe beschreibt den Prozess politischer Konfliktverarbeitung als einen *Kampf um Hegemonie*. Kommt es zu einer antagonistischen Konfrontation zwischen kollektiven Identitäten mit konfligierenden politischen Projekten, wird ein politischer Kampf ausgetragen, in dem Machtstrukturen in Frage gestellt, überwunden oder verteidigt, und gegebenenfalls neu gestaltet werden (vgl. Mouffe 2005c: 53, 2009: 28). Jede Konfliktpartei kämpft dafür, ihr eigenes Projekt gegenüber jenem der gegnerischen Partei durchzusetzen, und letztlich wird der Konflikt zugunsten des einen und zum Nachteil des anderen Projekts entschieden. Allerdings müsse dieser Kampf um Hegemonie in einer demokratischen Form ausgetragen werden.

> „Dies setzt voraus, dass der ‚andere‘ im Reich der Politik nicht als ein Feind betrachtet wird, den es zu zerstören gilt, sondern als ein ‚Gegner‘, d.h. als jemand, dessen Ideen wir bekämpfen, dessen Recht, seine Ideen zu verteidigen, wir aber nicht in Frage stellen." (Mouffe 2007: 45)

Politische AkteurInnen, die einander dieses Recht zugestehen, realisieren, was Mouffe eine Transformation von *Antagonismen* in *Agonismen* nennt: die Umwandlung von (potentiell) gewaltsamen Konflikten in Konflikte, bei denen die Beteiligten die Legitimität anderer Positionen sowie die Zuständigkeit politischer Verfahren für das Herbeiführen von Entscheidungen über den Konfliktausgang akzeptieren (vgl. Mouffe 2000: 117, 2013: 7). Mouffes agonales Modell politischer Konfliktregulierung lässt sich somit als ein Modell der Konfliktzähmung bezeichnen.

Tullys Modell agonaler Politik unterscheidet sich deutlich von Mouffes. Hier werden Konflikte nicht hegemonial ausgefochten, sondern in einem Dialogprozess behandelt, der von einem wechselseitigen Entgegenkommen unter den Konfliktparteien geprägt sein soll. Jede der involvierten Parteien hat demnach die Aufgabe, ihre jeweiligen Positionen darzulegen sowie der anderen Seite bei der Erläuterung ihrer Positionen zuzuhören, um von der Perspektive der anderen Seite etwas zu lernen und auch der anderen Seite zu ermöglichen, von der eigenen Perspektive zu lernen (vgl. Tully 2002: 218, 2004: 94-95).

> „By exchanging *pros* and *cons* in dialogues with partners who see the constitutional arrangement of a shared political association differently and who can give reasons for their views, citizens are empowered to free themselves from their partial and limited views to some extent." (Tully 2002: 219)

In einem solchen dialogischen Verständigungsprozess sollten die Beteiligten bestmöglich versuchen, ihren Konflikt einer politischen Lösung zuzuführen, die die Zustimmung aller Betroffenen findet (vgl. Tully 2008: 178). Weil der Dissens letztlich nicht überwunden wird, könne zwar nicht jede Partei das bekommen, was sie als die richtige Lösung im Umgang mit dem Streitgegenstand ansieht. Aber jede Partei habe einen Anspruch darauf, dass die Regelung ihren Anliegen entgegenkommt, so wie sie auch den Anliegen der Gegenseite entgegenkommen muss: „the agreement will be an attempt to give each legitimate claim its due recognition, and this will always involve compromise" (ebd.: 181). Tullys agonales Modell politischer Konfliktregulierung lässt sich deshalb als ein Modell *dialogischer Kompromissaushandlung* charakterisieren.

2.2 Die Engführung agonaler Regulierungsperspektiven

Die Charakteristika der agonalen Politikmodelle sind nicht etwa Ergebnisse unabhängiger Bestimmungen des normativen Gehalts demokratischer Politik. Sie resultieren aus Einschätzungen dessen, was demokratische Politik im Lichte des Wesens sozialer Identitäten und politischer Konflikte leisten *kann*. Der konfrontative Wettstreit um das Erlangen politischer Hegemonie erscheint vor dem Hintergrund von Mouffes Thesen zu der antagonistischen Gestalt politischer Konflikte als der unausweichliche Modus der Konfliktregulierung. Aufgrund der radikalen Differenz der involvierten Identitäten ist keine andere Form der Konfliktaustragung möglich. Der Umstand, dass Konfliktbeziehungen umfassend durch wechselseitige Negation geprägt sind, sorgt dafür, dass eine inhaltliche Annäherung der Parteien nicht möglich ist. Den Konflikt politisch zu verarbeiten, heißt deshalb notwendiger Weise, ihn zugunsten der einen oder der anderen Seite zu entscheiden.[6]

Auch die Charakteristika von Tullys Modell agonaler Politik reflektieren die hier zugrunde gelegten Annahmen von dem Wesen sozialer Identitäten. Weil kulturelle Gruppen sich überlappen und miteinander interagieren und Einzelne immer mehreren kulturellen Gruppen angehören, gibt es in politischen Konflikten zwischen RepräsentantInnen kultureller Gruppen stets Parallelen und Überschneidungen der involvierten Perspektiven. Diese Parallelen und Überschneidungen ermöglichen es den Parteien, jenes wechselseitige Entgegenkommen zu realisieren, das Tullys dialogisches Kompromissbildungsmodell vorsieht. Die substantiellen Anknüpfungspunkte zwischen ihren sich überlappenden kulturellen Praxen versetzen AkteurInnen in die Lage, die Sicht der anderen Seite – auch wenn die Differenz nicht aufgehoben wird – nachzuvollziehen. Deshalb vermögen sie eine anspruchsvollere Form politischer Interaktion zu leisten als jene von Mouffe beschriebenen AkteurInnen, die nur die Legitimität anderer Positionen akzeptieren und davon absehen, die andere Seite mit Gewalt an der Teilnahme am politischen Prozess zu hindern.

Nachdem ich beschrieben habe, inwiefern die sozialontologischen Grundierungen agonaler Konzeptionen des Politischen die spezifischen Merkmale der agonalen Politikmodelle prägen, gilt es, einen genaueren Blick auf die Politikmodelle selbst zu werfen. Bisher habe ich die Modelle jeweils rekonstruiert, ohne ihre Plausibilität als Konfliktregulierungsmodelle zu thematisieren. Die herausgestellten Unterschiede machen diese Frage aber relevant. Lässt sich der Kampf um Hegemonie oder die dialogische Kompromissbildung als die plausiblere Interpretation agonaler Konfliktregulierung ausweisen? Ich argumentiere, dass es auf diese Frage keine prinzipielle Antwort gibt, weil jedes der agonalen Politikmodelle mit Blick auf jeweils spezifische politische Konflikte eine schlüssigere Antwort auf die Frage nach einem geeigneten politischen Verfahren bietet als die Alternative. Unter Berücksichtigung der Vielfalt an politischen Konfliktformen in pluralistischen Gesellschaften ist deshalb keines der Modelle verallgemeinerbar.

Um dies zu illustrieren, bietet sich ein Blick auf jene AkteurInnen an, in denen Mouffe Paradebeispiele für AkteurInnen agonaler Politik sieht, weil sie den Status quo effektiv herausfordern und den resultierenden po-

---

6 Inhaltliche Positionen der Gegenseite anzunehmen, würde Mouffe zufolge eine radikale „Konversion" der eigenen Identität bedeuten, die im Ergebnis einer hegemonialen Entscheidung des Konflikts gleichkommt (vgl. Mouffe 2007: 45).

litischen Konflikt zugunsten der Perspektiven zuvor marginalisierter Gruppen und einer inklusiveren sozialen Ordnung entscheiden: die ArbeiterInnenbewegung, die Frauenbewegung oder die neuen sozialen Bewegungen (vgl. Laclau/Mouffe 2001: 159, 167; Mouffe 2005a: 54). Diese Bewegungen sind in der Lage, breite politische Koalitionen zu bilden (die sogenannten Äquivalenzketten) und hinreichend politische Macht zu generieren, um zu einer hegemonialen Kraft zu werden. In solchen Fällen kann die Artikulation einer antagonistischen Haltung eine effektive politische Strategie sein – etwa, wenn sie dazu dient, die kritische Allianz zu integrieren – und das Gelingen emanzipatorischer Projekte realistischer Weise in Aussicht stellen.

Aber das trifft nicht auf alle politischen Konflikte zu. Stabilen Minderheiten wie zum Beispiel religiösen Gruppen, die mittelfristig keine Aussicht haben, zu einer hegemonialen Kraft zu werden, bietet Politik im Modus des gezähmten Machtkampfs keine realistische Chance, ihre Positionen geltend zu machen. Tullys Modell verspricht dem Anliegen agonaler Demokratie in solchen Fällen förderlicher zu sein. Weil hier alle Beteiligten, auch die RepräsentantInnen der etablierten Ordnung, in der Pflicht stehen, Entgegenkommen zu zeigen, kommt nicht nur die stärkste politische Kraft zum Zuge. Allerdings ist in Bezug auf eine Verallgemeinerbarkeit dieses Modells agonaler Politik ebenfalls Skepsis angeraten. Einige Gegenstände lassen sich besser durch Kompromisse regeln als andere. Auch formuliert das Prinzip wechselseitigen Zuhörens und Entgegenkommens eine anspruchsvolle Forderung an das Handeln politischer Akteure, die insbesondere in Konflikten, die aus tiefen normativen Dissensen resultieren, nicht per se als realisierbar angesehen werden sollte. Sofern sie Aussicht auf Veränderungen der Mehrheitsverhältnisse zu ihren Gunsten haben, können AkteurInnen es vorziehen, in Konflikten ihre politische Integrität zu wahren, statt punktuell Zugeständnisse an Positionen zu machen, die sie ablehnen.

Diese kursorischen Bemerkungen illustrieren, dass die Vielfalt der Konfliktformen und -umstände die Möglichkeit unterläuft, eines der agonalen Politikmodelle prinzipiell zu favorisieren. In unterschiedlichen Fällen ist eher der eine oder der andere Regulierungsmodus und möglicherweise (z.B. in unterschiedlichen Stufen der Konfliktbearbeitung) eine Kombination der Modi der beste Weg zu einer Realisierung agonaler Demokratie. Sofern in einer Responsivität gegenüber der Vielfalt politischer Konfliktformen in pluralistischen Gesellschaften ein wichtiges Gütekriterium agonaler Demokratietheorien gesehen wird, erweist sich jedes der agonalen Politikmodelle für sich genommen als unterkomplex. Wünschenswert ist eine agonale Demokratietheorie, die unterschiedliche Modi agonaler Konfliktregulierung integrieren kann.

Für das Ziel, eine solche Theorie zu entwickeln, erweisen sich jene Annahmen zum Wesen sozialer Identitäten, die den etablierten agonalen Theorien zugrunde liegen, als problematisch. Der von Mouffe diskurstheoretisch begründete Antagonismus politischer Konflikte macht den Kampf um Hegemonie zu dem einzig plausiblen Politikmodus. Die von Tully beschriebene Verwobenheit sozialer Praxen lässt einen nicht-reziprok funktionierenden Politikmodus als defizitär erscheinen, weil er bestehendes Verständigungspotential außer Acht lässt. In diesem Sinne beschneiden die Annahmen zum Wesen sozialer Identitäten, die in den agonalen Konzeptionen des Politischen enthalten sind, das Potential agonaler Demokratietheorie, der Komplexität politischer Praxis Rechnung zu tragen

3. *„Soziale Schwerelosigkeit" agonaler Theorie und die schließenden Effekte sozialer Machtstrukturen*

In der Debatte über radikale Demokratietheorien, zu denen auch die agonalen Theorien gezählt werden, hat Lois McNay (2014) eine Kritik an dem Konzept des Politischen geübt, die auf den ersten Blick quer zu den ausgeführten Überlegungen zu laufen scheint. Während ich argumentiert habe, dass die Konzeptionen des Politischen in agonalen Demokratietheorien eine sozialontologische Grundierung haben, attestiert McNay den agonalen Theorien eine „social weightlessness" (ebd.: 6), eine „soziale Schwerelosigkeit". Damit meint sie, dass die Konzeptionen des Politischen, weil sie nahelegen, dass emanzipatorische Politik eine stets greifbare politische Option sei, radikalen Demokratietheorien den Blick für jene Schwierigkeiten und Hindernisse verstellen, denen sich das politische Handeln marginalisierter Gruppen in der gesellschaftlichen Realität gegenübersieht. Meine Kritik an den agonalen Theorien und McNays Diagnose stehen jedoch nicht in einem Widerspruch. Vielmehr ergänzen sie sich und lassen, wie ich abschließend konturieren werde, eine praxisorientierte Neujustierung agonaler Demokratietheorie wünschenswert erscheinen.

McNay argumentiert, dass der „ontological turn" (McNay 2014: 11) radikaler Demokratietheorie, der in der Hinwendung zu dem Konzept des Politischen zum Ausdruck kommt, eine Kehrseite habe, nämlich die Vernachlässigung von gewissen Eigenlogiken des Sozialen:

„The problem [...] with this theoretical strategy is that there is frequently a kind of ontological reduction upwards where social being is interpreted exclusively through certain supposedly foundational political dynamic and thereby denied specificity and autonomous significance." (Ebd.: 12)

Eine wichtige Besonderheit sozialer Praxen macht McNay in der „lived reality of oppression and domination" aus (ebd.: 23). Zu dieser „gelebten Realität" gehörten nicht nur offensichtliche praktische Hürden, denen sich Projekte emanzipatorischer Politik gegenübersehen, wie zum Beispiel die Herausforderung, kollektives politisches Handeln zu mobilisieren und die politische Macht aufzubringen, die es braucht, damit betreffende Gruppen sich Gehör verschaffen und eine politische Berücksichtigung ihrer Positionen einfordern können. Dazu gehören auch weniger sichtbare Effekte von Machtasymmetrien und Herrschaftsverhältnissen. Die Erfahrung von Herrschaftsverhältnissen habe etwa einen prägenden Effekt darauf, ob und inwiefern Individuen sich als politische AkteurInnen verstehen und Fähigkeiten politischen Handelns entwickeln. McNay greift auf die Habitus-Theorie Pierre Bourdieus zurück, um zu zeigen, welche Mechanismen es den Benachteiligten einer Gesellschaft schwer machen, zu kritisch agierenden Subjekten einer emanzipatorischen Politik zu werden.

Insbesondere betont McNay einen Zusammenhang zwischen Erfahrungen objektiver sozialer Benachteiligung auf der einen und subjektiven Empfindungen von Machtlosigkeit und Resignation auf der anderen Seite. Unter Bezug auf Bourdieus Konzept des „social suffering" (McNay 2014: 34) argumentiert sie, dass negative soziale Erfahrungen, die Individuen in marginalisierten Positionen machen – „feelings of unworthiness, shame, lack of dignity, indignation" (ebd.: 35) – von den Betroffenen oft internalisiert werden.

> „Suffering is often internalized as a deep-seated reluctance or even inability to speak about one's experience lest it further compound feelings of shame and perceptions, held by others, of personal weakness and the failure to cope." (Ebd.)

Weil sich Betroffene im Zuge solcher Internalisierungsprozesse die Verantwortung für ihr „soziales Leiden" selbst zuschreiben und jene Machtstrukturen, die ursächlich sind für dieses Leiden, tendenziell unterhalb der politischen Wahrnehmungsschwelle liegen, seien Angehörige marginalisierter gesellschaftlicher Gruppen oft nicht in der Lage, im Sinne ihrer eigenen Interessen politisch zu agieren (vgl. ebd.: 35-37).

Diese Mechanismen unterlaufen die Praxis agonaler Demokratie, weil sie jene Form kritischen politischen Agierens verhindern können, die bestehende Regeln und Strukturen sozialer Beziehungen zugunsten einer inklusiveren Ordnung in Frage stellt und verändert (vgl. McNay 2014: 37). Anstatt aber dieses Problem zu adressieren, machten radikale DemokratietheoretikerInnen mit dem Konzept des Politischen eine abstrakte Eigenschaft des Sozialen zum Ausgangspunkt ihrer politiktheoretischen Reflexionen, die den sozialen Erfahrungen marginalisierter Gruppen geradezu entgegensteht: Für letztere ist nicht die Offenheit sozialer Ordnung, sondern sind Effekte von Machtstrukturen real, die die soziale Ordnung schließen. Dass es radikalen Demokratietheorien im Lichte ihres Fokus auf das Politische an einer Sensibilität für diese Effekte mangelt, veranschaulicht McNay unter anderem anhand der Theorien von Mouffe und Tully.

Mouffe beschreibe Gelegenheiten für Kritik und Konfrontation, die soziale AkteurInnen bloß ergreifen müssten, und biete keine Ansatzpunkte für die Analyse von inkorporierten Erfahrungen der Machtlosigkeit.

> „The grounding of a theory of power in a relational theory of meaning locks Mouffe's theory of identification into a sterile logic of essentialism and anti-essentialism, fixity and flux, inclusion and exclusion that rules out precisely the kind of differentiated, multidimensional analysis that the idea of agonism really requires to have some analytical bite." (McNay 2014: 83)

Wie der oft schwierige Prozess von Unterdrückungserfahrungen hin zu politischem Handeln funktioniere, lasse sich mit dem diskurstheoretischen Instrumentarium nicht erfassen (vgl. McNay 2014: 83). Zwar biete Tullys Fokus auf soziale Praxen diesbezüglich prinzipiell mehr Potential. Aber seine Generalisierung sowohl eines spezifischen Konfliktmodells (ebd.: 197) als auch einer Bereitschaft und Fähigkeit zu kritischer Partizipation an der gesellschaftlichen Normengestaltung sowie ein „rather naïve faith in the reconciliatory and emancipatory properties of the ‚open practice of dialogue‘" (ebd.: 200) sorgten dafür, dass dieses Potential ungenutzt bleibt. Auch Tullys Theorie zeichne sich damit durch ein übermäßiges Vertrauen in die soziale Wirkmächtigkeit des Politischen aus, das mit einer Vernachlässigung stabiler, politische Partizipation hemmender sozialer Machtstrukturen einhergeht.

4. Konturen einer Neujustierung agonaler Demokratietheorie

McNays Kritik an der „sozialen Schwerelosigkeit" agonaler Demokratietheorien meint also nicht, dass agonale TheoretikerInnen die Relevanz einer Auseinandersetzung mit dem Sozialen nicht anerkennen würden. Sie stellt vielmehr darauf ab, dass agonale TheoretikerInnen dem Sozialen bestimmte Eigenschaften zuschreiben, die in Konflikt stehen mit Eigenschaften sozialer Strukturen, wie sie insbesondere für diejenigen Subjekte, die potentielle AkteurInnen agonaler Politik sind, real erfahrbar sind. Diese Zuschreibung von sozialen Eigenschaften stand auch im Fokus meiner zuvor ausgeführten Überlegungen: Die Annahme agonaler TheoretikerInnen, dass kollektive Identitäten und politische Konflikte spezifische Charakteristika aufweisen, sorgt für eine Engführung der jeweils vorgeschlagenen Modelle politischer Konfliktregulierung. In beiden Fällen wird also keine mangelnde Auseinandersetzung mit dem Sozialen, sondern eine übermäßige Ontologisierung des Sozialen kritisiert, die für eine unzureichende Sensibilität agonaler Demokratietheorien gegenüber bestimmten Herausforderungen politischer Praxis sorgt.

Wie könnte agonale Theoriebildung auf die ausgeführte Kritik reagieren? Beide Kritiklinien fordern eine Problematisierung der sozialontologischen Grundierung des Politischen und eine engere Verzahnung agonaler Theorie mit der Realität sozialer Praxis ein. Die unterschiedlichen Stoßrichtungen der Kritiklinien – einmal wird auf die Hürden für emanzipatorisches politisches Handeln abgestellt und einmal auf die Vielfalt politischer Konfliktformen – sorgen jedoch dafür, dass es einer differenzierten Strategie zur Umsetzung dieses Erfordernisses bedarf. Um zunächst den Rahmen für eine solche Strategie abzustecken: Die Modifizierung agonaler Theorie kann nicht so weit gehen, dass das Politische als These über die konstitutive Offenheit sozialer Ordnung aufgegeben wird. Die Annahmen, dass es nicht möglich ist, eine spezifische Form sozialer Ordnung als rational und möglichen Alternativen gegenüber prinzipiell vorzugswürdig auszuweisen und dass in diesem Sinne von der Kontingenz jeder Ordnung auszugehen ist, sind grundlegend für das agonale Politikverständnis, welches in einem kontinuierlichen Infragestellen und Re-Definieren von Ordnung das Wesen demokratischer Politik identifiziert.

Es scheint aber möglich zu sein, die These über eine konstitutive Offenheit sozialer Ordnung aus der Verwobenheit mit Beschreibungen des Wesens sozialer Identitäten zu lösen und damit zu einer ‚dünneren‘ ontologischen These zu machen, als etablierte agonale Demokratietheorien sie vertreten. Ein solches Verständnis des Politischen ist etwa in Ansätzen einer *realistischen politischen Theorie* zu finden. Die Debatte über einen politischen Realismus, die maßgeblich durch die Arbeiten von Bernard Williams (2005) und Raymond Geuss (2008) inspiriert ist, verfolgt das Ziel, politische Theorie eng an der Realität politischer Praxis zu orientieren. In dieser Debatte ist ein Verständnis des Politischen vorherrschend, das zwar von einer natürlichen Präsenz von Dissens und Konflikt in der Politik ausgeht, aber diese Präsenz in einer *Autonomie des Politischen* verortet, anstatt zu versuchen, sie über Deutungen des Wesens sozialer Identitäten zu erklären.[7] Damit kappt das ‚realistische‘ Konzept des Politischen die Verbindung zu jenen sozialontologischen Grundierungen, die die agonalen Konzeptionen des Politischen kennzeichnen.

Eine agonale Demokratietheorie, die von einer in dieser Form reduzierten politikontologischen These ausgeht, wäre in der Lage, auf beide ausgeführten Einwände zu reagieren. Zum einen könnte sie die Verengung der agonalen Regulierungsperspektiven überwinden. Als Problem wurde diesbezüglich ausgewiesen, dass die Thesen zum Wesen sozialer Identitäten verantwortlich dafür sind, dass die agonalen Demokratietheorien Vorschläge für den politischen Umgang mit Konflikten unterbreiten, die zwar in bestimmten Fällen plausibel sind, aber nicht zu allgemeinen Orientierungen für die politische Konfliktverarbeitung gemacht werden sollten. Eine agonale Demokratietheorie, die sich auf eine ‚realistische‘ Konzeption des Politischen stützt, könnte verschiedene Modi der Konfliktregulierung integrieren. Im Lichte der These einer konstitutiven Offenheit sozialer Ordnung bliebe sie skeptisch gegenüber Politikmodellen, die rationale Konsense in Aussicht stellen. Aber sie wäre offen für eine Pluralität an Regulierungsmodellen, deren agonaler Charakter darin besteht, dass sie mit der Persistenz von Dissensen rechnen – und dazu können nicht nur Mouffes und Tullys, sondern auch potentiell andere Modelle gehören. Gemäß dem Prinzip *anwendungsbezogener Kontextorientierung* ließe sich die Frage, welches der Modelle in einem konkreten Fall vorzugswürdig ist, unter Berücksichtigung von Charakteristika des jeweils relevanten politischen Konflikts beantworten (vgl. Westphal 2018: 280-283).

Zum anderen wäre eine agonale Demokratietheorie, die das Konzept des Politischen von Thesen über das Wesen sozialer Identitäten entkoppelt, in der Lage, die „soziale Schwerelosigkeit“ (McNay) der etablierten agonalen Demokratietheorien hinter sich zu lassen. Da sie zwar der Politik ein permanentes Veränderungspotential attestiert, nicht aber sozialen Identitäten eine natürliche Tendenz zur Aktivierung dieses Potentials zuschreibt, ließe sich – im Lichte des (normativen) agonalen Plädoyers für regelmäßige Re-Definitionen der Gestalt sozialer Ordnung – eine Auseinandersetzung mit realen sozialen Machtstrukturen zu einer zentralen Aufgabe agonaler Theoriebildung machen. Auch diesbezüglich könnten agonale TheoretikerInnen die Agenda realistischer politischer Theorie auf-

---

7 Für eine Übersicht über die realistische politische Theorie siehe etwa Rossi/Sleat 2014.

greifen, die betont, dass politische Philosophie ihren Ausgang in der Praxis nehmen sollte.

> „Political philosophy must start from and be concerned not with how people ought ideally to act [...] but, rather, with the way social, economic, political, etc., institutions actually operate in some society at some given time, and what really does move human beings to act in given circumstances." (Geuss 2008: 9)

Die dezidiert agonale Stoßrichtung einer Analyse dessen, was Menschen „wirklich" zu politischem Handeln bewegt, bestünde darin, dass sie nach Bedingungen fragt, unter denen politische Kritik hemmende Effekte sozialer Machtstrukturen problematisiert und überwunden werden können. Erstens ginge es in einer solchen Analyse darum, Muster jener negativen sozialen Erfahrungen zu identifizieren, die McNay mit Bourdieu „soziales Leiden" nennt und als Hürden für eine Realisierung radikaldemokratischer Politik ausweist. Zweitens wäre es die Aufgabe einer solchen Analyse, zum Beispiel über eine Auseinandersetzung mit Fällen erfolgreich politisierender Praxen von Empowerment und politischer Mobilisierung, Reflexionen zu praktischen Bedingungen zu entwickeln, die einer Transformation von Erfahrungen „sozialen Leidens" in kritisches politisches Handeln förderlich sein können.

Ausgehend von einer wie beschrieben modifizierten Konzeption des Politischen wäre die Strategie für eine engere Verzahnung agonaler Theoriebildung mit der Realität politischer Praxis also eine zweifache. Es ginge erstens um eine Konzeptualisierung sozialer und politischer Bedingungen, die emanzipatorische Konflikte ermöglichen, und zweitens um eine fallbezogen differenzierte Konzeptualisierung von politischen Antworten auf solche Konflikte. Im Ergebnis könnte eine agonale Demokratietheorie stehen, die ihrem Plädoyer, Demokratie als einen fortlaufenden Prozess emanzipatorischer Politik zu verstehen, mehr soziale Bodenhaftung und Kontextsensitivität verleiht.

Literaturverzeichnis

Flügel, Oliver/Heil, Reinhard/Hetzel, Andreas 2004: Die Rückkehr des Politischen. In: Dies. (Hg.), *Die Rückkehr des Politischen. Demokratietheorien heute.* Darmstadt, S. 7-16.

Geuss, Raymond 2008: *Philosophy and Real Politics.* Princeton.

Laclau, Ernesto/Mouffe, Chantal 2001 [1985]: *Hegemony and Socialist Strategy. Towards a Radical Democratic Politics.* London/New York.

McNay, Lois 2014: *The Misguided Search for the Political. Social Weightlessness in Radical Democratic Theory*. Cambridge/Malden.

Mouffe, Chantal 1992: Democratic Citizenship and the Political Community. In: Dies. (Hg.), *Dimensions of Radical Democracy. Pluralism, Citizenship, Community*. London/New York, S. 225-239.

Mouffe, Chantal 1999: Deliberative Democracy or Agonistic Pluralism. In: *Social Research* 66(3), S. 745-758.

Mouffe, Chantal 2000: *The Democratic Paradox*. London/New York.

Mouffe, Chantal 2005a [1993]: *The Return of the Political*. London/New York.

Mouffe, Chantal 2005b: The Limits of John Rawls's Pluralism. In: *Politics, Philosophy & Economics* 4(2), S. 221-231.

Mouffe, Chantal 2005c: *On the Political*. London/New York.

Mouffe, Chantal 2007: Pluralismus, Dissens und demokratische Staatsbürgerschaft. In: Nonhoff, Martin (Hg.), *Diskurs – radikale Demokratie – Hegemonie*. Bielefeld, S. 41-53.

Mouffe, Chantal 2009: *Exodus und Stellungskrieg. Die Zukunft radikaler Politik*. Wien.

Mouffe, Chantal 2013: *Agonistics. Thinking the World Politically*. London/New York.

Nonhoff, Martin 2007: Diskurs, radikale Demokratie, Hegemonie – Einleitung. In: Ders. (Hg.), *Diskurs – radikale Demokratie – Hegemonie*. Bielefeld, S. 7-23.

Rossi, Enzo/Sleat, Matt 2014: Realism in Normative Political Theory. In: *Philosophy Compass* 9-10, S. 689-701.

Tully, James 1999: The agonic freedom of citizens. In: *Economy and Society* 28(2), S. 161-182.

Tully, James 2002: The Unfreedom of the Moderns in Comparison to Their Ideals of Constitutional Democracy. In: *The Modern Law Review* 65(2), S. 204-228.

Tully, James 2004: Recognition and dialogue. The emergence of a new field. In: *Critical Review of International Social and Political Philosophy* 7(3), S. 84-106.

Tully, James 2007 [1995]: *Strange Multiplicity. Constitutionalism in an age of diversity*. Cambridge.

Tully, James 2008: *Public Philosophy in a New Key. Volume I. Democracy and Civic Freedom*. Cambridge.

Wenman, Mark 2003: ,Agonistic Pluralism' and Three Archetypal Forms of Politics. In: *Contemporary Political Theory* 2(2), S. 165-186.

Wenman, Mark 2013: *Agonistic Democracy. Constituent Power in the Era of Globalisation*. Cambridge/New York.

Westphal, Manon 2018: *Die Normativität agonaler Politik. Konfliktregulierung und Institutionengestaltung in der pluralistischen Demokratie*. Schriftenreihe der Sektion Politische Theorie und Ideengeschichte der DeutschenVereinigung für Politikwissenschaft, Band 35. Baden-Baden.

Westphal, Manon 2019: Overcoming the Institutional Deficit of Agonistic Democracy. In: *Res Publica. A Journal of Moral, Legal and Political Philsophy* 25(2), S. 187-210.

Williams, Bernard 2005: *In the Beginning was the Deed. Realism and Moralism in Political Argument*. Princeton.

Wingenbach, Ed 2011: *Institutionalizing Agonistic Democracy. Post-Foundationalism and Political Liberalism*. Farnham/Burlington.

III.
VARIATIONEN UND REZEPTIONEN DES POLITISCHEN

Das Politische (in) der Dekonstruktion

Markus Wolf

1. Einleitung

Ausgangspunkt der folgenden Überlegungen zum Politischen in der Politischen Theorie ist die These, dass der Diskurs und die Praxis des Politischen in der Gegenwart mit der Idee der Verantwortung verknüpft ist.[1] Das ist nicht (nur) Ausdruck einer kontingenten Semantik. Der in politischen Kämpfen und Diskursen vorzufindende Bezug auf Verantwortung gründet in der ontologischen Verfasstheit sozialer Normen und Institutionen. Ich werde argumentieren, dass die Ontologie des Politischen durch ein Spiel von zwei gegenläufigen Aspekten gekennzeichnet ist: Die Grundlosigkeit und Faktizität sozialer Normen und Praktiken schlägt in das normative Verlangen nach einer absoluten Begründetheit und Normativität um. Unter Bezug auf Argumente Jacques Derridas möchte ich zeigen, dass das Zusammenspiel dieser beiden Aspekte adäquat als Beziehung und Prozess der Dekonstruktion zu beschreiben ist.[2] Die Philosophie der Dekonstruktion leistet deshalb einen essenziellen Beitrag zur Diskussion über das Politische (in) der Politischen Theorie. Zum Abschluss werde ich einige Vorzüge dieses Ansatzes herausstellen.

---

1 Für eine kritische Analyse des Faktums vgl. Vogelmann 2014. Die Debatten im Kontext der sog. ‚Flüchtlingskrise' der Jahre 2015 bis 2017 sind dafür eine aktuelle Bestätigung. Politische Fragen der Zugehörigkeit und Abschließbarkeit eines demokratischen Gemeinwesens werden häufig in Begriffen von (moralischer und politischer) Verpflichtung und Verantwortung behandelt. Vgl. exemplarisch die Beiträge in Dietrich 2017.
2 Die folgenden Überlegungen basieren auf einer Interpretation von Schriften Derridas und Heideggers, die ich an anderer Stelle ausführlich entwickelt habe (siehe Wolf 2019).

2. Die Grundlage des Politischen: Zur Ontologie sozialer Normen und Praktiken

Ich beginne mit einigen Ausführungen zur Ontologie sozialer Normen und Praktiken. In einem ersten Schritt stelle ich ausgewählte Grundbegriffe und die wichtigsten theoretischen Grundlagen von Heideggers Sozialontologie in *Sein und Zeit* vor, an die Derrida in seiner Philosophie von Sozialität und Normativität in mehrfacher Hinsicht anknüpft. Aus dieser Darstellung abstrahiere ich in einem zweiten Schritt wesentliche Grundzüge der Ontologie sozialer Normen.

2.1 Heideggers Konzeption der Fundamentalontologie

Martin Heidegger entwickelt in *Sein und Zeit* das philosophische Projekt einer „Fundamentalontologie" (Heidegger 1993 [1927]: 13, 37, 131 u. 183). Wenn man vom Wortsinn ausgeht, ist die Ontologie die Lehre vom Seienden, also die Antwort auf die Frage, was es gibt bzw. was existiert. Dasjenige, worauf die Antwort auf diese Frage referiert, nennt Heidegger demgemäß „das Seiende" (ebd.: 6). Die Ontologie setzt dabei voraus, dass verständlich ist, was das Seiende als solches ist. Ontologie zu betreiben bedeutet, das Sein in einer Weise auszulegen, in die immer schon ein Vorverständnis dieser Frage, eine vorausgehende Bestimmung ihres Gegenstandes und ein begrifflicher Zugriff auf diesen involviert ist (ebd.: 150f.). Diese Verständlichkeit und Erschlossenheit bezeichnet Heidegger „als das ‚Sein des Seienden'". Alles Seiende und alle Ontologie setzt in diesem Sinne „Seinsverständnis" voraus (ebd.: 4-8), weshalb Heidegger erklärt, dass die „Frage nach dem Sinn von Sein" die „Grundfrage aller Ontologie" darstellt (ebd.: 231). Bei dem Versuch, die „Frage nach dem Sinn von Sein" für die Ontologie wiederzugewinnen, setzt die Fundamentalontologie naheliegenderweise bei uns selbst als „Seiendes", das „Seinsverständnis" besitzt, an (ebd.: 11f.). Ob dieser Ansatz glücklich gewählt ist und warum Heidegger ihn später aufgegeben hat, muss hier offen bleiben. Für die Frage nach der politischen Ontologie sozialer Normen und Praktiken ist allerdings das Ergebnis dieser Analysen wichtig, das Heidegger schon zu Beginn ankündigt:

> „Demgegenüber ist auf dem Boden der ausgearbeiteten Frage nach dem Sinn von Sein zu zeigen, *daß und wie im rechtgesehenen und rechtexplizierten Phänomen der Zeit die zentrale Problematik aller Ontologie verwurzelt ist.*" (Heidegger 1993 [1927]: 18, Herv. i. O.)

Mit der Rede von dem *„rechtgesehenen und rechtexplizierten Phänomen der Zeit"* ist gemeint, dass wir uns die Zeit als Grundlage der Ontologie nicht so vorstellen dürfen, dass unser Dasein darin bestünde, dass wir *jetzt* sind und *jetzt* und *jetzt* und so weiter bis wir irgendwann aufhören zu existieren. Diese Zeitvorstellung, die die Zeit als lineare Abfolge von Jetzt-Punkten deutet, nennt Heidegger den „vulgären Zeitbegriff", in dem das Phänomen der Zeit seiner Ansicht nach falsch expliziert wird. Die Zeitvorstellung des „vulgären Zeitbegriffs" basiert auf der ursprünglichen „ekstatischen" Zeitlichkeit des Vollzugs des Daseins als Einheit der drei zeitlichen Momente der „Zukunft", „Gewesenheit" und „Gegenwart". Sie machen seine Existenz als „Entwurf" und dessen Strukturbestimmungen von „Erschlossenheit", „Eigentlichkeit", „Entschlossenheit" etc. sowie die Einheit und Ganzheit seines „Selbst" möglich (Heidegger 1993 [1927]: § 65 S. 323-331).

Die „ekstatische" Zeitlichkeit des Daseins ist auch grundlegend für die Ontologie der praktischen Vollzüge, in denen das Seinsverständnis fundiert ist.[3] In einem praktischen Projekt organisieren sich unsere gegenwärtigen Handlungsvollzüge gemäß eines „zukünftigen" praktischen Ziels unter Bezug auf faktisch „gewesene" Gegebenheiten. Soziale Normen und Praktiken sind in diesem spezifischen Sinne durch die „ekstatische" Zeitlichkeit des Daseins als Zusammenspiel von „Entwurf" und „Faktizität" geprägt.

2.2 Heideggers Ontologie sozialer Normen als Ontologie des Politischen

Wenn die Ontologie praktischer Vollzüge in Strukturen ‚ekstatischer' Zeitlichkeit gründet, kann man fragen, inwiefern dies auch für die Ontologie sozialer Normen und Praktiken gilt. Diese Frage ist zwar aus der Perspektive von Heideggers Fundamentalontologie nicht ohne Weiteres zu beantworten, weil seine Sozialphilosophie erstens wenig ausgearbeitet, zweitens schwierig zu deuten und drittens durch seine Verstrickung in den Nationalsozialismus belastet ist. Allerdings lässt sich bei Heidegger etwas Wichtiges über soziale Normen lernen: Auch soziale Normen gründen – wie alles Seiende – in der Zeitlichkeit des Daseins, das heißt sie haben die soeben (in Abschnitt 2.1) beschriebene ‚ekstatische' zeitliche Struktur. Wenn wir z. B. die Tagung, auf der ein Entwurf dieses Textes vorgetragen wurde, als eine Praxis begreifen, die durch einen bestimmten Komplex

---

3 Das zeigt Heidegger in seiner „Zeuganalyse'" (ebd.: 66-71).

von Normen, oder – wie John Searle sagen würde – konstitutiven und regulativen Regeln (Searle 2012), geleitet wird, so binden wir uns an diese Normen im Rahmen eines bestimmten Entwurfs oder Projekts, das heißt darum, weil es uns dabei um etwas geht. Die Antwort darauf, worin dieses ,um… zu…' besteht – worum es bei dieser Tagung geht – liegt letztlich immer bei uns selbst. Gerade das ist es, was den ,Entwurfscharakter' einer normativen Praxis ausmacht. Die Praxis der Tagung ist aber nicht nur bestimmt durch dieses ,um… zu…', sondern ebenso sehr durch einen Bezug ,zurück… auf…'. Wir entwerfen die Praxis der Tagung hier und jetzt an diesem Ort ja nicht neu, sondern auf der Grundlage von Normen, Institutionen und Traditionen, die bereits bestehen, die wir aufgreifen und deuten müssen und die wir – selbst wenn wir sie radikal transformieren oder überwinden sollten – schon dadurch fortschreiben, dass wir auswählend für oder gegen sie Stellung nehmen.

Diese Überlegung erschließt mehrere Grundeigenschaften sozialer Normen und Praktiken:

Soziale Normen und Praktiken werden durch die an ihnen teilnehmenden Subjekte im Kontext anderer Normen und Praktiken geschaffen, mit denen sie in einem zeitlichen Zusammenhang stehen. Sie hängen von nichts ab, außer anderen Normen, Praktiken und Vollzügen. Daher gibt es nichts, was sie ,von außen' determiniert. In diesem Sinne sind Praktiken und die sie regulierenden Normen vollständig *immanent*.

Versteht man unter einer sozialen Praxis einen spezifischen Komplex von Normen und Praktiken, der ein bestimmtes Feld von Institutionen und Handlungen reguliert, so ist jede Praxis immer auch anders möglich, weil es keinen Grund gibt, der uns daran hindern würde, die für sie konstitutiven und sie regulierenden Normen anders zu gestalten, als es faktisch geschieht. Normen und Praktiken sind daher prinzipiell *kontingent*.

Jede konkrete Praxis schließt durch ihre Form andere Möglichkeiten ihrer Gestaltung und Regulation aus. Sie müssen aufgrund der faktischen Form der Praxis unrealisiert bleiben. Dies bedeutet gleichzeitig immer auch, dass jede Gestaltung einer sozialen Praxis mit einer bestimmten (in der Regel ungleichen und hierarchischen) Verteilung von sozialen Positionen und Rollen sowie mit Ausschlüssen potenzieller Teilnehmer*innen verbunden ist. Dass eine Praxis Positionen und Rollen ungleich verteilt und Individuen ausschließt, lässt sich aus prinzipiellen Gründen, aufgrund ihrer Begrenztheit, nicht vermeiden. Welche Ungleichheiten und Ausschlüsse eine Praxis faktisch produziert, ist dagegen kontingent. Dies bezeichne ich mit einem Ausdruck von Heidegger als die *Nichtigkeit* (vgl. Heidegger 1993 [1927]: 283ff.) der sozialen Praxis. Sie folgt aus der Immanenz und Kontingenz von Normen und Praktiken.

Aus der Immanenz, Kontingenz und Nichtigkeit sozialer Praxis folgt nicht, dass Normen und Praktiken beliebig verfügbar und veränderbar wären. Vielmehr sind sie durch eine geschichtliche Schwere und Trägheit gekennzeichnet, die nicht nur mit ihrer machtförmigen Gestalt und ihrer subjektivierenden Wirkung zusammenhängt, sondern bereits ontologisch in ihrer zeitlichen Struktur begründet ist. Jeder Vollzug einer gegenwärtigen Praxis muss – und sei es negativ – auf vorangehende Vollzüge zurückkommen. Daher hängt die Möglichkeit der Modifikation und Transformation einer Praxis von der Struktur bereits bestehender Normen und Praktiken ab. Darin besteht – wiederum mit Heidegger gesprochen (vgl. ebd.: 56) – die *Faktizität* sozialer Praxis.

Die Formen sozialer Praxis und die Möglichkeiten ihrer Transformation werden durch die Schwere und Trägheit ihres historischen Gewordenseins allerdings bloß faktisch, nicht jedoch prinzipiell bedingt. Es gibt keinen Grund für die Annahme, dass eine totale Modifikation sozialer Praxis unmöglich ist, weil ihre Gestalt immer nur von Normen, Praktiken und Vollzügen selbst abhängt. In diesem Sinne sind Normen und Praktiken *unbedingt*. Die Teilnehmer*innen können sie immer auch ganz anders gestalten. Allerdings sind ihre Gestaltungsmöglichkeiten oftmals faktisch begrenzt, weil Normen und Praktiken so verfasst sein können, dass Möglichkeiten ihrer Gestaltung verdeckt oder blockiert werden.[4]

Die Unbedingtheit verweist auf den *verantwortungsermöglichenden Charakter* sozialer Normen und Praktiken. In einer jeden Praxis werden formelle oder informelle Pflichten verteilt und Verantwortungsbeziehungen gestiftet, das heißt, in sie ist eine Struktur von faktischen Verpflichtungs- und Verantwortungsbeziehungen eingeschrieben, die ich zusammenfassend als den ‚Verantwortungsentwurf' bezeichnen möchte. Der verantwortungsermöglichende Charakter bezieht sich zugleich auch auf die Gestaltung der Praxis bzw. des in sie eingeschriebenen Verantwortungsentwurfs insgesamt: Da soziale Normen und Praktiken prinzipiell unbedingt sind, sind ontologisch gesehen immer nur wir selbst für sie verantwortlich.

Unser alltäglicher Normbezug ist so verfasst, dass uns die genannten ontologischen Qualitäten normalerweise unzugänglich sind. Alltäglich erfahren wir Normen in einer Weise, dass es uns gerade so erscheint, als würden sie einfach vorliegen. Heidegger bezeichnet dies mit dem Begriff der alltäglichen „Zerstreuung" des Daseins in das „Man" (Heidegger 1993 [1927]: 129f.). Diese Zerstreuung ist nichts anderes als unsere alltägliche

---

4 Das ist in der letzten Zeit verstärkt von Vertreter*innen der Kritischen Theorie thematisiert worden (vgl. z. B. Jaeggi 2013; Stahl 2013).

Erfahrung bzw. unser alltägliches Umgehen mit sozialen Normen. Sie ist der ontologischen Verfasstheit sozialer Normen jedoch nicht angemessen, weshalb Heidegger diesen Bezug auf Normen als Bezug „in der Weise der Unselbständigkeit und Uneigentlichkeit" kennzeichnet (ebd.: 128). *Eigentlich* ist niemals niemand für die von uns konstituierten sozialen Normen verantwortlich, sondern immer ist es jeder von uns selbst. Phänomenal wird uns dies Heidegger zufolge in der Erfahrung des Gewissens transparent, weshalb er die Konstitution der Verantwortung mit dem ‚Ruf des Gewissens' in Verbindung bringt. Hier zeigt sich eine erstaunliche und wesentliche Ambivalenz, auf die ich gleich zu sprechen kommen werde:

> „Rufverstehend läßt das Dasein das eigenste Selbst aus seinem gewählten Seinkönnen *in sich handeln*. Nur so kann es verantwortlich *sein*. Jedes Handeln aber ist faktisch notwendig ‚gewissenlos', nicht nur weil es faktische moralische Verschuldung nicht vermeidet, sondern weil es auf dem nichtigen Grunde seines nichtigen Entwerfens je schon im Mitsein mit Anderen an ihnen schuldig geworden ist. So wird das Gewissen-haben-wollen zur Übernahme der wesenhaften Gewissenlosigkeit, innerhalb der allein die existenzielle Möglichkeit besteht, ‚gut' zu *sein*." (Ebd.: 288, Herv. i. O.)

Wenn Heidegger hier von einer Schuld gegenüber anderen spricht, zieht er eine wesentliche Konsequenz aus der Nichtigkeit bzw. dem Exklusionscharakter sozialer Normen. So schließt beispielsweise unsere Art und Weise, auf einer Tagung über Politische Theorie zu diskutieren, schon durch die Form der Tagung selbst, etwa dadurch, dass für die Partizipation eine bestimmte Vorbildung, intellektuelle Kompetenz, sprachliche Gewandtheit etc. erforderlich ist, bestimmte Subjekte aus. Indem wir die Praxis der Tagung frei konstituieren, machen wir uns an anderen schuldig. Unsere Freiheit in Bezug auf soziale und politische Normen konstituiert diese als Ausdruck eines exklusiven und damit politischen ‚Wir'. Normen sind notwendig politisch, weil sie in diesem Sinne exkludierend sind – soziale Normen sind in sich selbst immer schon politisch.

3. Heideggers vs. Derridas politische Ontologie

Ich habe die politische Ontologie sozialer Normen hier unter Bezug auf Heideggers Fundamentalontologie hergeleitet. Heideggers Analyse der Zeitlichkeit sinnhafter Vollzüge bildet einen Boden, auf dem auch Derridas politische Ontologie steht. Bei näherer Betrachtung zeigt sich allerdings, dass zwei Aspekte von Heideggers politischer Ontologie höchst problematisch sind, die Derridas Ansatz nicht mit ihr teilt. Deshalb möchte ich nun auf die nicht zu vernachlässigenden Unterschiede zwischen Heideggers und Derridas politischer Ontologie zu sprechen kommen.

3.1 Die Problematik von Heideggers Ontologie sozialer Normen

Der erste problematische Aspekt der aus Heidegger hergeleiteten Ontologie sozialer Normen liegt in der Behauptung, dass das Politische *exklusiv* in Bezug auf uns selbst – rein selbstbezüglich – bestimmt wird. Dies folgt aus der Verankerung des Verantwortungsbegriffs in der Ontologie des Daseins. Normen ihrem Sinn und Gehalt nach zu bestimmen, ist ein politischer Akt, der sich nach Heidegger – der in diesem Punkt unter anderem mit Carl Schmitt übereinstimmt – ausschließlich mit Rücksicht auf uns selbst – unser Selbstsein und Selbstverhältnis – vollzieht (vgl. Schmitt 1987 [1932]). Problematisch ist daran nicht einfach, dass soziale Normen ausschließend und damit politisch sind, sondern dass sie prinzipiell nicht offen für die oder den ‚Andere(n)‘, die oder den sie ausschließen, sind. Der oder die ‚Andere(n)‘ werden bei Heidegger in zwei verschiedenen Hinsichten berücksichtigt: einerseits auf der Ebene des „Man" als Andere, an deren Normverständnissen und Vollzügen wir uns orientieren sowie andererseits auf der Ebene der intersubjektiven Beziehung der „Fürsorge" als dem „existenzialen Umwillen Anderer" (Heidegger 1993 [1927]: 123), das nach Heidegger mannigfaltige Schattierungen, Abstufungen und Kooperationsmodi kennt (vgl. ebd.: 122). Obwohl Heidegger das „Mitsein mit Anderen" und die Bezogenheit auf sie in der „Fürsorge" zu einem ursprünglichen Existenzial des Daseins erklärt (ebd.: 118f., 125), begreift er die Verantwortungsbeziehungen, die daraus entspringen, rein selbstbezüglich in Hinsicht auf das jeweils mit Anderen seiende „Dasein" (ebd.: 127, 288). Die im „Mitsein" erscheinenden Anderen sind nicht Ursprung der Verantwortung für sie. Im „Mitsein", so scheint es, kann daher nach Heidegger keine Ansprache vorkommen, die uns für sie als Andere öffnete und eine ursprüngliche Verantwortung konstituierte, die tatsächlich auf sie antwortete und nicht rein selbstbezüglich wäre.

Der zweite problematische Aspekt von Heideggers Ontologie sozialer Normen liegt darin, dass der Vollzug der Verantwortung – die freie Bindung an immanente, kontingente, nichtige, faktische und unbedingte Normen – nicht als normativer Vollzug zu verstehen ist. Mit anderen Worten: Das Bestimmen und Ergreifen von Möglichkeiten lässt sich „eigentlich" nicht rechtfertigen und normativ bewerten, denn es handelt sich um einen Vollzug, der Normativität begründet. Dahinter steht die Überzeugung, dass die Praxis des Rechtfertigens ontologisch als ausgleichendes Verrechnen von Verpflichtungen und Ansprüchen (ebd.: 159 u. 283) verstanden werden muss.[5] Sie entspricht für Heidegger einem Seinsverständnis, das Seiendes als Vorhandenes und Zuhandenes bestimmt, was für das Selbstverhältnis des Daseins, wenn es Normen konstituiert und sich an sie bindet, gerade nicht gilt.

Die Problematik von Heideggers Ontologie sozialer Normen lässt sich wie folgt zusammenfassen: Heideggers politische Ontologie ist dadurch gekennzeichnet, dass sie sich gegenüber dem Anderen verschließt und dass sie die Normativität der Verantwortung leugnet. Wenn man fragt, wie wir einen konkreten Komplex von Normen, der einen Praxiszusammenhang reguliert, bestimmen sollen, stehen aus fundamentalontologischer Sicht nur zwei Optionen zur Verfügung: Dies muss entweder *dezisionistisch* durch eine unbedingte Wahl und Entscheidung oder *geschichtlich* durch die Überlieferung (oder besser: Auslieferung) der Praxis an die Faktizität ihres geschichtlichen Zusammenhangs geschehen. In der Tat gehen beide Ansichten in Heideggers Theorie der Geschichtlichkeit eine unklare und problematische Melange ein (ebd.: § 74, 382-387). Die Konsequenzen dieser Auffassung für die Bestimmung des Politischen sind gravierend, denn es ist nun zwangsläufig dezisionistisch oder geschichtsfatalistisch, in jedem Fall aber anti-normativ zu verstehen.

3.2 Mit Derrida über Heidegger hinaus: Das ‚Geheimnis‘ der Verantwortung

Ich werde nun fragen, wie die politische Ontologie mit Derrida aus diesem Dilemma entkommt. Zunächst möchte ich eine Passage aus Derridas Text *Den Tod geben* (1994) kommentieren, die explizit auf die Problematik der Verantwortung und des Verantwortungsbegriffs Bezug nimmt:

> „Indem ich, und wäre es nur, indem ich Zeit und Aufmerksamkeit dafür aufbringe, meiner Arbeit, meinem Handeln als Staatsbürger oder als professoraler und professioneller Philosoph den Vorzug gebe, der hier in einer öffentlichen Sprache, die sich als das Französische erweist, schreibt oder spricht, tue ich vielleicht meine Pflicht. Doch opfere ich, sie in jedem Augenblick verratend, alle meine anderen

---

5 Diese Einsicht ist eine wichtige Pointe von Heideggers Diskussion der Existenzialien der ‚Eigentlichkeit‘ und ‚Uneigentlichkeit‘ in *Sein und Zeit* (vgl. Wolf 2019: Kap. 4).

Verpflichtungen: im Hinblick auf die anderen anderen, die ich nicht kenne oder die ich kenne, die Milliarden meinesgleichen (ohne von den Tieren zu sprechen, die noch mehr andere sind als die meinesgleichen), die an Hunger oder Krankheit sterben. Ich verrate meine Treue oder meine Verpflichtungen im Hinblick auf andere Mitbürger, im Hinblick auf diejenigen, die nicht meine Sprache sprechen und zu denen ich weder spreche noch antworte, im Hinblick auf jeden von denen, die hören oder die lesen, und auf die ich in der richtigen, das heißt einzigartigen Weise weder antworte noch mich an sie wende (dies gilt für den sogenannten öffentlichen Raum, dem ich den sogenannten privaten Raum opfere), also auch im Hinblick auf diejenigen, die ich im Privaten liebe, die Meinen, meine Familie, meine Söhne, von denen jeder der einzige Sohn ist, den ich dem Anderen opfere – jeder jedem geopfert auf diesem Berge Moria, der unsere Wohnstatt ist alle Tage und zu jeder Sekunde." (Derrida 1994: 396)

Derrida bezieht sich in dieser Passage auf eine Episode aus dem ersten Buch Mose (1. Mose 1,22), in der Gott Abraham befiehlt, seinen Sohn Isaak auf den Berg Moria zu führen und ihn dort zu opfern. Abraham vollzieht, was Gott von ihm verlangt: Er verheimlicht sein Vorhaben vor seinem Sohn, seiner Frau und seinem Diener, führt Isaak unter einem Vorwand auf den Berg Moria und erhebt sein Messer gegen ihn. Im letzten Moment gebietet ihm ein Engel einzuhalten. Das von Gott verlangte Opfer Isaaks erweist sich als Glaubensprobe.

Derrida spricht hier den verantwortungsermöglichenden Charakter sozialer Normen und Praktiken an, der oben bereits kurz thematisiert wurde. Erstaunlicher- und beinahe unglaublicherweise behauptet er, dass das Opfer Isaaks alltäglich und ubiquitär wiederkehrt. Angeblich vollzieht es jede und jeder von uns gegenüber jeder und jedem anderen in jedem Moment. Dass dies nicht, wie es auf den ersten Blick scheint, vollkommen absurd ist, lässt sich unter Bezug auf die politische Ontologie sozialer Normen erklären. Wenn wir auf eine Tagung fahren, lassen wir uns auf ihre Praxis ein. Wir akzeptieren implizit die damit verbundenen sozialen Normen, die uns bestimmte Verpflichtungen auferlegen. Diese Normen schließen qua ihrer Existenz aus, dass wir gleichzeitig andere Normen und Verpflichtungen erfüllen, andere Individuen auf andere Weise berücksichtigen und ihnen gerecht werden können, als es durch die Praxis der Tagung, hier in diesem Moment, geschieht. Das ‚Opfer', von dem Derrida in der zitierten Passage spricht, ist schon mit der Teilnahme an einer Tagung gegeben, weil mit ihr ein bestimmter Verantwortungsentwurf anerkannt wird: Ein Entwurf, der unter anderem enthält, dass jetzt in diesem

Moment der Teilnahme an dieser Tagung unsere anderen Verpflichtungen und die Verantwortung, die wir über das Gelingen dieser Veranstaltung hinaus sonst noch tragen, keinen Vorrang besitzen. Vor diesem Hintergrund lässt sich der Begriff des Politischen elegant und präzise definieren: Politisch ist die Aushandlung des Verantwortungsentwurfs einer bestimmten sozialen Praxis.

Während diese Aushandlung nach Heidegger nur in zwei Modi erfolgen kann, nämlich entweder dezisionistisch und/oder durch die Auslieferung an die Geschichte, führt Derrida eine Dimension in die politische Ontologie ein, deren Relevanz Heidegger leugnet: die Dimension der Rechtfertigung. Verantwortung und Rechtfertigung hängen miteinander zusammen und gehen eine aporetische Verbindung ein:

> „Ich kann dem einen (oder dem Einen), das heißt dem Anderen nur antworten, indem ich den anderen opfere. Ich bin verantwortlich gegenüber dem einen (das heißt dem Anderen), indem ich gegenüber allen anderen, gegenüber der Allgemeinheit des Ethischen oder des Politischen meine Verantwortungen versäume. Und ich werde dieses Opfer niemals rechtfertigen können, ich werde, was es betrifft, stets schweigen müssen. Ob ich will oder nicht, ich werde niemals rechtfertigen können, daß ich den einen (einen anderen) dem anderen vorziehe oder opfere. Ich werde, was dies betrifft, stets im geheimen, ans Geheimnis gebunden sein, weil es dazu nichts zu sagen gibt. Was mich an Einzigartigkeiten bindet, mehr an diesen oder diese als an jenen oder jene, kann letzten Endes nicht gerechtfertigt werden (das ist das hyper-ethische Opfer Abrahams), genausowenig wie das unendliche Opfer gerechtfertigt werden kann, das ich so jeden Augenblick erbringe." (Derrida 1994: 397f.)

Die Aporie besteht darin, dass ein Verantwortungsentwurf nur dann tatsächlich als genuiner Ausdruck von Verantwortung gelten kann, wenn er gerechtfertigt ist. Verantwortung verlangt nach Rechtfertigung. Seine Rechtfertigung aber ist in einem absoluten Sinne unmöglich, weil jeder Verantwortungsentwurf im schlechthin nicht Rechtfertigbaren gründet, was Derrida zum Ausdruck bringt, indem er sagt, dass die Verantwortung mit einem ‚Geheimnis‘ verknüpft ist. Um das zu verstehen, sind mit Blick auf die zitierte Passage zwei Fragen zu beantworten. Die erste Frage lautet, weshalb der Verantwortungsentwurf überhaupt an die Pflicht zur Rechtfertigung gebunden ist. Gerade dies hatte Heidegger ja ausdrücklich mit dem Argument bestritten, dass die ursprüngliche Bindung an Normen ontologisch gesehen selbst nicht als Akt verstanden werden kann, der durch Normen reguliert wird. Die zweite Frage lautet, warum die Rechtfertigung, wenn sie schon notwendig ist, zugleich auch aporetisch ist. Warum findet sie an einem ‚Geheimnis' ihre Grenze und warum hebt diese Bindung an das ‚Geheimnis' das Verlangen nach Rechtfertigung nicht einfach auf?

Derridas Antwort auf die erste Frage führt uns zur Zeitlichkeitsontologie zurück. Er erkennt, dass Verpflichtung und Verantwortung allgemeine Begriffe sind und dass das Eingehen von Verpflichtungs- und Verantwortungsbeziehungen in einem Verantwortungsentwurf ein allgemeiner Akt ist. Ein normativer Vollzug beruht immer auf einem Maßstab, der in unterschiedlichen Akten wiederholt angezielt und erfüllt werden können muss. Die Tagungen aus dem letzten Herbst und aus dem letzten Frühjahr stehen ebenso wie die Tagung des nächsten Jahres unter einem allgemeinen Begriff, der einen Maßstab bildet, den sie als Exemplifizierungen der Praxis einer Tagung erfüllen. Andernfalls könnten die einzelnen Vollzüge und Praktiken auf *dieser* Tagung nicht als Vollzüge auf *einer* Tagung und insgesamt überhaupt nicht als *Tagung* verstanden, beschrieben und beurteilt werden. Übertragen auf Verpflichtungs- und Verantwortungsbeziehungen bedeutet das, dass sich die Vollzüge der Verantwortung und die Bindung an bestimmte Verpflichtungen nicht auf einzelne Akte reduzieren lassen, denn sonst ließen sie sich nicht als solche – als Akte der Verantwortung und Verpflichtung – auffassen. In jedem normativen Akt der Verantwortung ist daher die „allgemeine Verantwortung oder die Verantwortung im allgemeinen" – wie Derrida es nennt – präsent ebd.: 388, vgl. auch 394f.).

In Bezug auf konkrete Verpflichtungs- und Verantwortungsbeziehungen gegenüber Anderen ergibt sich aus diesem allgemeinen Anspruch die folgende Konsequenz: Es trifft zu, wie Heidegger sagt, dass wir uns immer an einer, einem oder einigen Anderen ‚schuldig' machen, indem wir sie nicht berücksichtigen. Heidegger übersieht aber, dass sich aufgrund der Allgemeinheit der Verantwortung zugleich immer auch die Frage stellt, warum dies geschieht, das heißt, warum wir unsere Praxis nicht so gestalten, dass wir dieser, diesem oder diesen exkludierten Anderen (besser) gerecht werden. Diese Frage lässt sich nicht beantworten ohne Bezug auf die Faktizität des Verantwortungsentwurfs, an den wir je schon gebunden sind. Sie lässt sich nur mit Bezug auf uns selbst – in Bezug auf die je schon bestehenden Bindungen an Andere – und das heißt nur selbstbezüglich beantworten. Es gibt beispielsweise keine letzten Gründe, warum ich in besonders enger Weise an meine Familie gebunden bin und nicht in der gleichen Weise auch an andere Menschen. Die Gründe, mit denen ich die besondere Verantwortung und die besonderen Verpflichtungen rechtfertigen kann, die ich ihnen gegenüber habe, laufen allesamt darauf hinaus,

dass diese Familie eben die meine ist, dass zu ihr qua Familienzugehörig-
keit besondere Bindungen bestehen, aus denen eine besondere Verpflichtung und Verantwortung resultiert. Dabei nehme ich selbstbezügliche
Gründe in Anspruch, die das im Sinne absoluter Allgemeinheit zu begründende bereits voraussetzen. Das erklärt, in Antwort auf die zweite Frage,
warum die Rechtfertigung aporetisch ist: Die allgemeine Verantwortung
verlangt nach einer gleichmäßigen und öffentlichen Rechtfertigung, während die absolute Verantwortung gerade impliziert, dass ich diese Rechtfertigung niemals geben kann, da meine je spezifischen Bindungen sich
nur selbstbezüglich und somit letztlich überhaupt nicht rechtfertigen lassen. Verpflichtungs- und Verantwortungsbeziehungen verlangen also eine
öffentliche und gleiche Rechtfertigung da, wo es nur ‚Geheimnis‘ und
ohne ‚Geheimnis‘ keine Verpflichtungs- und Verantwortungsbeziehungen
gibt (ebd.: 387f.).

3.3 Der Begriff einer emanzipatorischen Politik

Es scheint nun, dass der Versuch, der Problematik von Heideggers politischer Ontologie zu entkommen, nicht weit führt, weil er in der Aporie der
Verantwortung zwischen Allgemeinem und Einzelnem, zwischen der öffentlichen Rechtfertigung und dem stummen, singulären und von vornherein parteiischen ‚Geheimnis‘ endet. Das anzunehmen wäre jedoch falsch.
Vielmehr verhält es sich ganz im Gegenteil so, dass Derrida damit nicht
nur die Problematik von Heideggers Fundamentalontologie überwindet,
sondern eine anregende Deutung des Begriffs des Politischen vorlegt. An-
regend ist diese Deutung besonders dadurch, dass sie eine ethische Dimension aufzeigt, die im Begriff des Politischen selbst bereits angelegt, jedoch
nicht notwendig und schon gar nicht konstitutiv in das Politische eingeschrieben ist. Indem wir erkennen, dass der Verantwortungsentwurf unter
dem Anspruch der allgemeinen Rechtfertigung steht und zugleich diesem
Anspruch nie genügen kann, da er nur selbstbezüglich zu rechtfertigen
ist, gelangen wir zu einer neuen Definition des Politischen, die die erste
Definition präzisiert und sie gegen die Heidegger'schen Probleme abdich-
tet: Politisch ist die Aushandlung der Aporie zwischen der allgemeinen
Verantwortung und der absoluten Verantwortung im Verantwortungsentwurf einer bestimmten sozialen Praxis.

Da sich der Widerstreit zwischen der allgemeinen Verantwortung und
der absoluten Verantwortung nicht auflösen lässt, ist jede Antwort darauf
eine letztlich nur selbstbezüglich begründbare oder eben unbegründbare
(oder wie Derrida sagen würde: unentscheidbare) Setzung. Da sie den

Verantwortungsentwurf betrifft, ist diese Setzung als solche politisch. Dieser Begriff des Politischen liefert sich nicht mehr dem Dezisionismus und/oder der Geschichte aus. Vielmehr enthält und ermöglicht er die Formulierung eines ethischen Anspruchs, mit dessen Hilfe zwischen einer emanzipatorischen und einer anti-emanzipatorischen Politik unterschieden werden kann: Emanzipatorisch ist eine Politik, wenn sie danach strebt, den Verantwortungsentwurf für die oder den ausgeschlossene(n) Andere(n) zu öffnen. Anti-emanzipatorisch ist eine Politik, die danach strebt, die oder den Andere(n) aus dem Verantwortungsentwurf auszuschließen.

Die Politik und das Politische sind nicht notwendig emanzipatorisch. Aber jeder Vollzug einer sozialen Norm im Kontext eines Verantwortungsentwurfs enthält, wie Derrida es formuliert, einen ethischen Anspruch und ein emanzipatorisches Potenzial: den Anspruch der allgemeinen Verantwortung und damit das Potenzial, den Verantwortungsentwurf für die oder den von ihm ausgeschlossene(n) und noch nicht hinreichend berücksichtigte(n) Andere(n) zu öffnen.

4. Demokratie als Dekonstruktion

Der emanzipatorische Anspruch des Politischen ist der Ausgangspunkt einer Problematisierung von Gleichheit und Souveränität in der Demokratie, die zu einer Bestimmung der Demokratie als Dekonstruktion führt. Die politische Philosophie der Dekonstruktion ist im Wesentlichen eine Philosophie der Demokratie. Sie behauptet, dass die demokratische Praxis in der Befragung und Kritik der konstitutiven Selbstbegrenzung politischer Institutionen besteht. Deshalb ist die Dekonstruktion der Demokratie ihr eigentlicher Vollzug. Die entscheidenden Argumente für diese These möchte ich hier abschließend skizzieren.

Was genau bedeutet hier ‚Dekonstruktion‘ und ‚Demokratie‘? Der Begriff der Dekonstruktion lässt sich auf der Grundlage der bisherigen Ausführungen als Vollzug der Öffnung des Verantwortungsentwurfs bestimmen, der dessen Grundlosigkeit bzw. Unbegründetheit immanent aufweist. Dekonstruktion besteht im Nachweis, dass das Konstruierte – beispielsweise die Konstruktion eines demokratischen politischen Systems – auf einem Ausschluss der oder des ‚Anderen‘ beruht, der sich nicht rechtfertigen lässt, weil das Konstruierte in seiner Unbedingtheit den Einschluss der oder des Ausgeschlossenen verlangt.

Den Begriff der Demokratie erläutert Derrida ganz konventionell über den Begriff der Volksherrschaft und der demokratischen Souveränität als Herrschaft der Beherrschten über sich selbst sowie unter Bezug auf

die Idee der demokratischen Gleichheit (vgl. Derrida 2003: 27-32). Demokratie herrscht nur dann, wenn die Regierenden mit den Regierten
identisch sind, und dies wiederum ist nur möglich, wenn das politische
Subjekt durch Gleichheit und Brüderlichkeit konstituiert wird (vgl. Derrida 2000: 47). Nimmt man den Anspruch der Demokratie auf unbedingte
Berücksichtigung der Anderen und absolute Entgrenzung des Verantwortungsentwurfs ernst, folgt aus dieser Bestimmung ein Abgrenzungs- und
Begründungsproblem, da jede Bestimmung der Gleichheit eine Identifikation von Gleichen voraussetzt, die andere konstitutiv als Ungleiche
ausschließt (vgl. Derrida 2003: 26f.). Derrida zeigt dies in *Politik der
Freundschaft* am Beispiel des Ideals der Brüderlichkeit (vgl. Derrida 2000:
304-361). ‚Brüderlichkeit‘ ist ein zur demokratischen Gleichheit koexten-
sionaler Begriff, der die wechselseitige Solidarität bezeichnet, die die demokratische Gleichheit ebenso voraussetzt wie impliziert. In das Konzept
der Brüderlichkeit ist der Ausschluss der ‚Schwester‘ konstitutiv eingeschrieben, die in der Gemeinschaft der Brüder zur Anderen wird (vgl.
ebd.: 319-322). Man kann diesen Ausschluss nun nicht dadurch vermeiden, dass man sagt, auch die ‚Schwester‘ sei ja eigentlich in der Idee der
‚Brüderlichkeit‘ bereits mitgemeint, weil

> „sämtliche [...] Bewegungen, die die Brüderlichkeit [...] feiern, auf
> Universalität hinauszuwollen [sic!] und die Einschränkungen der na-
> türlichen, buchstäblichen, geschlechtlich festgelegten Brüderlichkeit
> prinzipiell zurückweisen" (ebd.: 318).

Vielmehr eröffnet sich durch diesen Zug erst in vollem Umfang die Problematik der Gleichheit. Wenn wir sagten, zu den Gleichen gehörten immer auch die Ungleichen, die Anderen seien immer schon mitgemeint, die
Schwester sei eigentlich auch Bruder etc., dann würde das demokratische
Subjekt form- und grenzenlos. Es würde einerseits zu dem, was es eigentlich sein soll: ein unbedingtes und unbegrenztes, maximal inklusives Subjekt (vgl. Derrida 2003: 12 u. 120). Es verleugnete sich aber andererseits zugleich als das, was es auch immer schon ist: ein bedingtes und begrenztes,
mit kontingenten und nur selbstbezüglich rechtfertigbaren Ausschlüssen
konstitutiv verbundenes Subjekt (vgl. ebd.: 25f. u. 59). Die Bestimmung
(und damit Begrenzung) der Gleichheit lässt sich nicht demokratisch
rechtfertigen und dennoch gibt es ohne sie keine demokratische Gleichheit. Demokratie ist folglich das Verlangen nach einer Ent-Grenzung der
Gleichheit, nach ihrer „De-Limitation" und „Infinitisierung", nach einer
unbedingten Gleichheit und Brüderlichkeit, die von kontingenten und
nur selbstbezüglich zu rechtfertigenden Setzungen frei ist (Derrida 2000:
156f. u. 311f.). Wenn das so ist und die Demokratie nach der Gleichheit

der Ungleichen, das heißt nach einer Brüderlichkeit ohne Bruder und Schwester verlangt – wie kann sie dann aber überhaupt noch auf einer Bestimmung der Gleichheit beruhen? Verlangt die emanzipatorische Politik der Öffnung des Verantwortungsentwurfs für die ungleichen, ausgeschlossenen Anderen nicht die Aufhebung jeder Bestimmung der Gleichheit – und damit die Aufhebung der Demokratie als praktische Politik der Selbstbestimmung der Gleichen als Gleiche? Geraten dann aber Dekonstruktion und Demokratie nicht in einen Widerspruch zueinander?

Dieser Widerspruch oder diese Aporie erscheint nur dann als fatal, wenn man die Demokratie in ihrer zeitlichen Ontologie so auffasst, dass sie etwas ist, das hier und jetzt entweder existiert oder nicht existiert. Ein solches Verständnis ihrer Zeitlichkeit wäre jedoch – wie wir gesehen haben – der Ontologie sozialer Normen und Praktiken unangemessen. Der in die Demokratie eingeschriebene Widerspruch lässt sich aushandeln und aushalten, wenn wir sie angemessener als soziale Praxis auffassen, die sich zeitlich ‚ekstatisch' erstreckt: als „démocratie à-venir" – „kommende Demokratie" (Derrida 2003: 123f.). Der Terminus beschreibt, worum es in der Praxis der Demokratie geht, wenn sie ihren Anspruch auf Unbedingtheit in Übereinstimmung und zugleich im Widerspruch mit sich selbst verwirklicht. Es geht ihr um ihre eigene Zukunft, nach der sie hier und jetzt strebt, ohne dass diese sich jemals in voller Selbstpräsenz, Selbstgegenwart und Selbstidentität realisieren kann (vgl. Derrida 2000: 70f. u. 336f.). Dies ist der Grund, warum das demokratische Subjekt der Gleichen immer bedingt und begrenzt bleibt, warum es nie hinreichend unbedingt und deshalb nie mit sich selbst identisch sein kann (vgl. ebd.: 409), warum eine demokratische Praxis aber zugleich auch in der Lage, ja sogar gezwungen ist, ihre eigenen Grenzen, Begrenzungen und dogmatischen Schließungen zu befragen, zu kritisieren und zu modifizieren, das heißt sich für die ausgeschlossenen Anderen zu öffnen (vgl. Derrida 2003: 191). Demokratie gibt es demnach nur als zukunftsbezogenen Entwurf und nur im Widerspruch mit sich selbst als gegenwärtige Praxis. Ihren Entwurf realisiert die Demokratie durch ihre Auto-Dekonstruktion – die Öffnung ihrer selbst durch sich selbst für die ungleichen Anderen (vgl. Derrida 2000: 156f.). Deshalb sind Dekonstruktion und Demokratie kein Widerspruch, sondern zwei Seiten derselben Medaille.

5. Fazit: Das Politische (in) der Dekonstruktion

Wie die von mir gewählte Terminologie andeuten soll, artikuliert die Dekonstruktion einen Begriff des Politischen, der zur Theoriefamilie ei-

nes neuen Denkens des Politischen und der Demokratie gehört, das
sonst mit anderen Referenzen, etwa mit Hannah Arendts Begriff des politischen Handelns (vgl. Arendt 2002 [1967]: 213-251) oder mit Jacques
Rancières Unterscheidung von Politik und Polizei (vgl. Rancière 2002:
33-54) verbunden wird. Allerdings unterscheidet sich das politische Denken der Dekonstruktion in mehreren Hinsichten von diesen Ansätzen:

Erstens erkennt es meines Erachtens zutreffend, dass sich politische
Vollzüge auf die in soziale Normen und Praktiken eingeschriebenen Ver-
pflichtungs- und Verantwortungsbeziehungen und auf die sie fundieren-
den Rechtfertigungsordnungen beziehen.

Zweitens erlaubt es, eine normative Unterscheidung zwischen emanzipatorischen und anti-emanzipatorischen Formen des Politischen zu treffen, was für andere, ebenfalls von der Dekonstruktion inspirierte Entwürfe
eines Denkens des Politischen nicht immer gilt.

Drittens versteht es das Verhältnis zwischen dem Anspruch des Unbedingten und den faktisch geltenden Normen und Gründen nicht im Sinne
eines einfachen Gegensatzes, sondern als dialektisches bzw. dekonstruktives Verhältnis. Es erkennt, dass es keinen ‚reinen‘ Vollzug der Gleichheit
und kein ‚reines‘ demokratisches Ereignis geben kann, weil jeder Vollzug
von Gleichheit und demokratischer Souveränität durch selbstbezüglich begründete, bloß faktisch geltende Gründe kontaminiert wird. Das politische
Denken der Dekonstruktion bewahrt uns auf diese Weise davor, es in
zu einfachen Oppositionen etwa gegenüber der Politik, den politischen
Institutionen oder der Polizei (im Sinne Rancières) zu denken.

Viertens ist das politische Denken der Dekonstruktion nicht naiv. Es
erschöpft sich nicht in der Dekonstruktion faktischer Hierarchisierungen,
sondern rechnet damit, dass auch eine emanzipatorische Politik, die sich
am Anspruch des Unbedingten orientiert, Hierarchisierungen und Ausschlüsse produziert. Es erkennt, dass es keine emanzipatorische Politik
geben kann, die nicht Gefahr liefe, anti-emanzipatorisch zu wirken. Der
politische Vollzug der Dekonstruktion nimmt sich von ihr nicht aus, sondern fordert seine Auto-Dekonstruktion.

Die Dekonstruktion beschreibt das emanzipatorische Versprechen der
Demokratie deshalb fünftens zutreffend als zukunftsbezogenen Vollzug
einer ‚démocratie à venir‘, die allerdings nicht in der Ferne einer Idee oder
Utopie verbleibt, sondern im gegenwärtigen Vollzug der Aushandlung
des Verantwortungsentwurfs – im Vollzug des Politischen (in) der Dekonstruktion – wirksam ist.

Literaturverzeichnis

Arendt, Hannah 2002 [1967]: *Vita activa oder Vom tätigen Leben*. München.

Derrida, Jacques 1994: Den Tod geben. In: Haverkamp, Anselm (Hg.), *Gewalt und Gerechtigkeit. Derrida – Benjamin*. Frankfurt/M., S. 331-445.

Derrida, Jacques 2000: *Politik der Freundschaft*. Frankfurt/M.

Derrida, Jacques 2003: *Schurken. Zwei Essays über die Vernunft*. Frankfurt/M.

Dietrich, Frank (Hg.) 2017: *Ethik der Migration. Philosophische Schlüsseltexte*. Berlin.

Heidegger, Martin 1993 [1927]: *Sein und Zeit*. 17. Aufl. Tübingen.

Jaeggi, Rahel 2013: *Kritik von Lebensformen*. Berlin.

Rancière, Jacques 2002: *Das Unvernehmen. Politik und Philosophie*. Frankfurt/M.

Schmitt, Carl 1987 [1932]: *Der Begriff des Politischen*. Text von 1932 mit einem Vorwort und drei Corollarien, unveränderter Nachdruck der 1963 erschienenen Auflage. Berlin.

Searle, John 2012: *Wie wir die soziale Welt machen. Die Struktur der menschlichen Zivilisation*. Berlin.

Stahl, Titus 2013: *Immanente Kritik. Elemente einer Theorie sozialer Praktiken*. Frankfurt/M.

Vogelmann, Frieder 2014: *Im Bann der Verantwortung*. Frankfurt/M.

Wolf, Markus 2019: *Gerechtigkeit als Dekonstruktion. Zur kulturellen Form von Recht und Demokratie nach Jacques Derrida*. Konstanz.

Bruno Latour und die Phantome des Politischen: Akteur-Netzwerk-Kollektive zwischen Assoziation und Dissoziation

Hagen Schölzel

1. Einleitung

Ist Bruno Latour ein Denker des Politischen bzw. der politischen Differenz zwischen Politik und dem Politischen? Die Behauptung, dass er einer sei, ist jedenfalls nicht völlig abwegig. Denn schon seit geraumer Zeit wird Latours Arbeit entweder in den Kontext dieser Debatte eingeordnet (vgl. insb. Lemke 2010; Marchart 2013: 129-165; Schölzel 2019a). Oder es wird, insbesondere in der soziologischen Theoriediskussion, mit einiger Beständigkeit wenigstens darauf hingewiesen, dass Latours schwer zu durchschauender, multidimensionaler Politikbegriff auch in Anschluss an die neueren Diskussionen um das Politische zu verstehen ist (vgl. Gertenbach 2016; Lamla 2016; Gertenbach/Laux 2019: 221-232). Darüber hinaus fällt auf, dass Latour mit Carl Schmitt selbst immer wieder einen, wenngleich sehr kontrovers rezipierten Denker des Politischen als wichtigen Zeugen seines nichtmodernen Politikverständnisses aufruft. Bezüge zu Schmitt finden sich in *Das Parlament der Dinge* noch eher am Rande in Fußnoten, doch wächst sich dies in *Krieg der Welten – wie wäre es mit Frieden?* zum Leitmotiv eines ganzen Essays aus und wird in *Kampf um Gaia* zu einer anscheinend zentralen politiktheoretischen Referenz (vgl. Latour 2004, 2010, 2017). Außerdem verweist Latour, wie Lars Gertenbach bemerkte, am Rande explizit auf die im Französischen geläufige Unterscheidung von *le politique* (das Politische) und *la politique* (die Politik), die einen Ansatzpunkt für die neuere Debatte um das Politische bildet (Gertenbach 2016: 289; vgl. bspw. Marchart 2010).[1] Und nicht zuletzt ist

---

1 Eine entsprechende explizite Bezugnahme Latours findet sich auf der englischen Version der AIME-Diskussionsplattform zum Buch Existenzweisen unter dem Eintrag *The limits of the political*: „The French distinguishes ‚le' et ‚la' politique: the first would correspond to what we call here a domain [d.h. die Politik; HS] and the second to a special kind of connector [d.h. Latours Ontologie oder Existenzweise des Politischen; HS]" (http://www.modesofexistence.org/crossings/#/en/pol).

als explizite Referenz das der Politik gewidmete Kapitel in Latours Buch *Existenzweisen* mit „Die Phantome des Politischen anrufen" überschrieben (Latour 2014: 449).

Doch wie genau konzipiert Latour seine Version (des Denkens) des Politischen? Und wie verbindet sich dieses Denken des Politischen mit Latours Verständnissen von Politik? Diesen Fragen möchte der vorliegende Beitrag nachgehen und damit insbesondere die häufig diagnostizierten Unklarheiten der latourschen politischen Theorie bearbeiten (vgl. bspw. Gertenbach/Opitz/Tellmann 2016a).

Ich möchte zunächst damit beginnen, auf eine Diskussion der deutschsprachigen Rezeption in der Politischen Theorie und der Politischen Soziologie zurückzukommen und die dort diagnostizierten typischen Missverständnisse kurz darlegen. Daran anschließend sollen vier ausgewählte Interpretationen als Varianten diskutiert werden, in denen sich die von Latour identifizierten vier typischen Repertoires des modernen Denkens, d.h. *Natur*, *Kultur*, *Diskurs* und *Sein*, spiegeln (Latour 2008: 118-121). Im Anschluss werde ich skizzieren, durch welche Denkfiguren Latour diese vier Repertoires des modernen Denkens ablösen will und wie er ihre nichtmodernen Alternativen in seine Akteur-Netzwerk-Theorie integriert. Dabei wird gezeigt, wie seine Vorstellungen sich zu drei Leitmotiven der Debatte um das Politische, d.h. dem Denken eines assoziativen Politischen, dem Denken eines dissoziativen Politischen und dem Denken einer politischen Ontologie, verhalten. Schließlich wird es darum gehen, Latours Politikmodell vor diesem Hintergrund und mit Blick auf die Differenz von Politik und Politischem einzuordnen.

2. Zur Rezeption und einigen Missverständnissen der latourschen politischen Theorie

Latours politische Theorie ist seit etwa zwanzig Jahren Gegenstand einer interdisziplinären Diskussion in den deutschsprachigen Sozialwissenschaften (vgl. insb. Kneer/Schroer/Schüttpelz 2008; Gießmann et al. 2009; Gertenbach/Opitz/Tellmann 2016). Jedoch wird insbesondere in der soziologischen Theoriediskussion eine verwirrende Vielzahl latourscher Politik-

---

Damit präsentiert Latour, womöglich versehentlich, ein dem geläufigen Gebrauch und auch seinem eigenen Gebrauch der Begriffe in Existenzweisen umgekehrtes Verständnis der Differenz. Wir gehen hier davon aus, dass mit ‚le politique' das Politische und mit ‚la politique' die Politik gemeint ist. In der französischen Version der AIME-Plattform fehlt ein vergleichbarer Eintrag.

begriffe festgestellt und damit verbunden vor allem eine „Rezeptionsblockade" seines politischen Denkens diagnostiziert (vgl. Gertenbach/Opitz/ Tellmann 2016a: 239). Auch Hennig Laux' bereits rund neun Jahre zurückliegender Versuch, diese Rezeptionsblockade zu lösen (vgl. Laux 2011), erzielte offenkundig nicht die erhoffte Wirkung. Der damals verfasste Text kann jedoch als Ausgangspunkt dienen, die bisherige Diskussion noch einmal zu sichten. Welche Interpretationen werden angeboten? Zunächst bezieht sich die Rezeption hauptsächlich auf das Buch *Das Parlament der Dinge*, doch bleibt auch hier die Diskussion erstaunlich anekdotisch und sei, so meint Laux, über lange Zeit vor allem von zwei typischen „Sackgassen" geprägt, die er als „Widerstände gegen Latours Entgrenzung der Demokratie" bzw. als „Widerstände gegen Latours Begrenzung der Demokratie" charakterisiert (ebd.: 288-292). Beide Richtungen arbeiten sich dabei jeweils an einem der beiden Grundmotive des latourschen politischen Denkens der Akteur-Netzwerke ab, nämlich „Öffnung durch Verbindung" und „Schließung durch Trennung" (ebd.: 288). In Laux' Lesart richtet sich die Skepsis einerseits gegen Latours Vorhaben, nichtmenschliche Entitäten nicht länger als unstrittige Tatsachen, sondern als verhandelbare Dinge ins Spiel von Gesellschaft und Politik einzubringen, was mit einer Entgrenzung des Sozialen und der Demokratie einhergeht. Latours Symmetrieprinzip werde dabei als ontologisches oder gar normatives (nicht nur methodologisches) Prinzip missverstanden, wonach diverse Entitäten vermeintlich prinzipiell gleich handlungs- oder wirkmächtig sowie gleichwertig seien (und nicht nur, wie Latour argumentiert, in der Betrachtung unvoreingenommen auf ihre jeweiligen Wirkmächte und ihren Beitrag zum Kollektiv hin befragt werden sollen). Auf der anderen Seite richten sich die Widerstände gegen Latours Überlegungen, wie Kontroversen (vorläufig) begrenzt und abgeschlossen werden könnten. Kritisiert wird vor allem eine vermeintliche expertokratische Schieflage seines Ansatzes. Das Parlament der Dinge wird zudem als utopischer Entwurf einer normativen Gleichstellung aller Entitäten oder als reine Neubeschreibung bereits existierender Institutionen missverstanden. Laux' schlägt dagegen vor, Latours politische Theorie als performativen Ansatz zu lesen, der die (moderne) Grenzziehung zwischen reiner Deskription und einer davon abgelösten Normativität unterwandert.

Aus den bereits von Laux diskutierten Positionen möchte ich noch einmal zwei gesondert hervorheben, die für die politiktheoretische Debatte und meine Argumentation von besonderem Interesse sind. Zunächst geht es um Gesa Lindemanns Lesart, die zu der Schlussfolgerung kommt, Latours Entwurf eines neuen Politikmodells laufe auf eine Form von totalitärer Expertokratie hinaus (Lindemann 2008, 2009a, 2009b). Unter anderem in einem Diskussionsbeitrag in dem Themenheft „Politische Ökologie" der *Zeitschrift für Kulturwissenschaften* identifiziert sie Latours *Parlament der Dinge* als eine Theorie der Mobilisierung „eine[r] umfassende[n] Expertenrunde" aus verschiedenen Berufsständen zur Regierung eines „regional begrenzten staatlich supervidierten Vaterlands-Kollektivs" (Lindemann 2009: 116, vgl. 2008: 356). Politik spiele sich also im Rahmen von Nationalstaaten ab und sei durch expertokratische Problembearbeitung und damit durch einen Mangel an demokratischer Deliberation und politischer Dezision gekennzeichnet. Lindemanns Interpretation wurde bereits in jenem Heft der *Zeitschrift für Kulturwissenschaften* von einer Reihe Diskutant*innen kritisiert und als eher nicht plausibel verworfen (vgl. Gießmann et al. 2009). Trotz Latours vielfältiger Bezugnahmen auf Hobbes *Leviathan* (vgl. Harman 2014, Brown 2017, Schölzel 2019b) bildet der Staat mitnichten den Rahmen für Latours nichtmodernes Politikmodell der Kollektivierung, und Expertentscheide, oder genauer: Alle technokratischen Versuche hält Latour schlicht für die „übelsten Mischungen von Wissenschaft und Politik", die die Moderne hervorgebracht hat (Latour 2010: 255). Lindemann reaktiviert mit ihrer Lesart also das typisch moderne Denken in den Registern der Natur (in Form von wissenschaftlicher Expertise) und der Gesellschaft (in Form des Staats als privilegiertem Container), während Latours ganzes Trachten darauf zielt, dieses Denken zu ersetzen.

Laux diskutiert auch Thomas Lemkes Interpretation (Lemke 2010). Ähnlich wie Lindemann bezieht auch er sich hauptsächlich auf *Das Parlament der Dinge*, allerdings erkennt er bei Latour eine theoretische „Kreuzung aus Habermas und Dewey", die das Öffentlichkeitsdenken um den Einbezug nicht-menschlicher Akteure erweitert habe. Für seine Diagnose geht er vor allem Latours spärlichen Bezügen zu Habermas detailliert nach, die seine Lesart plausibilisieren (vgl. ebd.: 289, FN 15). Auf der anderen Seite legt Lemke Latours beinahe ebenso spärliche Bezugnahmen auf Carl Schmitt und dessen Konzept des Feindes, die eine ganz andere Interpretation des *Parlaments der Dinge* möglich erscheinen lassen, überraschend schnell zu den Akten. Zwar sieht er klar, dass Latour die Probleme der inneren Zusammensetzung eines Kollektivs an die Frage der Öffentlichkeit bindet und die Figur des Feindes am äußeren Rand des Kollektivs auftaucht. Doch „[d]iese dualistische Konzeption eines äußeren Antagonismus und innerer Harmonie kann nicht überzeugen" (ebd.: 288). Entsprechend kommt er zu dem Fazit, in Latours „theoretische[m] Haus" bleibe „die politische Dimension [der] Naturpolitik unterentwickelt" (ebd.: 289, 290), womit Lemke vor allem die inneren strukturellen oder materiellen Konflikte moderner Gesellschaften, etwa Kapitalismus, Sexismus, Rassismus o.ä., nicht adressiert findet. In Lemkes Lesart wird Latours Konzept mit anderen Worten auf eine „erweitert[e] Diskursethik" reduziert (Lemke 2010: 289). Lemkes Fokus auf die diskursive Dimension der latourschen Theorie kommt auch in der anscheinend widersprüchlichen Kritik zum Ausdruck, dass Latour das Problem der ausschließlich auf Menschen begrenzten sprachlichen Artikulationsfähigkeit ausgeblendet habe, was zu einer Schieflage des Ansatzes zugunsten derselben führe. Lemkes Lesart lautet, man könne in Latours Entwurf den Dingen „allein über apparative Vorrichtungen, materielle Experimentaltechniken und diskursive Repräsentationssysteme" begegnen, und Latour habe „den Kontakt zur Erde verloren" (ebd.: 284, 290). Mit Latour wäre dazu zu sagen, dass Kontakt zu nicht-menschlichen Entitäten in der Tat über verschiedenste Mittler und niemals unvermittelt stattfindet und dass dies selbstverständlich die Erde einschließt. Den Blick genau auf diese Mittler und ihre Beiträge zur Zusammensetzung von Kollektiven gelenkt zu haben, die in den Sozialwissenschaften sonst eher ausgeblendet oder als passive Objekte missverstanden werden, dürfte das wissenschaftliche Hauptverdienst Latours und seiner Kolleg*innen sein.

Ein weiterer wichtiger Debattenbeitrag, den Laux noch nicht berücksichtigen konnte, stammt von Oliver Marchart, der Latour in seinem Buch *Das unmögliche Objekt* diskutiert (Marchart 2013: 129-165). In engem Anschluss an sein früheres Buch *Die politische Differenz* stellt Marchart die Frage nach dem Denken einer grundlegenden Konfliktualität jeder Gesellschaft, d.h. nach einer politischen Ontologie des Antagonismus, für die verschiedene Sozialtheorien als Zeugen herbeigerufen werden. Vor allem in Auseinandersetzung mit Latours Buch *Eine neue Soziologie für eine neue Gesellschaft* (Latour 2007) schreibt er, Latour suspendiere mit seinem Insistieren, dass in Akteur-Netzwerken prinzipiell alles mit allem verbunden werden könne, „das Problem dualistischer Gesellschaften als Problem" und Latours Theoriearchitektur bleibe blind für das ontologische Problem eines Antagonismus am Grund jeder Gesellschaft, da er den Begriff der Gesellschaft selbst „in eine Mannigfaltigkeit heterogener, aber doch kommensurabler Gesellschaften" auflöst (Marchart 2013: 164). Zwar wird Latour hier als Theoretiker politischer Assoziationen gleichsam beim Wort genommen – er plädiert ja selbst für eine „Soziologie der Assoziationen" bzw. für eine „Assoziologie" (Latour 2007: 23). In deutlichem Unterschied zu Lindemanns oder Lemkes Interpretationen erkennt Marchart bei Latour allerdings keine Theorie der Expertokratie und auch keine Diskursethik à la Habermas, sondern eher ein Denken von Assoziationen im Sinne deleuzianischer Mannigfaltigkeiten und Rhizome. Dementgegen plädiert Marchart allerdings für eine seines Erachtens notwendige theoriepolitische Entscheidung zugunsten eines Denkens von grundlegenden

Antagonismen bzw. einer politischen Ontologie als wirksame Ausgangs-
punkte für die Herausbildung von Gesellschaften, für die Latours Ansatz
prinzipiell blind bleibe.

Das Politische als politische Ontologie zu denken, wie es Marchart vorschlägt, zielt auf eine grundlegende Ebene der sozialen Wirklichkeit, die
mit Fragen nach konkreten politischen Formen der Problembearbeitung
oder Problemlösung oder mit einer argumentativen Bezugnahme auf Diskurse oder symbolische Interaktionen und auch mit einer scheinbar ganz
an den Oberflächen der Wirklichkeit verbleibenden Assoziologie der Akteur-Netzwerke nicht adressiert wird. Jedoch gebraucht auch Latour bzw.
die ANT den Begriff der Ontologie, bspw. wenn von „[v]ariable[n] Ontologien" (Latour 2008: 114) oder von „[o]ntological politics" (Mol 1999) die
Rede ist. Im Kern geht es bei dieser Rede darum, dass die ANT im Plural
gedachte Wirklichkeiten und ihre Elemente für tiefgreifend veränderlich
hält (hinsichtlich ihrer Wesenheiten in einem ontologischen Sinne), und
sich entsprechend politische Fragen nach der Herausbildung zukünftiger
Wirklichkeiten stellen, die bis in die „building blocks of reality" hinein
reichen (ebd.: 75). Da solche Fragen aus sich heraus Streitfragen sind,
spielen in diesem Zusammenhang sowohl Fragen der Ontologie als auch
Fragen des Konflikts eine wichtige Rolle für Latours Politikverständnis
(vgl. Schölzel 2019a).

Wie bereits angedeutet, sind trotz der dominierenden Interpretationen,
die Latour am ehesten als Denker eines assoziologischen Politikverständnisses oder eines assoziativen Politischen vorstellen, dessen explizite Bezugnahmen auf Carl Schmitt seit langem offenkundig und sie intensivieren
sich im Verlauf der letzten zwanzig Jahre deutlich. Schmitt gilt jedoch als
der prominenteste Denker eines dissoziativen Politischen (vgl. Marchart
2010). Vor allem Niels Werber hat zuletzt eine pointierte, an den Spuren
des dissoziativen Denkens orientierte Interpretation der latourschen politischen Theorie unternommen, wobei er sich vor allem auf dessen neuere
Publikationen, insbesondere auf *Existenzweisen* und auf das Urmanuskript
der unter dem Titel *Facing Gaia* gehaltenen Vorträge an der Universität
Edinburgh stützt, die Latour später in stark überarbeiteter Fassung noch
einmal veröffentlichte (vgl. Werber 2016; vgl. Latour 2013, 2014, 2017).
Latour sei, so spitzt Werber zu, „zu einer dezisionistischen, bellizistischen
und totalen Theorie des Politischen im Zeichen des Anthropozäns" ge-
langt (Werber 2016: 267). In der Tat interessiert sich Latour bereits in
den früheren Schriften seit *Das Parlament der Dinge* für Schmitt und dabei
vor allem für dessen Konzept des Feindes. Darauf bzw. auf die Intensivierung dieser Bezugnahmen stützt Werber seine Interpretation maßgeblich.
Gegen Werbers Lesarts spricht, dass Latour Schmitt nur in „der richtigen

Dosierung" ins Spiel seiner Argumentation einbringen möchte (Latour 2017: 373), d.h. er zitiert dessen Konzept des Feindes nur insofern, als damit Konflikte denkbar werden, „die weder durch eine im voraus getroffene generelle Normierung, noch durch den Spruch eines ‚unbeteiligten‘ und daher ‚unparteiischen‘ Dritten entschieden werden können" (Schmitt 1963: 27; vgl. Latour 2017: 398). Kurz: Latour geht es darum, dass umstrittene Problemlagen politisch entschieden werden müssen (d.h., dass sie nicht technokratisch prozessiert oder deliberativ ausdiskutiert werden oder sich in Mannigfaltigkeiten auflösen). Werber schließt diesen Aufruf zu einem politischen Dezisionismus allerdings mit einem vermeintlichen Bezug zum schmittschen Dezisionismus kurz (Werber 2016: 275), der Latours reduzierte Bezugnahmen auf den „Nazi-Juristen", den „toxischen und gleichwohl unentbehrlichen" Schmitt ignoriert (Latour 2017: 386, 388).

Den Modus politischer Entscheidungen knüpft Latour gerade nicht an Schmitts Überlegungen zum Feind, sondern er bringt dafür unter Bezugnahme auf Lippmann (den Latour auch als „demokratischen Schmitt" bezeichnet; Latour 2008a: 15) ein pragmatisches Verständnis von politischen Öffentlichkeiten ins Spiel. Ad hoc versammelte Öffentlichkeiten sind für Latour jene Instanzen, die solche Problemlagen entscheiden können bzw. sollen. Die Dezision, die man mit Schmitt als einen „Moment extremer Stärke, der sich per Definition jeder Rechtfertigung entziehen soll," verstehen muss, erweist sich bei Latour mit Lippmann als ein „Moment extremer Schwäche, der für alle die Notwendigkeit der Rechtfertigung *erhöhen* soll" (Latour 2008a: 15, Herv. i. O.). Intensive, womöglich existenzielle Konflikte ins Auge zu fassen, zielt bei ihm also auf ein ziviles, öffentliches Entscheidungsverfahren und nicht darauf, einen mit Schwert und Feuer ausgestatteten Souverän (vermeintlich) herbeizureden. Zudem ergänzt Latour dieses Verständnis unter Bezugnahme auf John Deweys Öffentlichkeitstheorie um die Idee eines demokratischen Experimentalismus, wobei Latour keinen der beiden, weder den demokratischen Experimentalismus noch den demokratischen Dezisionismus über den jeweils anderen stellen will (ebd.: 44). Eher als auf eine „Totalisierung" des Kriegs oder der Feindschaft (Werber 2016: 274), zielt Latour also auf eine Diversifizierung der Konflikte und Konfliktlinien, durch die sich überlappende Kollektive in variablen und ad hoc veränderlichen Verbünden zusammenschließen oder trennen (vgl. Schölzel 2019c).

In einem solchen zivilen Sinne ist auch Latours Konzept der Diplomatie zu verstehen, womit er eine Übersetzungsarbeit am Rande eines bereits gebildeten Kollektivs meint, d.h. dort, wo (vorläufig) inkommensurable Kollektive als sogenannte Feinde in Kontakt treten. Diplomatie ist für

Latour eine spezifische Funktion in seinem Politikmodell des Parlaments der Dinge und zugleich eine Charakterisierung der eigenen Arbeit als Anthropologe (sowie seiner Idee einer erneuerten Anthropologie im Allgemeinen), die zwischen Kollektiven Übersetzungsleistungen erbringt (vgl. Latour 2010: 262-272). Der Diplomat aber ist kein Experte mit Faktenwissen (und schon gar kein Technokrat), sondern er „gehört immer einer Konfliktpartei an" (ebd.: 266) und stellt seine Aussagen in der Öffentlichkeit zur Debatte (Latour 2014: 39, 647). Seine „Kunst der Diplomatie" ist eine Form des demokratischen Experimentalismus (Latour 2010: 262, 264). Während Öffentlichkeiten also über die Aufnahme von Entitäten und über die genaue Zusammensetzung des künftigen Kollektivs entscheiden sollen, dient die Diplomatie der Beziehungspflege am Rande von Kollektiven, dort wo existierende, inkommensurable Kollektive oder Entitäten in Erscheinung treten, sich behaupten und möglicherweise abgrenzen bzw. wo eine gemeinsame Welt erst erzeugt werden muss (vgl. Dos Reis 2019).

3. Latours Überwindung der vier Repertoires des modernen Denkens

Kurz zusammengefasst (und sehr zugespitzt) lauten die vier noch einmal einzeln betrachteten Interpretationen folgendermaßen: Gesa Lindemann findet bei Latour keine bzw. eine typisch moderne begrenzte Politik, Thomas Lemke findet eine auf das Diskursive begrenzte Variante assoziologischer Politik, Oliver Marchart vermisst das dissoziative Politische im Sinne eines grundlegenden Antagonismus und Niels Werber findet eine radikale und entgrenzte Form gerade dieses dissoziativen Politischen bzw. der modernen souveränen Politik.

Man könnte nun vermuten, dass es sich angesichts der Bezugnahmen auf verschiedene Werke oder Werkphasen Latours um vier Interpretationen handelt, die unterschiedliche politische Theorien Latours in den Blick nehmen, dass das Disparate also in der Arbeit Latours zu finden ist und nicht in ihren Interpretationen. Wenn eine solche Sicht auch nicht gänzlich von der Hand zu weisen ist, und man bei Latour über die verschiedenen Schriften und Jahre Entwicklungen seiner politischen Theorie mit deutlich unterschiedlichen Schwerpunktsetzungen und auch argumentativen Lücken ausmachen kann, so möchte ich die These vertreten, dass die Elemente letztlich doch zu so etwas wie einer politischen Theorie zusammenzufügen sind. Dieses Modell möchte ich im folgenden Schritt rekonstruieren. Um dorthin zu gelangen, möchte ich zunächst eine Einordnung der vier skizzierten Interpretationen anbieten, die sie als Varianten des modernen Denkens charakterisiert, das Latour überwinden und in veränderter Weise in seine Theorie integrieren will. Es lässt sich zeigen, dass alle vier jeweils bestimmte argumentative Schlagseiten aufweisen, in denen man mit Latour die vier sogenannten „Repertoires" des modernen Denkens wiederfinden kann (vgl. Latour 2008: 118-121). Latour greift für seine Akteur-Netzwerk-Theorie alle vier Repertoires auf und baut sie in überarbeiteter, nichtmoderner Form darin ein.

Gesa Lindemann, die bei Latour ein Plädoyer für die Unbestreitbarkeit expertokratischen Wissens entdeckt und zugleich den Staat als Container politischer Kollektive darstellt, und Niels Werber, der bei Latour ein Plädoyer für die Leidenschaften, Kämpfe und Dezisionen in Ausnahmesituationen ausmacht, entwickeln dabei interpretative Schlagseiten, die Latour womöglich als Spiegel der modernen Unterscheidung von Natur und Gesellschaft verstehen würde. Die Natur und ihre (Natur-)Wissenschaft bilden für Latour eine „Regierungshälfte" der Modernen (Latour 2008: 40), in der objektive Tatsachen mobilisiert werden, um die Politik expertokratisch zu entmachten. Die Gesellschaft und ihre Politik (mit dem staatlichen Souverän als *dem* Sinnbild der modernen Politik) bilden die andere „Regierungshälfte" der Modernen, in der letztlich unbegründbare Leidenschaften und Interessen oder auch Kulturen kollidieren können und in der solche Konflikte souverän entschieden werden. Während Lindemann mit ihrem Rekurs auf Expertenwissen und den Container-Staat beide Regierungshälften zugleich mobilisiert, entgrenzt Werber die Prinzipien der modernen Regierungshälfte der Politik, in der Entscheidungen souverän gefällt und durchgesetzt werden, zu einem totalen Dezisionismus. Thomas Lemke, der bei Latour eine auf materielle Entitäten ausgedehnte Diskursethik entdeckt, und Oliver Marchart, der bei Latour das Denken eines grundlegenden, ontologischen Antagonismus des Politischen vermisst, neigen jeweils einer der beiden modernen Repertoires des Diskurses und des Seins zu. Während für Latour im modernen Denken Diskurse (sowohl im Sinne von symbolischen Interaktionen oder Kommunikationen als auch im Sinne von Wissensregimen) als etwas verstanden werden, das sich als eine symbolische Schicht gleichsam über die Dinge legt, ist das Sein etwas, das die moderne Philosophie als eine gleichsam unterhalb des Seienden verborgene Schicht versteht – die Diskurse sprechen *über* die Dinge und das Sein liegt dem Seienden *zugrunde*. Natur und Gesellschaft, Diskurs und Sein – das sind die vier Repertoires des modernen Denkens, die Latour in seiner nichtmodernen Theorie miteinander verbinden will (Latour 2008: 118-121).

Abbildung 1: Latours vier Repertoires des modernen Denkens als Schlagseiten des modernen politischen Denkens.

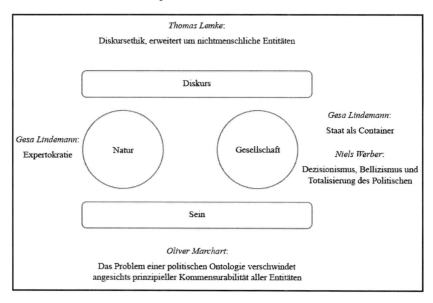

Eines von Latours Hauptargumenten lautet, dass das moderne Denken Unterscheidungen trifft, die den in der Praxis ständig produzierten Vermischungen nicht nur nicht gerecht werden, sondern diese verdecken und ihre Produktion erleichtern, indem sie sie gleichsam unsichtbar bzw. undenkbar oder unsagbar machen. Ein Anliegen der Akteur-Netzwerk-Theorie besteht vor diesem Hintergrund darin, bessere Beschreibungen für die hybriden Netzwerke der Praxis zu erarbeiten. Um dies zu bewerkstelligen, ersetzt Latour die vier Repertoires des modernen Denkens durch anders zu verstehende Konzepte, die jeweils verschiedene Blickwinkel auf hybride Akteur-Netzwerke eröffnen.

Dass Latour die Differenz von Natur und Gesellschaft ersetzen will, gehört zu seinen am meisten bekannten Theorieelementen. Stattdessen spricht Latour bevorzugt von hybriden Akteur-Netzwerken oder von Kollektiven aus menschlichen und nichtmenschlichen Wesen, die in vielfältigen Verkettungen miteinander verknüpft seien. Anklänge an die alte Unterscheidung findet man aber dennoch weiterhin, vor allem in Begriffen wie „Quasi-Objekt" und „Quasi-Subjekt", die Latour von Michel Serres übernimmt (vgl. Serres 1987) und mit denen jeweils hybride Verkettungen gemeint sind, deren Akzent auf nichtmenschlichen oder auf menschlichen

Entitäten liegt. Auch für die Repertoires des Diskurses und des Seins bietet Latour Ersatz an. Anstatt von Diskursen zu sprechen, taucht bei ihm das Konzept der Artikulation auf, womit er „die zwischen [zunächst unverbundenen Entitäten, d.h. Propositionen] hergestellte Beziehung" meint (Latour 2002: 172; vgl. 2014: 214). Es geht mit anderen Worten darum, entsprechend welcher Ordnung (oder Ordnungsmuster) ein Akteur-Netzwerk zu einem gut zusammengesetzten Ensemble verknüpft wird. Den Begriff „Artikulation" verwendet Latour dabei „sowohl für die Welt als auch für die Worte", denn, so schreibt er, „[w]enn wir auf eine artikulierte Weise sprechen, dann deshalb, weil die Welt, auch sie, aus Artikulationen [...] besteht" (Latour 2014: 217). Im Konzept der Artikulation wird also das Denken in Diskursen oder Diskursordnungen mit Ordnungen der Dinge und mit (menschlichen) Figurationen fusioniert (vgl. Latour 2008: 12; 2007: 93-102).

Das Sein ordnet Latour in seine Systematik neu ein, indem er schreibt, „Heidegger [...] und seine Epigonen" würden sich „täuschen", wenn sie es gleichsam unter dem Seienden verborgen vermuten und meinten, „Sein [könne] nicht in gewöhnlichen Wesen, im ‚Seienden', liegen" (Latour 2008: 88). Für Latour findet sich das Sein dagegen in das konkrete Seiende eingelagert. Er schreibt, „[d]ie Netze sind voller Sein", das Sein sei „überall im Seienden verstreut" (ebd.: 89), oder genauer noch „die ontologische Differenz" zwischen dem Sein und dem Seienden sei „auf das Seiende verteilt" (ebd.: 118). Latours nichtmoderner Ersatz für das Sein ist das Konzept der Existenzweisen, womit er insbesondere verschiedene, als Ontologien bezeichnete Wesenheiten oder Zirkulate in Akteur-Netzwerken meint. Latour konzipiert Existenzweisen nicht im Sinne einer Substanzontologie als etwas Unveränderliches, sondern er spricht von „[v]ariable[n] Ontologien" (ebd.: 114). Im Buch *Existenzweisen* unterscheidet er daher ein Verständnis von (Substanz-)Ontologie (im Singular), das er „Sein-als-Sein" nennt, von einem „Sein-als-Anderes", das gleichsam eine doppelte Idee variabler Ontologien zum Ausdruck bringt (Latour 2014: 239). „Wesen mit noch offenem ontologischen Status" (ebd.: 238) würden erst in Verbindung mit anderen Entitäten ihre Ontologie ausbilden und ihre veränderlichen Wesenheiten ließen sich „als Ereignisse und Bahnen" nachzeichnen (Latour 2008: 117). Wesen oder Entitäten selbst stellt Latour also als veränderlich vor. Ihre Verknüpfungen in Akteur-Netzwerken können dabei auf unterschiedliche Weise geschehen, so dass „es wohl mehrere Modi des Seins geben" müsse (Latour 2014: 241), d.h. verschiedene, distinkte Seins- oder Existenzweisen, in denen sich Wesenheiten artikulieren können. Mit seinem Begriff der Existenzweisen versucht Latour diese variablen und multiple Modi des Seins, die in Akteur-Netzwerken zirkulieren, zu erfassen.

Abbildung 2: Latours Überwindung der vier modernen Repertoires durch neue Konzepte.

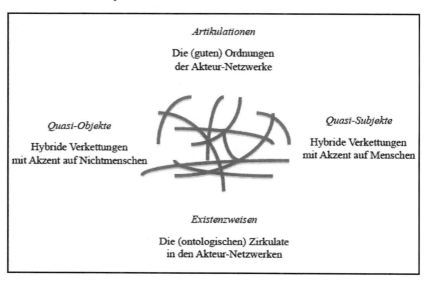

4. Eine Skizze des latourschen Politikmodells

Wie konzipiert Latour vor diesem Hintergrund Politik und das Politische? Zunächst lässt sich sein gesamtes Werk als tiefgreifend wissenspolitisch motiviert verstehen (vgl. Buhr 2019). Seine Version der Akteur-Netzwerk-Theorie lässt sich von Beginn an als ein Versuch interpretieren, das seines Erachtens herrschende gesellschaftliche Selbstverständnis und damit die Verfahren und Institutionen der westlichen Moderne zu befragen und über das Mittel ihrer Neubeschreibung neu zu justieren (vgl. bspw. Callon/Latour 2006; Schölzel 2019b). Vor diesem Hintergrund entwickelt Latour sowohl seine Kritik an dem Politikverständnis der Moderne als auch sein eigenes nichtmodernes Politikmodell. Spricht Latour in seinem nichtmodernen Sinn von Politik, dann meint er damit in der Regel nicht etablierte politische Institutionen oder ein politisches System, sondern er bindet seine Überlegungen vor allem an ein spezifisches Verständnis von Öffentlichkeitsprozessen, d.h. die kontroverse Diskussion von Streitsachen oder eine sogenannte „Dingpolitik" (Latour 2005), sowie an eine (experimentelle) Suche nach Wegen zur Komposition künftiger Kollektive. Politische Streitfragen drehen sich nicht nur um Probleme eines (vermeintlich) rein menschlichen Zusammenlebens (das entspräche dem modernen Politikverständnis), sondern die ANT entgrenzt den politischen Streit insofern, als alle Elemente der (sozialen und materiellen) Wirklichkeit als nicht unumstritten und damit als nicht feststehend aufgefasst werden. In diesem Sinne ist die Dingpolitik als „ontologische Politik" zu verstehen (vgl. Mol 1999).

Politik in diesem Sinne meint damit die sich einem Kollektiv stellende politische Frage des Umgangs mit neuen Entitäten, die es irritieren. Diese lässt sich in mehrere Teilfragen aufspalten, etwa folgende: Soll die Entität aufgenommen oder ausgeschlossen werden? Welche Konflikte treten dabei auf bzw. wo genau liegen die Konfliktlinien? Welche Position im Verhältnis zu bereits etablierten Entitäten soll sie einnehmen? Wie verändert sich das gesamte Ensemble? Wie kann das Ensemble stabilisiert werden? Welches Bild kann das neue/alte Ensemble gut erfassen? Etc. Für die Aufnahme oder den Ausschluss und für die genaue Positionierung von Entitäten zu einem Kollektiv ist die Eigenschaft der prinzipiell variablen und deshalb im Zeitverlauf veränderlichen Ontologien entscheidend, denn sie ermöglicht es, ein gesamtes Akteur-Netzwerk prinzipiell neu zu sortieren bzw. neu zusammenzusetzen. Nichts ist mit anderen Worten ein für alle Mal festgestellt. Inkommensurabilität oder Kommensurabilität werden nicht mehr als einander ausschließende Alternativen auf Grundlage ontologischer Merkmale, sondern als unterschiedliche Effekte der Hervorbringung von Kollektiven im Verlauf verschiedener möglicher Entwicklungsbahnen betrachtet.

Öffentlichkeitsprozesse werden bei Latour dabei in zwei unterscheidbaren Hinsichten relevant, die sich aber zu einem gemeinsamen Prozess verbinden (sollen). Erstens geht es, wie erwähnt, um die Entscheidung über Aufnahme oder Ausschluss und Positionierung von Entitäten, die in einem bestimmten Abschnitt der Verlaufskurve der Entität/des Kollektivs öffentlich vollzogen wird. „To make a thing public" bildet innerhalb der Trajektorie „only a moment in the life of an issue, an intense and uncertain episode to be sure, but neither the first nor its most final" (Latour 2007: 818). Die Artikulation des Kollektivs im Sinne einer (guten) Positionierung jeder beteiligten Entität und ihrer Verbindung zu einem Kollektiv wird ergänzt um die dafür notwendigen politischen Sprechakte. Latour beschreibt diese Sprechakte als „Krümmung" der öffentlichen Rede, als „verdrehte Worte" oder auch als „Spin" (Latour 2010: 193-194, 2014a: 6). Die Leistung der politischen Rhetorik besteht für Latour im spezifischen

Verknüpfen eines Kollektivs, nämlich „[i]t aims to allow to exist that which would not exist without it: the public as a temporarily defined totality" (Latour 2007a: 148). In *Das Parlament der Dinge* wird eine ähnliche Leistung als „Szenarisierung des Kollektivs" bzw. als „provisorische Einheit der Hülle des Kollektivs" beschrieben (Latour 2010: 191 u. 208). Später spricht Latour dann beispielsweise von „to trace a group into existence [...] by surrounding them, grasping them, re-grasping them, reproducing them, over and over again, by ‚lassoing' them, enveloping them, in the curve of political talk" (Latour 2007a: 148) oder auch von „eine[r] Hülle [...], die eine Zeitlang das ‚Wir' definiert, die Gruppe auf dem Weg der Selbsthervorbringung" (Latour 2014: 464). Für die gute Herausbildung eines Kollektivs müssen beide Aspekte, die Positionierung von Entitäten zu einem guten Netzwerk und die sprachliche Artikulation des Ensembles gleichsam ineinander fallen.

Auf der anderen Seite impliziert ein rhetorischer Zusammenschluss notwendig den Ausschluss nicht integrierter Entitäten, die dann womöglich als Feinde in Erscheinung treten. Latour bindet die Frage *wieviele* Entitäten von Ein- oder Ausschluss betroffen sind daran, wie langsam oder wie schnell die Kollektivbildung voranschreitet (ebd.: 469). Für die Annahme, dass solche Ausschlüsse gänzlich vermieden werden könnten, findet man bei ihm keine Hinweise. Das Schicksal eines ganzen Kollektivs in der Geschichte beschreibt Latour schließlich als „Lernkurve" (Latour 2010: 254-251). Diese Vorstellung verknüpft er mit der Idee, dass ein Kollektiv die Qualität seiner Komposition im Zeitverlauf beurteilen können soll. Mithilfe solcher Beurteilungen können „durch ein explizites Externalisierungsverfahren" Entitäten ausgeschlossen werden und kann eine „Definition des Feindes" erfolgen (ebd.: 168 u. 260). Es sind also neben Assoziationen eines Kollektivs auch Dissoziationen denkbar, d.h. Trajektorien von Entitäten aus einem Kollektiv heraus sowie die Szenarisierung eines Kollektivs im Sinne eines rhetorischen Ausschlusses.

Die Kreismetaphern, die Latour gebraucht, um politische Prozesse zu beschreiben, d.h. die Semantik der Umhüllung oder der Kurve bzw. der Krümmung weisen auf die allgemeine Ordnung oder Artikulationsform einer politischen Verknüpfung von Akteur-Netzwerken hin, die er an verschiedenen Stellen als „politischen Kreis" beschreibt (Latour 2014: 463). Das Politische konzipiert Latour als einen bestimmten Modus des Seins, d.h. als ein spezifisches Zirkulat in den Netzwerken. Jede Existenzweise ist für Latour durch drei Merkmale definiert, nämlich eine explizite Form des Wahrsprechens, eine Trajektorie und einen Typ von Hiatus, d.h. eine Lücke, die überwunden werden muss, wenn Entitäten miteinander verknüpft werden (Latour 2014: 477). Im Fall des Politischen handelt es sich dabei, wie skizziert, (1) um ein Sprechen, durch das ein Kollektiv sich zeitweise eine einheitliche Gestalt verleihen kann und sich selbst erkennt – d.h. alle Varianten „„wir' zu sagen" (ebd.: 479), (2) um eine gekrümmte Verlaufskurve involvierter Entitäten, in der ein Kollektiv sich selbst zusammensetzt und nach außen abschließt – d.h. seine „Autonomie" oder „Freiheit" begründet (ebd.: 477), und (3) um eine zweifache politische Diskontinuität, nämlich (a) eine zeitliche Diskontinuität zwischen zwei Zuständen einer Entität bzw. eines Kollektivs und (b) eine Diskontinuität zwischen den nur seltsam krumm miteinander verbundenen Entitäten eines Kollektivs – eine Verknüpfung, die Latour für weitaus instabiler hält als andere Akteur-Netzwerk-Verbindungen (ebd.: 463). Latour verortet überall in den Zonen zwischen allen beteiligten Entitäten Brüche, die übersprungen werden müssen, um ein Kollektiv politisch hervorzurufen. An den Rändern der Kollektive können sich diese zwischen allen Entitäten vorhandenen Brüche zu echten Inkommensurabilitäten auswachsen. Der Unterschied zwischen dem Innen und dem Außen eines Kollektivs besteht also darin, dass im ersten Fall durch politische Arbeit Kommensurabilität konstruiert, während im zweiten Fall Inkommensurabilität hergestellt wird.

5. Schluss: Latour und das Denken der politischen Differenz

In Hinblick auf die Frage nach der politischen Differenz zwischen dem Politischen und der Politik wird deutlich, dass das Politische für Latour nichts ist, was gleichsam unterhalb einer Gesellschaft dieser zugrunde liegt, sondern etwas, das in den Netzwerken zirkuliert – es ist ein bestimmter, d.h. politischer Modus des Seins und ist als ein prozeduraler oder „dynamische[r] Begriff des Politischen" angelegt (vgl. Brodocz 2007). Es ist eine spezifische Weise, Akteur-Netzwerke zu verknüpfen, die Latour mit einem besonderen politischen Sprechen, mit spezifischen Trajektorien oder Verlaufskurven von Entitäten und Kollektiven sowie mit besonderen politischen Diskontinuitäten verbindet – und die nicht notwendig mit bestimmten Institutionen, institutionalisierten Verfahren oder einem vorgestellten System der Politik zusammenfällt.

Wie gezeigt wurde, ist ein politisches Kollektiv in Latours Sinn kein unproblematischer, nur von kommensurablen Entitäten bevölkerter Verbund. Es kann sich nicht auf eine gemeinsame, von allen geteilte Grundlage stützen – nicht einmal auf die Annahme, dass es keine Grundlage gibt. Gleichwohl hängt ein solches Kollektiv nicht als „Mobile" frei im Raum (vgl. Marchart 2013: 333), sondern es ist „auf Treibsand" gebaut

(Latour 2007: 47). Dennoch kann Latours politisches Denken als postfundamentalistisch verstanden werden. Antagonismen lassen sich in diesem Verständnis als konstruierte Antagonismen begreifen, die sich gleichwohl nicht vollkommen umgehen lassen. Latour fixiert Antagonismen nicht am Grund der Gesellschaft, sondern verschiebt das Problem hin zum Rand bzw. in die Zwischenräume der Kollektive, die themenzentriert entstehen, die sich deshalb vielfältig überlappen können und die mit Container-Metaphern oder einem zweidimensionalen Raumverständnis keinesfalls adäquat erfasst werden können. Die Frage nach Antagonismen verschiebt sich damit auch hinaus aus der politischen Philosophie oder der politischen Ontologie. Im Sinne einer empirischen Philosophie scheint Latours Ansatz besonders geeignet zu sein, die Fragen nach Assoziation und Dissoziation bzw. nach politischen Antagonismen als empirische Fragen zu formulieren. Genauso wie die Gestalt der kommenden Kollektive offen ist, sind auch die Formen künftiger antagonistischer Konstellationen prinzipiell offen. Sie liegen nicht am Grund der Gesellschaft verborgen, sondern werden als Effekte spezifischer politischer Arbeiten des Verbindens und Trennens in Erscheinung treten.

Literaturverzeichnis

Brodocz, André 2007: Politische Theorie und Gesellschaftstheorie. Prolegomena zu einem dynamischen Begriff des Politischen. In: Buchstein, Hubertus/Jörke, Dirk (Hg.), *Politische Theorie und Politikwissenschaft*. Wiesbaden, S. 156-174.

Brown, Mark B. 2017: Speaking for Nature: Hobbes, Latour, and the Democratic Representation of Nonhumans. In: *Science & Technology Studies* 31(1), S. 31-51.

Buhr, Lorina 2019: Latours politische (Meta-)Philosophie und der Machtbegriff. In: Schölzel, Hagen (Hg.), *Der große Leviathan und die Akteur-Netzwerk-Welten. Staatlichkeit und politische Kollektivität im Denken Bruno Latours*. Baden-Baden, S. 115-140.

Callon, Michel/Latour, Bruno 2006: Die Demontage des Großen Leviathans: Wie Akteure die Makrostruktur der Realität bestimmen und Soziologen ihnen dabei helfen. In: Belliger, Andréa/Krieger, David J. (Hg.), *ANThology. Ein einführendes Handbuch zur Akteur-Netzwerk-Theorie*. Bielefeld, S. 75-101.

Dos Reis, Filipe 2019: Wir sind nie global gewesen. Latour, die Internationalen Beziehungen und die (Geo)Politik der Diplomatie. In: Schölzel, Hagen (Hg.), *Der große Leviathan und die Akteur-Netzwerk-Welten. Staatlichkeit und politische Kollektivität im Denken Bruno Latours*. Baden-Baden, S. 155-174.

Gertenbach, Lars 2016: Politik – Diplomatie – Dezisionismus. Über das Politische in den neueren Schriften von Bruno Latour. In: *Soziale Welt* 67(3), S. 281-297.

Gertenbach, Lars/Laux, Henning 2019: *Zur Aktualität von Bruno Latour. Einführung in sein Werk.* Wiesbaden.

Gertenbach, Lars/Opitz, Sven/Tellmann, Ute (Hg.) 2016: Themenheft: Bruno Latours neue politische Soziologie. In: *Soziale Welt* 67(3).

Gertenbach, Lars/Opitz, Sven/Tellmann, Ute 2016a: Bruno Latours neue politische Soziologie – Über das Desiderat einer Debatte. In: *Soziale Welt* 67(3), S. 237-248.

Gießmann, Sebastian/Brunotte, Ulrike/Mauelshagen, Franz/Böhme, Hartmut/Wulf, Christoph (Hg.) 2009: *Themenheft: Politische Ökologie. Zeitschrift für Kulturwissenschaften*, 2/2009.

Harman, Graham 2014: *Bruno Latour: Reassembling the Political.* London.

Kneer, Georg/Schroer, Markus/Schüttpelz, Erhard (Hg.) 2008: *Bruno Latours Kollektive. Kontroversen zur Entgrenzung des Sozialen.* Frankfurt/M.

Lamla, Jörn 2016: [POL] Die Politik der Moderne(n). In: Laux, Henning (Hg.), *Bruno Latours Soziologie der 'Existenzweisen'. Einführung und Diskussion.* Bielefeld, S. 79-94.

Latour, Bruno 2002: *Die Hoffnung der Pandora. Untersuchungen zur Wirklichkeit der Wissenschaft.* Frankfurt/M.

Latour, Bruno 2004: *Krieg der Welten – Wie wäre es mit Frieden?* Berlin.

Latour, Bruno 2005: *Von der Realpolitik zur Dingpolitik oder Wie man Dinge öffentlich macht.* Berlin.

Latour, Bruno 2007: *Eine neue Soziologie für eine neue Gesellschaft. Einführung in die Akteur-Netzwerk-Theorie*, Frankfurt/M.

Latour, Bruno 2007a: Turning Around Politics. A Note on Gerard de Vries' Paper. In: *Social Studies of Science* 37(5), S. 811-820.

Latour, Bruno 2008: *Wir sind nie modern gewesen. Versuch einer symmetrischen Anthropologie.* Frankfurt/M.

Latour, Bruno 2008a: Le fantôme de l'ésprit public. Des illusions de la démocracie aux réalités de ses apparitions. In: Lippmann, Walter (Hg.), *Le public fantôme.* Paris, S. 3-49.

Latour, Bruno 2010: *Das Parlament der Dinge. Für eine politische Ökologie.* Frankfurt/M.

Latour, Bruno 2013: *Facing Gaia. A New Enquiry Into Natural Religion.* https://www.giffordlectures.org/lectures/facing-gaia-new-enquiry-natural-religion. 05.10.2018.

Latour, Bruno 2014: *Existenzweisen. Eine Anthropologie der Modernen.* Berlin.

Latour, Bruno 2014a: Sollten wir nicht mal über Politik reden? In: *Trivium*, 16/2014. http://trivium.revues.org/4788. 17.04.2015.

Latour, Bruno 2017: *Kampf um Gaia. Acht Vorträge über das Neue Klimaregime.* Berlin.

Laux, Henning 2011: Das Parlament der Dinge. Zur Rekonstruktion einer Rezeptionsblockade. In: *Soziologische Revue* 34(3), S. 285-297.

Lemke, Thomas 2010: ,Waffen sind an der Garderobe abzugeben'. Bruno Latours Entwurf einer politischen Ökologie. In: Bröckling, Ulrich/Feustel, Robert (Hg.), *Das Politische denken. Zeitgenössische Positionen.* Bielefeld, S. 273-294.

Lindemann, Gesa 2008: ‚Allons enfants et faits de la patrie…'. Über Latours Sozial- und Gesellschaftstheorie sowie seinen Beitrag zur Rettung der Welt. In: Kneer, Georg/Schroer, Markus/Schüttpelz, Erhard (Hg.), *Bruno Latours Kollektive*. Frankfurt/M., S. 339-360.

Lindemann, Gesa 2009a: Bruno Latour – Von der Wissenschaftsforschung zur Expertokratie. In: *Zeitschrift für Kulturwissenschaften* 2/2009, S. 113-118.

Lindemann, Gesa 2009b: Kann die Öffentlichkeit totalitär sein? In: *Zeitschrift für Kulturwissenschaften* 2/2009, S. 145-151.

Marchart, Oliver 2010: *Die politische Differenz. Zum Denken des Politischen bei Nancy, Lefort, Badiou, Laclau und Agamben.* Berlin.

Marchart, Oliver 2013: *Das unmögliche Objekt. Eine postfundamentalistische Theorie der Gesellschaft.* Berlin.

Mol, Annemarie 1999: Ontological politics. A word and some questions. In: Law, John/Hassard, John (Hg.), *Actor-Network-Theory and after.* Oxford, S. 74-89.

Schölzel, Hagen 2019a: Michel Foucault und die Frage der politischen Ontologie(n). In: Marchart, Oliver/Martinsen, Renate (Hg.), *Foucault und das Politische. Transdisziplinäre Impulse für die politische Theorie der Gegenwart.* Wiesbaden, S. 235-254.

Schölzel, Hagen 2019b: Akteur-Netzwerk-Kollektive als Ausgang aus Hobbes *Leviathan*. Eine Einleitung in Bruno Latours Staats- und Politikverständnis. In: Ders. (Hg.), *Der Große Leviathan und die Akteur-Netzwerk-Welten. Staatlichkeit und politische Kollektivität im Denken Bruno Latours.* Baden-Baden, S. 9-27.

Schölzel, Hagen 2019c: Von der Illusion des Leviathan zum Phantom der Öffentlichkeit: Latours Arbeit an einem neuen Politikmodell. In: Ders. (Hg.), *Der große Leviathan und die Akteur-Netzwerk-Welten. Staatlichkeit und politische Kollektivität im Denken Bruno Latours.* Baden-Baden, S. 175-199.

Serres, Michel 1987: *Der Parasit.* Frankfurt/M.

Werber, Niels 2016: Der letzte Κατέχων oder: Das Übel der Differenzierung. Latour, Luhmann, Schmitt. In: *Soziale Welt* 67(3), S. 267-279.

Das Politische in der politischen Bildung

Werner Friedrichs

Das Interesse, das der Unterscheidung zwischen der Politik und dem Politischen in der politischen Theorie zuteilwird, findet in der politischen Bildung kaum Widerhall. Fast das Gegenteil ist der Fall. Die mit dem Ringen um das Politische verbundenen Einsätze erzeugen geradezu eine Abwehrhaltung. Orientierungsversuchen, die das Anregungspotential der Diskussion um die politische Differenz für die politische Bildung prüfen, wird eine klare Absage erteilt; sie werden sogar als unwissenschaftlich oder theoretisch zu wenig konturiert abgewiesen (vgl. Weißeno 2016, 2017). Diese Abgrenzungsbewegungen erstaunen zunächst, weil die Anziehungskraft der Unterscheidung zwischen der Politik und dem Politischen sich nicht zuletzt einer Problematisierung verdankt, zu der sich in der Diskussion innerhalb der Didaktik der politischen Bildung durchaus Parallelen ausweisen lassen. Allerdings zeigen sich bei genauerer Hinsicht deutliche Unterschiede in den Lesarten des Politischen.

Ein zentrales Motiv in der Diskussion um die politische Differenz haben Lacoue-Labarthe und Nancy (1983) unter dem Titel *Le Retrait du Politique* ausgewiesen. Der Rückzug des Politischen aus der Politik bestünde unter anderem darin, dass gesellschaftliche Einrichtungen als im gegebenen Sozialen begründet verstanden würden und damit der Moment der politischen Konstitution verschwinde (vgl. ebd.: 192ff.). Das gilt insbesondere dann, wenn das Soziale auf der Folie einer bereits ins Werk gesetzten Gemeinschaft gedeutet und damit jenseits einer politischen Gründung, einer „Politik der Gemeinschaft" (Böckelmann 2008), angesiedelt wird. Auf diese Weise wird dem Sozialen ein quasi-ontologischer Status zugeschrieben, die *politische* Instituierung des Sozialen mitsamt der darin verorteten konkreten sozialen Existenzen gerät aus dem Blick.[1]

---

1 Die möglichen didaktischen Konsequenzen eines solchen Denkens, wonach eine *politische* Gemeinschaft nur als „entwerkte Gemeinschaft" (Nancy 1988) denkbar ist, finden in der politischen Bildung – trotz des allerorts vernehmbaren pädagogischen Insistierens auf eine Logik des Gemeinschaftlichen – kaum oder nur sehr verzerrt Berücksichtigung; für eine mögliche theoretische Skizze vgl. Friedrichs 2011.

Eine auf den ersten Blick ähnliche Diagnose wird *aus* der Didaktik der politischen Bildung *für* die politische Bildung gestellt. Die Praxis des Politikunterrichts zeige, dass

> „Lehrerinnen und Lehrer, die ein Fach der politischen Bildung unterrichten, [...] eine starke Präferenz für einen Unterricht haben, der auf der Ebene der Lebenshilfe oder des sozialen Lernens angesiedelt ist [...]; sie tendieren dazu, dem Politischen im Unterricht auszuweichen" (Massing 1995a: 9).

Politikunterricht werde durch diese Rochade von Politik und Sozialem entpolitisiert, so dass es gelte, „Wege zur Überwindung unpolitischen Politikunterrichts" zu finden. Letztlich drohe das Proprium des Faches in den Allgemeinplätzen des Sozialen aufgelöst zu werden, sodass Sinn und Zweck politischer Bildung in Frage gestellt würden. Dem sei entgegenzuwirken: „Die Politikdidaktik braucht einen Politikbegriff, der [...] das Politische wieder ins Zentrum rückt." (ebd.: 15)

Trotz dieses Gleichklanges in zentralen Elementen der Diagnose – die Verdrängung des Politischen durch das der politischen Instituierung entzogene Soziale einerseits und die Transformation des Politikunterrichts in einen unpolitischen Gemeinschaftskundeunterricht durch die Fokussierung auf eine Lebenskunde andererseits – finden sich in der Diskussion um die Konzeption der politischen Bildung kaum Bezugnahmen auf die politische Differenz. Die Gründe dafür lassen sich schnell darin ausmachen, dass die theoretische Folie für die Debatte um das Politische nicht nur nicht geteilt wird, sondern sogar widerstreitende Vermessungen aufweist. Auf der einen Seite lassen sich im Diskurs der politischen Theorie mindestens fünf Fluchtlinien des Politischen ausmachen.[2] So ist (a) das Politische grundsätzlich dynamisch und subversiv zu denken. Der Fokus wird von der Stabilität demokratischer Ordnungen auf ihre jederzeit mögliche Infragestellung verschoben. Damit geht das Politische (b) nicht in einer positivierbaren institutionellen Politik auf, sondern ihr gewissermaßen voraus. Das heißt (c), nicht der Bestand der Politik wird in den Blick genommen, sondern ihre Genealogie. Der Ausgang der Entstehung von Politik wird dabei (d) nicht in der Abstimmungsnotwendigkeit (vorpolitisch) gegebener Subjekte gesehen; vielmehr sind diese immer schon ein

---

2 Ich beziehe mich im Folgenden auf die einleitenden Bemerkungen von Oliver Flügel-Martinsen vom 27.09.2017 anlässlich der dem Band zugrundeliegenden Tagung „Das Politische (in) der Politischen Theorie" an der Leibniz Universität Hannover.

Ergebnis politischer Prozesse. Schließlich wird (e) von der Notwendigkeit der (normativen) Begründung politischer Ordnungen umgestellt auf die Untersuchung der Bedingungen für und die Funktionsweise von Begründungsstrategien.

Die politische Bildung dagegen hält in ihren konzeptionellen Entwürfen an Grundannahmen fest, die diesen Einsätzen des Politischen keinerlei Rechnung tragen. So werden (1) die Begriffe des Politischen und der Politik überwiegend synonym verwendet und dabei eng an ‚realen‘ politischen Prozessen und Institutionen abgetragen. Die Entstehung und Herausbildung von Subjektivität wird (2) nicht konsequent in einen politischen Kontext gestellt, sondern in der Regel als von der politischen Konstitution einer Gesellschaft gegeben angenommen. In diesem Zusammenhang ist es theoretisch konsequent, dass (3) überwiegend von Lernprozessen und nicht von Bildungsprozessen ausgegangen wird, die (4) wissens- und nicht sinnbasiert verlaufen. Das heißt es geht um das Übernehmen und Reflektieren von punktierten Wissensbeständen durch bereits gegebene Subjekte und nicht um die Bildung von Subjektivität durch die Artikulation von Sinnverkettungen.[3] Diese Perspektive wird in der Absicht der „Überwindung des unpolitischen Unterrichts“ (Massing 1995b) auf den „Wegen zum Politischen“ (ebd.: 61.ff.) noch einmal zugespitzt, indem „das Politische“ u. a. als „Funktionszusammenhang von Institutionen und deren Regeln“ (ebd.: 72) verstanden wird. Im Spiegel der Aspirationen des fachwissenschaftlichen Diskurses um das Politische ergibt sich daher der Eindruck, dass die politische Bildung paradoxerweise genau in ihrem Versuch, dem Politischen habhaft zu werden, unpolitisch wird.

1. Politik und Politisches in der politischen Bildung

Dabei spielte die Frage nach dem Politischen im Zuge der Neugründung der politischen Bildung im Nachkriegsdeutschland eine besondere Rolle. Es ging vor allem um die Abgrenzung von der Erziehung im Totalitarismus. Zwei Hauptzuschnitte politischer Bildung konstituierten sich in einer Absetzbewegung voneinander: Einerseits verfehle die Konzentration auf Staatlichkeit das Politische, das vielmehr als Lebensform begriffen wer-

---

3 Zur Unterscheidung von punktierter Wahrheit und verkettendem Sinn vgl. die bildungstheoretisch hochinteressanten Überlegungen von Nancy (2014: 27ff. und passim).

den müsse (a), andererseits sei es gerade die Bezugnahme auf das Soziale, mit der das Politische aus den Augen verloren gehe (b).

(a) Die Konzentration auf eine *Erziehung zur Partnerschaft* wendete sich gegen eine *Staatserziehung*, die einen Staatsidealismus betrieben hätte (vgl. Wilhelm 1953: 4ff.). Dagegen müsse Demokratie als offene Lebensform jenseits starrer staatlicher Gesellschaftsformen vermittelt werden. Die Erziehung zur Partnerschaft „geht demnach von einem Begriff des Politischen aus, bei dem nicht ein Staatsmodell, sondern der Lebenszusammenhang der im Staat vereinten Menschen im Vordergrund steht" (ebd.: 85). Politische Erziehung habe zu lange im Bann einer Staatsmetaphysik gestanden, die durch Schmitts Lesart des Politischen befördert worden sei, deren „letzte Konsequenz" in einer „Gruppierung in Freund und Feind" (ebd.: 75) bestünde. Daraus entspringe die irrige Anschauung, Politik sei vor allem als Außenpolitik zu verstehen. Partnererziehung orientiere sich dagegen an einem Begriff des Politischen diesseits des Staatlichen und „lehrt Demokratie nicht als Staatsform, sondern als Lebensform" (ebd.: 85).

(b) Diese Hinwendung zur Demokratie als Lebensform entleert in den Augen der Kritiker die politische Bildung. Staatserziehung gelte nur noch als Sonderfall politischer Bildung, weil politische Erziehung fortan auf „das ‚soziale Wohlwollen', die ‚nachbarschaftliche Solidarität', die ‚Genossenschaftlichkeit', schließlich die ‚Menschlichkeit'" (Litt 1964: 26) ziele. Diese Ausweitung bringe die Referenz auf den Staat unweigerlich in Misskredit.

> „Kein Wunder, dass angesichts der inhaltlichen Bereicherung, die dem Begriff des ‚Politischen' damit widerfährt, das im engeren und eigentlichen Sinne ‚Politische' zum ‚Bloßstaatlichen' verblasst und dass der Misserfolg der bisherigen Versuche politischer Erziehung dem monotonen Hinstarren auf den Staat zu Lasten geschrieben wird." (Ebd.: 26)

Statt das Politische im Spiegel des Staatlichen zu konturieren, gerate es unscharf. „Dabei widerfährt dem Begriff des ‚Politischen' von neuem jene Verflößung ins Soziale, ja Allgemein-Menschliche, die sich mit einer solchen Sänftigung des Politischen so leicht und selbstverständlich verbindet." (Ebd.: 26) Litt bemängelt, dass die agonale Verfasstheit des Politischen, hier in der Schmittschen Figur des Kampfes gedacht, „durch Unterordnung unter die Idee der ‚Partnerschaft'" (ebd.: 27) verschüttet wird. Dies ginge aber letztlich an der Realität des alltäglichen politischen Streits vorbei; erst die Figur der Staatlichkeit erlaube, diesen Kampf innerhalb einer Gemeinschaft nicht zu verdecken – freilich im Horizont einer Vorstellung von Staatlichkeit, die immer nur „relativ" und „unter allen

Umständen nur vorübergehend ist" (ebd.: 19). Ihre Erstarrung führte in den Totalitarismus.

Bemerkenswert ist, dass in beiden maßgeblichen Ausgangspunkten für die Konzeption politischer Bildung in Deutschland Grundzüge dessen berücksichtigt werden, was heute unter Begriff und Phänomen des Politischen diskutiert wird: Insbesondere die politische Konstitution von Subjektivität und die Kontingenz und Kontestierbarkeit vorfindlicher staatlicher Ordnungen. Beide Spuren verlieren sich aber im Verlaufe der weiteren Entwicklung der politischen Bildung. Für diese Entwicklung werden allerdings auch Weichenstellungen vorgenommen – etwa bei Litt. Er argumentiert zwar auf der Grundlage einer Unterscheidung zwischen der Politik als Staatsgebilde und dem Politischen als Figur einer konstitutiven Agonalität, ohne aber daraus konsequent eine politische Differenz zu entwickeln. In der Folge wird die Unterscheidung zwischen der Politik und dem Politischen eingeebnet und als Bereichsspezifik skaliert. Mit Bezug auf eine Unterscheidung von Rohe (1994) wird in der Didaktik eine „Politik im weiteren Sinne" von einer „Politik im engeren Sinne" (vgl. prominent Sutor 1971: 39f., 1984: 61f.) unterschieden. Politik wird fortan überwiegend als „eingeengter Ort des Politischen" (Petrik 2007: 27) verstanden. Die Frage nach dem Politischen der Politik verschwindet hinter der Frage nach Ordnungs-, Schematisierungs- und Klassifizierungsmöglichkeiten politischer Gegenstandsfelder. Damit wird der Pfad geebnet für die vornehmliche Orientierung der politischen Bildung am „Prozedere der repräsentativ-parlamentarischen Demokratie" (Lösch 2010: 119). In Überblicksdarstellungen findet das Ringen um das Politische kaum noch Berücksichtigung (vgl. z. B. Hahn-Laudenberg 2016: 23ff.; Kegel 2018: 281ff.).

2. Politische Subjektivität

Auch der Versuch, die Konstitution der Subjektivität im Spiegel des Politischen zu denken, ist nur noch vereinzelt im gegenwärtigen Diskurs um die Konzeption politischer Bildung zu finden. Wilhelm hatte „die alte humanistische Prägung des Politischen als des Bloßstaatlichen und des Menschlichen als des Bloßhumanen" (Wilhelm 1953: 83) kritisiert. Es solle nicht „Rousseaus sentimentale Überzeugung, dass der Mensch gut sei" (ebd.: 84) Grundlage der politischen Bildung sein, sondern das Politische der Subjektivität: „dass das Politische und das Menschliche sich finden und sich wechselseitig durchdringen" (ebd.: 85). Allerdings blieben die möglichen theoretischen Konsequenzen auch deshalb unberücksichtigt, weil sonst überwiegend auf das Idiom des „eigentlich Menschlichen" (ebd.: 112 und passim) Bezug genommen wird. Damit konnte sich einerseits eine um das Politische gekürzte Einbeziehung des Sozialen als Grundlage der Demokratiepädagogik entwickeln (a). Andererseits wird der Prozess politischer Subjektkonstitution durch die Beharrungskräfte des Modells einer vorpolitisch gegebenen Subjektivität invisibilisiert (b).

(a) Wilhelm hat die Idee der Partnerschaft als zentrale Inschrift politischer Bildung nicht im Sinne eines rückhaltlosen sozialen Einvernehmens gedacht. Im Gegenteil.

> „Wer sich von der Idee der Partnerschaft leiten lässt, bleibt vor der Illusion gewahrt, es sei Aufgabe der politischen Erziehung, den Kampf überhaupt abzuschaffen. *Ihr Ziel ist nicht die Abschaffung des Kampfes, sondern die Änderung des Kampfstils.*" (Wilhelm 1953: 269, Herv. i. O.)

Unverkennbar ist die Parallelität zu Mouffes (2007) Überlegungen, in der Transformation des Antagonismus in einen Agonismus das Politische wirkmächtig zu erhalten. In der Rezeption des Partnerschaftsbegriffs – in der deutschsprachigen Diskussion vor allem in der Demokratiepädagogik – wurde aber genau jener von Wilhelm noch hervorgehobene agonistische Zug systematisch ausgespart. Prominent liest etwa Himmelmann (2007) aus dem Ansatz Wilhelms vor allem den „Gesichtspunkt der Förderung von unhierarchisch-kooperativen Verhaltensweisen" (ebd.: 67) heraus, die unter Ansätzen wie „soziale Kooperation, Offenheit, praktische Spontanität und geübte Kreativität" (ebd.: 64) zu fassen seien. Das Politische wird nicht auf der Folie der Differenz zwischen dem Politischen und der Politik interpretiert, sondern als Bereichsverschiebung – aus der institutionellen Sphäre in die subjektive Lebenswelt.

> „Hier könnte die politische Bildung zur Kenntnis nehmen, dass das ‚Politische' in der wissenschaftlichen Diskussion seit 1989 nicht mehr allein etatistisch auf der Ebene des politischen Systems [...] angesiedelt wird, sondern viel stärker als bisher [...] in die Lebens- und Sozialformen der Menschen hinein zurückverlagert wird." (Himmelmann 2007: 23).

Durch den ubiquitären Gebrauch des Politischen drohe es „sich zugleich definitorisch zu inflationieren" (ebd.). Als Bezugspunkt wird deshalb von Himmelmann die Lebensform ausgewiesen. Das Politische verschwindet unter dem Sozialen.

(b) Dass sich der von Wilhelm angedachte, zaghafte Versuch, die politische Konstitution von Subjektivität zum Ausgangspunkt für die Konzeption politischer Bildung zu machen, nicht durchsetzte, kann außerdem den

Beharrungskräften des Denkbildes einer gegebenen und zentrierten Subjektivität in der Didaktik der politischen Bildung zugeschrieben werden.[4] Zwar gibt es vereinzelte Versuche, die Konsequenzen einer politischen Genealogie von Subjektivität in der Konzeption politischer Bildung fruchtbar zu machen (vgl. etwa Bünger 2010 oder Friedrichs 2012a, 2013), doch bleiben diese in der Diskussionslandschaft politischer Bildung Randphänomene. Wirkmächtig ist dagegen das Bild eines vorpolitisch gegebenen Subjekts, das sich aus gesellschaftlichen Zwängen befreien muss oder sich zumindest selbstbestimmt in ihr bewegen soll. In einer passiven Variante findet sich dieser Zugang zugespitzt in einem Bürgerleitbild, in dem eine Analogie zur Betrachtung eines Fußballspiels gebildet wird. Aus dieser auf Hennis (1957) zurückgehenden Darstellungsweise politischer Bürgerschaft wird die Mindestanforderung des interessierten Zuschauers abgeleitet (vgl. z. B. Detjen 2011). Zwar wird gegen diese fast ans Absurde grenzende Tilgung einer politisch-subjektiven Selbstbestimmung immer wieder die Politizität demokratischer Subjektivität angemahnt, durch die sich die sinnstiftende Kraft des Politischen Bahn bricht (vgl. z. B. Negt 2010). In einem pragmatischen Interesse wird aber zumeist explizit gegen eine genealogische Perspektive votiert und an der Figur gegebener Subjektivität festgehalten (vgl. beispielhaft die Argumentation in Sander 2007). Zwei sich daraus ergebende weitere Wegmarken führen dazu, dass die politische Bildung endgültig den Anschluss an eine gehaltvolle Unterscheidung zwischen der Politik und dem Politischen verliert: durch die überwiegende Fokussierung auf Lern- statt auf Bildungsprozesse (Abschnitt 3), die als wissens- und nicht sinnbasiert begründet angenommen werden (Abschnitt 4).

3. Etwas lernen, ohne sich zu bilden – unpolitisches Sein ohne politisches Werden

Der Prozess politischer Bildung wird in der Didaktik überwiegend als Lern- und nicht als Bildungsprozess schematisiert (vgl. statt vieler Manzel

---

4 Hiermit steht die Didaktik der politischen Bildung keineswegs allein da. Auch in anderen Fachdidaktiken lassen sich solche Tendenzen beobachten. In der Didaktik der politischen Bildung ist die Situation vielleicht deshalb so bemerkenswert, weil einerseits der Bezug auf die fachwissenschaftliche Diskussion vehement eingefordert wird, andererseits die Ergebnisse aus eben jener Diskussion in nicht unwesentlichen Teilen von einer Mehrzahl der Vertreterinnen und Vertretern ignoriert werden.

2007: 67ff.).[5] Im Lernbegriff wird die Aneignung der Welt durch ein Subjekt nach dem Modell der Konstruktion repräsentationaler Muster gedacht, die sogar als in neuronalen Strukturen verankert angenommen werden.[6] Wesentlicher Bezugspunkt ist Piagets genetische Lerntheorie, die sich gegen eine allzu simple Form der Abbildtheorie der Erkenntnis wendet und Lernen als Transformations- und Konstruktionsprozess begreift (vgl. Piaget 1975, 1988). „Das Bürgerbewusstsein bildet die vorgefundene politisch-gesellschaftliche Wirklichkeit also nicht einfach ab, sondern konstruiert mentale Modelle." (Lange 2008: 247) Bürgerinnen und Bürger seien – gemäß dem Piagetschen Äquilibrationsprinzip – grundsätzlich bestrebt, sich im Gleichgewichtszustand mit der politisch-gesellschaftlichen Wirklichkeit zu befinden. Wenn sich eine Unstimmigkeit durch eine politische Erfahrung einstelle, kann „das in Ungleichgewicht gebrachte Bürgerbewusstsein auf zwei Weisen wieder ‚beruhigt' werden" (ebd.: 254).[7] Entweder würden subjektive, kognitive Verarbeitungsstrukturen in einem Prozess des *conceptual growth* erweitert (bei Piaget: Assimilation) oder durch *conceptual chance* erneuert (bei Piaget: Akkommodation). Hieran anschließend zentriert sich die fachdidaktische Diskussion um die Fragen, welche domänenspezifischen kognitiven Konzepte (veränderbare transzendentale Erkenntniskategorien) sich ausweisen lassen und von welchem Ausgangspunkt sich diese in Form konkreter Konzepte gewinnen ließen (vgl. Weißeno 2010; Autorengruppe_Fachdidaktik 2011). Auf der Grundlage eines solchermaßen gewonnenen konzeptuellen Orientierungswissens können dann spezifische Kompetenzen ausgewiesen werden (vgl. GPJE 2014). Letztere werden bis in die Jahrgangspezifik hinein angegeben, als messbar angenommen und sind in eine Grammatik der Outputorientierung eingefasst.

Der Erfolg und die Verbreitung dieser – unter dem Begriff der Kompetenzorientierung firmierenden – Entwicklung ist beispiellos in der Geschichte der politischen Bildung. Derart auf Anforderungstabellen und

---

5 Die Folgen einer solchen Unterscheidung mit Blick auf das Politische lassen sich insbesondere in der Demokratiepädagogik gut nachzeichnen (vgl. dazu Friedrichs 2018a).

6 „Lernen und die Bildung neuer Gedächtnisinhalte sind nach allgemeiner Auffassung durch funktionale und strukturelle Veränderungen im Gehirn gekennzeichnet." (Roth zit. nach Becker 2009: 578).

7 Im Prinzip ließe sich die Konzeption politischer Erfahrung als „Dissonanz" bei Lange mit Rancière (z. B. 2008: 33ff.) durchaus im Sinne einer Unterbrechung der Politik und damit als ein Vernehmbarwerden des Politischen lesen. Die Konseqenzen daraus dürften allerdings nicht lerntheoretisch stillgestellt werden.

curriculare Vorgaben zugespitzt, wird sichtbar, was verloren ging: Das Bildungsziel der „Entwicklung einer demokratischen politischen Identität" (Deichmann 2004: 22) gerät außer Reichweite. Denn ein allein auf „be-schreibbares Tun" reduzierter Kompetenzkatalog „ist den Phänomenen völlig unangemessen" (Meyer-Heidemann 2015: 212). Daher sei

> „eine grundlegend veränderte Auffassung von Lernen in der politi-schen Bildung nötig, um deren umfangreichen Zielen näherzukom-men. [...] Lernen ist [...] nicht vorrangig die Anhäufung von Fachwis-sen, sondern eine Bildung – sowohl im Sinne der Hervorbringung als auch einer Weiterentwicklung – eines reflektierten Selbst." (Meyer-Weidemann 2015: 212f.)

Schärfer ließe sich formulieren, dass der Lernbegriff durch den Bildungs-begriff mindestens zu ergänzen wäre, Letzterer also gerade nicht in Ers-terem aufgehen kann, will man nicht der Dimension des Politischen verlustig gehen. Denn beim Lernen geht es um die Verarbeitung von Informationen in einem gegebenen Rahmen – das heißt, diese Prozesse verbleiben in der Dimension der Politik. Bildungsprozesse unterscheiden sich „von Lernprozessen gerade darin [...], dass sich eine Transformation von Welt- und Selbstreferenz nachweisen lässt" (Marotzki 1990: 52; vgl. auch Koller 2012: 15f.). Bildung sei nicht „als Aneignung der Wissensbe-stände, Interpretation und Regeln einer gegenwärtig bestehenden kulturel-len Lebensform" (Peukert 2000: 509) zu bestimmen, sondern als deren Infragestellung. Transformationen des Selbst- und Weltverhältnisses, das heißt politische Bildungsprozesse, sind entsprechend ausgehend vom Po-litischen zu denken: als divergente Artikulationen in der epistemischen Einrichtung der Gesellschaft, als Interventionen oder Unterbrechungen in der Ordnung des Sinnlichen (vgl. die gedankliche Skizze im Anschluss an Rancière in Friedrichs 2012b).

4. Vom Wissen über Politik zum Sinn des Politischen

Das Politische in der politischen Bildung wird durch die Fokussierung von Lernprozessen auch deshalb so stark abgeschattet, weil auch nach der Wende zu einer Kompetenzorientierung immer noch auf die Idee der Wis-sensvermittlung abgestellt wird. Denn die Entwicklung von Kompetenzen erfolgt auf der Grundlage des Erlernens politischen Orientierungswissens. Letzteres wird in Wissensvermittlungsprozessen verabreicht. Somit ergibt sich eine denkbar einfache Modellvorstellung politischer Bildung:

„Im Politikunterricht finden Informationsverarbeitungsprozesse von politischen Inhalten statt. Zur Beschreibung eignet sich der kognitionspsychologische kontextspezifische Kompetenzbegriff. [...] Im Unterricht wenden Schüler/-innen und Lehrer/-innen politische Begrifflichkeiten an. Die Politikdidaktik interessiert sich für den Erwerb und die korrekte/falsche Verwendung politischer Begriffe. [...] Die Lernschwierigkeiten, der Lernerfolg und -misserfolg, die altersgerechte Umsetzung des konzeptuellen Wissensaufbaus, die Beschreibung und Auswahl der Fachkonzepte etc. sind genuin politikdidaktische Aufgaben." (Weißeno 2017: 12)

Erinnerungen an die Phantasien kybernetischer Pädagogik aus den 1960er Jahren werden wach. Wissen wird als Information automatengleich verabreicht. Als Abgrenzung gegen eine zu reduktionistisch abbilddidaktische Vorstellung der Wissensvermittlung wird auf den Abstraktionsgrad kategorialen Wissens verwiesen. Geht es doch, so die Argumentationslinie, um die Vermittlung von Konzepten, die auf der Grundlage der ‚civic literacy' gewonnen werden und sich dadurch dem Verdacht entziehen, stumpfes und für eine Orientierung letztlich ungeeignetes Gegenstandswissen zu repräsentieren. Die Idee konzeptuellen Wissens verweist auf den einflussreichen Entwurf kategorialer Bildung von Klafki (1963). Kategoriale Bildung zielt weder auf die Fruchtbarmachung konkreten, materialen noch abstrakt formalen Wissens, sondern auf die Frage, welche allgemeinen Erkenntnisse sich am besonderen Gegenstand herausarbeiten lassen. Damit scheint die Gefahr der Verwechselung mit einer simplen akkumulativen wissensorientierten Vermittlung mit Hilfe von Konzepten bzw. Kategorien aus dem Weg geräumt. Derbolav hat allerdings schon früh darauf hingewiesen, dass sich „der Doppelsinn des Kategorienbegriffs in der didaktischen Diskussion insofern verunklärend aus[wirkt], als er leicht dazu verführt, Bildungskategorien auf Erkenntniskategorien zu reduzieren" (Derbolav 1970: 50). Entscheidend sei, dass auch kategoriales Wissen allein keine Bildungswirksamkeit entfaltet. „Bildung konstituiert sich erst, sokratisch gesagt, an der Grenze des Wissens." (Ebd.: 33) Die politische Bildung eines Menschen, in der einschlägigen Fassung als Ausprägung eines (politischen) Selbst- und Weltverhältnisses, lässt sich also nicht allein durch kognitive Vermittlungsprozesse fördern. Sie findet erst an der Grenze des Wissens statt. Und hier kann auch erst die sinnstiftende Dimension des Politischen, an dessen Ausgang „ein ganz einzigartiges In-Form-Setzen der Gesellschaft" (Lefort 1999: 49) steht, eingeholt werden. Politische Bildungen von Subjektivität gehen aus einem Prozess materialer Artikulation hervor, in dem der Übergang vom Politischen in die Politik affektiv verwirklicht wird. Solche Bildungsprozesse entziehen sich einem wissensbasierten Zugriff und lassen sich höchstens in immersiven Formaten didaktisieren.[8]

5. Anschlüsse an das Politische

Insgesamt hat sich das Politische gegenwärtig aus der politischen Bildung zurückgezogen. Gründe dafür sind die begriffliche Verwendung des Politischen ohne Bezugnahme auf die Diskussion um die politische Differenz, das Festhalten an der Vorstellung einer gegebenen Subjektivität diesseits seiner politischen Genealogie und die Fokussierung von Lernprozessen auf der Basis einer Wissensvermittlung.

Zwei Versuche, das Politische in der politischen Bildung zu berücksichtigen, sind jedoch erwähnenswert. Eng am Diskurs um die politische Differenz hat Gürses (2010, 2016) versucht, die Potenziale des Politischen für die politische Bildung auszuloten. Dabei kommt er zur Diagnose, dass die denkbaren Anschlussmöglichkeiten, die sich in der Diskussion um die Postdemokratie und die Demokratiepädagogik fänden, nicht genutzt würden, weil sie auf der Ebene der Politik verblieben (vgl. Gürses 2010: 6f.). Insbesondere die Demokratiepädagogik trage dadurch, dass sie alle Lebensbereiche in demokratische Bildung einbeziehe, dazu bei, dass sich eine „Politikvergessenheit in der politischen Bildung, [...] bemerkbar macht" (Gürses 2016: 119). In der politischen Bildung seien bislang die wesentlichen Charakteristika des Politischen unberücksichtigt geblieben: die Unabgeschlossenheit, die Unbegründbarkeit, die Konfliktualität und die Ereignishaftigkeit (vgl. ebd.: 123f.). Das Politische könnte aber innerhalb der politischen Bildung eine „innovative Funktion" erfüllen, indem zum Beispiel politische Figurationen sichtbar gemacht werden – „die Politik (das Gewordene) aus der Perspektive des Politischen (des Möglichen)" (ebd.: 125) verstanden wird oder Begründungsstrategien in ihrem hegemonialen Streben offengelegt werden.

Die Überlegungen Gürses' fokussieren insbesondere die kontingenztheoretischen Konsequenzen, die sich aus der Berücksichtigung des Poli-

---

8 Genau an dieser Stelle wäre eine materiale Theorie politischer Bildung zu entwickeln. Insbesondere vor dem Hintergrund aktueller Herausforderungen handelt es sich dabei um ein ernstzunehmendes Forschungsdesiderat: Die politische Bildung benötigt eine sehr viel genauere Vorstellung davon, was politische Bildungsprozesse ausmacht. Ich erlaube mir an dieser Stelle, auf meine weiteren Überlegungen dazu hinzuweisen (vgl. Friedrichs 2020).

tischen für eine politische Bildung ergeben. Weniger Beachtung findet dagegen die sich aus dem Politischen mitteilende und in Erscheinung tretende Subjektivität (die *Bildung* der Subjektivität). Die damit im Zusammenhang stehende „assoziative" (Marchart 2010: 35) Dimension des Politischen entstammt der Arendtschen Traditionslinie: hier bezeichnet das Politische „die Potentialität des gemeinsamen Handelns gegenüber der Politik" (Bedorf 2010: 18). An dieser Stelle schließen Oefterings (2013) Überlegungen an, die die Arendtsche Lesart für die politische Bildung fruchtbar zu machen versuchen.

> „Politische Bildung in diesem Sinne wäre dann eine, die auf Menschen zielt, die sich eine besondere Dimension des Seins erschlossen haben – nämlich das Politische – und damit in einem bestimmten Verhältnis zur Welt stehen." (Ebd.: 46)

Das Politische wird als ein Medium gelesen, in dem sich Selbst- und Weltverhältnisse ausprägen, in denen sich dann Politik angeeignet werden kann. Dieser Zugriff erlaubt, eine klare Abgrenzungslinie zur Kompetenzorientierung zu ziehen und zu zeigen, dass politische Bildung jenseits der Alternative des Lernens objektivierter Lerngegenstände oder subjektiven politischen Meinens gedacht werden kann (vgl. ebd.: 183ff.). Oeftering kann mit Bezug auf Arendt nachweisen, dass erst unter Hinzuziehung der assoziativen Modalität des Politischen die politische Bildsamkeit politischer Bildung zu Tage tritt: als reales Phänomen kultureller Praxis bzw. politischer Wahrnehmung (vgl. dazu auch Vollrath 2003: 19f.).

Eine Perspektive, die in der Konzeption der politischen Bildung das Politische umfassend berücksichtigen will, müsste allerdings versuchen, sowohl auf die kontingenztheoretische als auch die bildungstheoretische Ebene Bezug zu nehmen. Dazu müsste auch – wie weiter oben gesehen – der Ausgangspunkt für die Konzeption politischer Bildung verschoben werden. Als solcher wird nämlich nach wie vor ein Wissensdefizit angenommen. Zugespitzt führten falsche Vorstellungen von Politik zu einem „latenten Verfassungskonflikt" (Patzelt 1999: 38), dem durch vermehrte Wissensvermittlung entgegenzutreten sei. Die Förderung politischen Wissens steht daher im Zentrum didaktischer Überlegungen – nach der Formel: „Politisches Wissen bildet" (Achour 2018: 41). Dabei ist gerade dieser Zusammenhang fraglich: Politisches Wissen kann er*lernt* werden und zu höheren Wissensbeständen führen. Ob damit aber jene ‚latenten Verfassungskonflikte' gelöst werden können, die inzwischen unter anderem unter der Bezeichnung Postdemokratie diskutiert werden, ist mehr als unklar. Unter der sehr vielschichtigen Diagnose Postdemokratie wird nämlich einerseits festgehalten, dass die Herausforderung (für die politische Bildung) darin besteht, dass es politischen Institutionen an politischer Sinnhaftigkeit ermangelt – „dass es nur wenig zu beraten gibt, sich die Entscheidungen von selbst aufdrängen" (Rancière 2002: 8) – andererseits Politik nicht mehr Bestandteil zeitgemäßer Selbstbestimmung ist, d. h. „demokratische Vorstellungen [...] nicht mehr das geeignetste Mittel zur Verwirklichung [...] von Identitätsvorstellungen sind" (Blühdorn 2006: 75). Unter diesen Vorzeichen erscheint die Diagnose des Wissensdefizits jenes Problem zu verfehlen, das durch die Formel des Rückzugs des Politischen als fehlende sinnhafte Zugänglichkeit der Praxis demokratischer Selbstartikulation markiert wird. Dieses Phänomen wurde jüngst unter dem Begriff der Entfremdung analysiert, der die bildungstheoretische und kontingenztheoretische Dimension der Schließung des Politischen gleichermaßen erfasst (vgl. vor allem Sörensen 2016).[9] Entfremdung ist Ausdruck dafür, dass Akteuren kollektive Sinnordnungen als ‚Fremdes' entgegentreten, für dessen Aneignung die Mittel fehlen. Wenn Entfremdung nicht als Verzerrung oder Entfernung von einem authentischen Kern des Selbst gelesen wird (vgl. dazu Jaeggi 2016), kann der Begriff als Problemdiagnose dienen, um zu zeigen, auf welche Weise das Politische für die politische Bildung bedeutsam werden kann. Gelingende politische Bildung wäre dann als „Rückweg aus der Entfremdung" (Buck 1984) zu verstehen, allerdings nicht in einer modernen Perspektive, nach der ein Subjekt jenseits gesellschaftlicher Überformungen zu sich selbst findet, sondern gerade in der Aussetzung solcher Einheitsversprechen (vgl. Schäfer 2011). Insbesondere durch die Aneignung/(Her-)Ausbildung/Bildung eines Differenzsinns, der geschlossene Figuren der „Selbstverwirklichung", „Autonomie" oder „Authentizität" in einem „sakralisierten Möglichkeitsraum" (ebd.: 75) als strukturierte Erwartungshaltungen erkennt und auf eine Selbstbildung als Artikulation im unbegründbaren sozialen Raum zielt.[10] In der *politischen* Bildung ginge es eher um das Berühren als um das Begreifen, um die Erschaffung von Konzepten statt deren verstehender Reproduktion, um Experimentieren statt Rekonstruieren, um Kartieren statt Analysieren, Erzählen statt Erklären – letztlich um das politische Werden statt um das Sein ‚in' der Politik.[11] Das Politische und die Bildung würden jenseits eines

---

9 Die Politizität der Selbst- und Weltverhältnisse und ihre Verstellung ließe sich auch – mit ähnlichen Konsequenzen wie die hier aufgezeigten – unter dem Begriff der Ideologie thematisieren. Vgl. dazu Bünger 2016.

10 Zur didaktisch bedeutsamen Frage, wie auf dieser Grundlage ein anschlussfähiger Begriff der Freiheit gedacht werden könnte, vgl. Friedrichs 2018b.

11 Wichtig ist, dass es hier nicht um ein neues methodisches Probierfeld geht, in dem flüssigere Formate einer Wissensvermittlung exponiert werden. Es geht

vordergründigen Kohärenzversprechens in der politischen Bildung amalgamiert und so das „magische Dreieck der Demokratietheorie" (Buchstein 1995: 296) zwischen Subjektivität, Demokratie und Bildung überhaupt erst wirksam werden lassen. Politische Bildung würde *politisch* werden.

Literaturverzeichnis

Achour, Sabine 2018: Die gespaltene Gesellschaft. Herausforderungen und Konsequenzen für die politische Bildung. In: *Aus Politik und Zeitgeschichte* 13-14, S. 40-46.

Ahrens, Sönke 2011: *Experiment und Exploration. Bildung als experimentelle Form der Welterschließung*. Bielefeld.

Autorengruppe_Fachdidaktik 2011: *Konzepte der politischen Bildung. Eine Streitschrift*. Bonn.

Becker, Nicole 2009: Lernen. In: Andresen, Sabine/Casale, Rita (Hg.), *Handwörterbuch Erziehungswissenschaft*. Weinheim/Basel, S. 577-591.

Bedorf, Thomas 2010: Das Politische und die Poiltik. Konturen einer Differenz. In: Ders./Röttgers, Kurt (Hg.), *Das Politische und die Politik*. Berlin, S. 13-37.

Blühdorn, Ingolfur 2006: billig wie ich. Post-demokratische Wende und simulative Demokratie. In: *Forschungsjournal Neue Soziale Bewegungen* 4, S. 72-83.

Böckelmann, Janine/Morgenroth, Claas (Hg.) 2008: *Politik der Gemeinschaft. Zur Konstitution des Politischen in der Gegenwart*. Bielefeld.

Buchstein, Hubertus 1995: Zumutungen der Demokratie. Von der normativen Theorie des Bürgers zur institutionell vermittelten Präferenzkompetenz. In: v. Beyme, Klaus/Offe, Claus (Hg.), *Politische Theorie in der Ära der Transformation*. Opladen, S. 295-324.

---

um die systematische Perspektive, in der eine Verschiebung vom Lernen zur Bildung erfolgt und im Zuge derer das Politische eingeholt werden kann. In der Berührung käme der Respekt, die Achtung und die Unverfügbarkeit des ‚Lerngegenstandes' Politik zum Ausdruck (vgl. dazu Derrida 2007). Die Erschaffung von Konzepten enthebt Begriffe aus ihrer Äußerlichkeit als ‚Fundstücke' im Lernprozess, schafft eine immanente Beziehung zu den sich Bildenden („Begriffspersonen" – Deleuze/Guattari 1996: passim) und wird damit der Bedeutung schaffenden Dimension des Dispositivs der Demokratie gerecht (vgl. dazu Dubiel/Frankenberg/Rödel 1989: 83ff.). Das bildsame Experiment ist kein einfaches Probehandeln in einer unverrückbaren Wahrnehmungsordnung, sondern verdeutlicht den epistemologischen Schnitt einer Ordnung des Sinnlichen (vgl. dazu einschlägig Ahrens 2011). Letzterer kann vor allem in seiner kartographischen Erfassung – etwa durch Logbücher (vgl. dazu in durchaus didaktischer Absicht Latour 2016) – greifbar gemacht werden. Das Erzählen setzt die Begründungspflicht des behauptenden Erklärens aus (vgl. dazu Hampe 2014: 11ff; passim) und schafft damit Übergange von der Politik zum Politischen.

Buck, Günther 1984: *Rückwege aus der Entfremdung. Studien zur Entwicklung der deutschen humanistischen Bildungsphilosophie*. Paderborn.

Bünger, Carsten 2010: Politische Bildung nach dem ,Tod des Subjekts'. In Lösch, Bettina/Thimmel Andreas (Hg.), *Kritische politische Bildung. Ein Handbuch*. Schwalbach/Ts., S. 315-326.

Bünger, Carsten 2016: Ideologiekritik – Blickwechsel zwischen kritischer Bildungstheorie und radikaler Demokratietheorie. In: Casale, Rita/Koller, Hans-Christoph/Ricken, Norbert (Hg.), *Das Pädagogische und das Politische*. Paderborn, S. 113-132.

Deichmann, Carl 2004: *Lehrbuch Politikdidaktik*. München.

Deleuze, Gilles/Guattari, Félix 1996: Was ist Philosophie? Frankfurt/M.

Derbolav, Josef 1970: Versuch einer wissenschaftstheoretischen Grundlegung der Didaktik. In: Kochan, Detlef C. (Hg.), *Allgemeine Didaktik, Fachdidaktik, Fachwissenschaft. Ausgewählte Beiträge aus den Jahren 1953 bis 1969*. Darmstadt, S. 31-74.

Derrida, Jacques 2007: *Berühren, Jean-Luc Nancy*. Berlin.

Detjen, Joachim 2011: Keine ,demokratischen Märchenerzählungen'! Zur Notwendigkeit eines realistischen Bürgerbildes und zur Faszinationskraft des Aktivbürgers als Leitbild für die politische Bildung. In: Widmaier, Benedikt/Nonnenmacher, Frank (Hg.), *Partizipation als Bildungsziel. Politische Aktion in der politischen Bildung*. Schwalbach/Ts., S. 125-136.

Dubiel, Helmut/Fankenberg, Günther/Rödel, Ulrich 1989: *Die demokratische Frage*. Frankfurt/M.

Friedrichs, Werner 2011: Randgänge in der Mitte der Gesellschaft. Die didaktische Dimension der Diskussion um den Gemeinschaftsbegriff. In: *POLIS* 3, S. 10-12.

Friedrichs, Werner 2012a: Das eingestellte Subjekt: Einstellungsgenese und -wandel im Spiegel dezentrierter Subjektivität. In: *Zeitschrift für Didaktik der Gesellschaftswissenschaften* 1, S. 122-140.

Friedrichs, Werner 2012b: Partizipation als Artikulation und Unterbrechung: Politische Einsätze unter den Bedingungen der Postdemokratie. In: *POLIS* 3, S. 19-21.

Friedrichs, Werner 2013: Vom SchülerSein und zum SchülerWerden: Überlegungen zu einer ,operativen' Fassung des Schülerbegriffes am Beispiel der Wirksamkeit politischer Bildung. In: Besand, Anja (Hg.), *Schülerforschung – Lehrerforschung. Theorie – Empirie*. Schwalbach/Ts., S. 109-117.

Friedrichs, Werner 2018a: Das Politische der Demokratiepädagogik: kreative Interventionen in der herausgeforderten Demokratie. In: Förster, Mario/Beutel, Wolfgang/Fauser, Peter (Hg.), *Angegriffene Demokratie? Zeitdiagnosen und Einblicke*. Schwalbach/Ts., S. 2-18.

Friedrichs, Werner 2018b: Freiheit heute. Artikulation des politischen Selbst. In: Juchler, Ingo (Hg.) *Politische Ideen und Politische Bildung*. Wiesbaden, S. 63-80.

Friedrichs, Werner 2020: Materiale politische Bildung*en* in der *critical zone* und ihre didaktische Explikation. In: Friedrichs, Werner/Hamm Sebastian (Hg.), *Zurück zu den Dingen! Politische Bildungen im Medium gesellschaftlicher Materialität.* Baden-Baden, S. 169-216.

GPJE 2014: *Anforderungen an Nationale Bildungsstandards für den Fachunterricht in der Politischen Bildung an Schulen.* Schwalbach/Ts.

Gürses, Hakan 2010: Das Politische (in) der politischen Bildung. In: *Magazin Erwachsenenbildung.at* 11, S. 2-9.

Gürses, Hakan 2016: Möglichkeitsbewusstsein gegen Endgültigkeitsbeharren. Das Politische in der politischen Bildung. In: Unterthurner, Gerhard/Hetzel, Andreas (Hg.), *Postdemokratie und die Verleugnung des Politischen.* Baden-Baden, S. 111-125.

Hahn-Laudenberg, Katrin 2016: *Konzepte von Demokratie bei Schülerinnen und Schülern. Erfassung von Veränderungen politischen Wissens mit Concept-Maps.* Wiesbaden.

Hampe, Michael 2014: *Die Lehren der Philosophie. Eine Kritik.* Frankfurt/M.

Hennis, Wilhelm 1957: Das Modell des Bürgers. In: *Gesellschaft-Staat-Erziehung* 7, S. 330-339.

Himmelmann, Gerhard 2007: *Demokratie Lernen als Lebens-, Gesellschafts- und Herrschaftsform. Ein Lehr- und Arbeitsbuch.* Schwalbach/Ts.

Jaeggi, Rahel 2016: *Entfremdung. Zur Aktualität eines sozialphilosophischen Problems.* Berlin.

Kegel, Andreas 2018: *Wie denkst du Politik. Zur Entwicklung eines didaktischen Politikbegriffs.* Wiesbaden.

Klafki, Wolfgang 1963: Kategoriale Bildung. Zur bildungstheoretischen Deutung der modernen Didaktik. In: Klafki, Wolfang (Hg.), *Studien zur Bildungstheorie und Didaktik.* Weinheim, S. 25-45.

Koller, Hans-Christoph 2012: *Bildung anders denken. Einführung in die Theorie transformatorischer Bildungsprozesse.* Stuttgart.

Lacoue-Labarthe, Philippe/Nancy, Jean-Luc 1983: Le ‚retrait' du politique. In: Dies. (Hg.), *Le retrait du politique.* Paris, 183-205.

Lange, Dirk 2008: Kernkonzepte des Bürgerbewusstseins. Grundzüge einer Lerntheorie der politischen Bildung. In: Weißeno, Georg (Hg.), *Politikkompetenz. Was Unterricht zu leisten hat.* Bonn, S. 245-258.

Latour, Bruno 2016: *Cogitamus.* Frankfurt/M.

Lefort, Claude 1999: *Fortdauer des Theologisch-Politischen?* Wien.

Litt, Theodor 1964: *Wesen und Aufgabe der politischen Erziehung.* Heidelberg.

Lösch, Bettina 2010: Ein kritisches Demokratieverständnis für die politische Bildung. In: Lösch, Bettina/Thimmel, Andreas (Hg.), *Kritische politische Bildung. Ein Handbuch.* Schwalbach/Ts., S. 115-128.

Manzel, Sabine 2007: *Kompetenzzuwachs im Politikunterricht. Ergebnisse einer Interventionsstudie zum Kernkonzept Europa.* Münster.

Marchart, Oliver 2010: *Die politische Differenz.* Frankfurt/M.

Marotzki, Winfried 1990: *Entwurf einer strukturalen Bildungstheorie. Biographietheoretische Auslegung von Bildungsprozessen in hochkomplexen Gesellschaften.* Weinheim.

Massing, Peter/Weißeno, Georg 1995a: Einleitung: Für einen politischen Unterricht. In: Dies. (Hg.), *Politik als Kern der politischen Bildung. Wege zur Überwindung unpolitischen Politikunterrichts.* Opladen, S. 9-26.

Massing, Peter/Weißeno, Georg (Hg.) 1995b: *Politik als Kern der politischen Bildung. Wege zur Überwindung unpolitischen Politikunterrichts.* Opladen.

Meyer-Heidemann, Christian 2015: *Selbstbildung und Bürgeridentität. Politische Bildung vor dem Hintergrund der poltischen Theorie von Charles Taylor.* Schwalbach/Ts.

Mouffe, Chantal 2007: *Über das Politische. Wider die kosmopolitische Illusion.* Frankfurt/M.

Nancy, Jean-Luc 1988: *Die undarstellbare Gemeinschaft.* Stuttgart.

Nancy, Jean-Luc 2014: *Der Sinn der Welt.* Zürich/Berlin.

Negt, Oskar 2010: *Der politische Mensch. Demokratie als Lebensform.* Göttingen.

Oeftering, Tonio 2013: *Das Politische als Kern der politischen Bildung.* Schwalbach/Ts.

Patzelt, Werner J. 1999: Politikverdrossenheit, populäres Parlamentsverständnis und die Aufgaben der politischen Bildung. In: *Aus Politik und Zeitgeschichte* 7-8, S. 31-38.

Petrik, Andreas 2007: *Von den Schwierigkeiten ein politischer Mensch zu werden. Konzept und Praxis einer genetischen Politikdidaktik.* Opladen.

Peukert, Helmut 2000: Reflexionen über die Zukunft von Bildung. In: *Zeitschrift für Pädagogik* 4, S. 507-524.

Piaget, Jean 1975: *Die Entwicklung des Erkennens I. Das mathematische Denken. Vol. 8, Gesammelte Werke.* Stuttgart.

Piaget, Jean 1988: *Einführung in die genetische Erkenntnistheorie.* Frankfurt/M.

Rancière, Jacques 2002: *Das Unvernehmen. Politik und Philosophie.* Frankfurt/M.

Rancière, Jacques 2008: *Zehn Thesen zur Politik.* Berlin.

Rohe, Karl 1994: *Politik. Begriff und Wirklichkeiten.* Stuttgart.

Sander, Wolfgang 2007: *Politik entdecken – Freiheit leben.* Schwalbach/Ts.

Schäfer, Alfred 2011: *Das Versprechen der Bildung.* Paderborn.

Sörensen, Paul 2016: *Entfremdung als Schlüsselbegriff einer kritischen Theorie der Politik. Eine Systematisierung im Ausgang von Karl Marx, Hannah Arendt und Cornelius Castoriadis.* Baden-Baden.

Sutor, Bernhard 1971: *Didaktik des politischen Unterrichts.* Paderborn.

Sutor, Bernhard 1984: *Neue Grundlegung politischer Bildung. Band I: Politikbegriff und politische Anthroplogie.* Paderborn.

Vollrath, Ernst 2003: *Was ist das Politische? Eine Theorie des Politischen und seiner Wahrnehmung.* Würzburg.

Weißeno, Georg 2016: Merkmale eigenständiger politikdidaktischer Theorien. In: Goll, Thomas/Oberle, Monika/Rappenglück, Stefan (Hg.), *Herausforderung Migration: Perspektiven der politischen Bildung*. Schwalbach/Ts., S. 159-165.

Weißeno, Georg 2017: Politikdidaktische Theoriebildung – eine wissenschaftstheoretische Orientierung. In: Oberle, Monika/Weißeno, Georg (Hg.), *Politikwissenschaft und Politikdidaktik. Theorie und Empirie*. Wiesbaden, S. 1-16.

Weißeno, Georg/Detjen, Joachim/Juchler, Ingo/Massing, Peter/Richter, Dagmar 2010: *Konzepte der Politik – ein Kompetenzmodell*. Bonn.

Wilhelm, Theodor 1953: *Partnerschaft. Die Aufgabe der politischen Erziehung*. Stuttgart.

Autor*innenverzeichnis

Flügel-Martinsen, Oliver, Prof. Dr., lehrt Politische Theorie und Ideengeschichte an der Universität Bielefeld. Veröffentlichungen u.a.: *Kritik der Gegenwart. Politische Theorie als kritische Zeitdiagnose*, Bielefeld 2021.

Friedrichs, Werner, Dr., ist Akademischer Direktor an der Otto-Friedrich-Universität Bamberg. Veröffentlichungen u.a.: *Zurück zu den Dingen. Politische Bildungen im Medium gesellschaftlicher Materialität.* Baden-Baden 2020.

Gebhardt, Mareike, Dr., lehrt Politische Theorie an der Westfälischen Wilhelms-Universität Münster. Veröffentlichungen u.a.: *Staatskritik und Radikaldemokratie. Das Denken Jacques Rancières* (Hg.). Baden-Baden 2020.

Kasko, Anastasiya, MA, promoviert zum Thema „Die Machttheorie und das politische Subjekt". Veröffentlichungen u.a.: Die Macht und die sinnlich wahrnehmbare Welt. Hannah Arendt und Jacques Rancière. Versuch einer versöhnenden Lektüre. In: Mareike Gebhardt (Hg.), *Staatskritik und Radikaldemokratie. Das Denken Jacques Rancières.* Baden-Baden 2020, S. 101-114.

Marchart, Oliver, Univ.-Prof. Dr., lehrt Politische Theorie an der Universität Wien. Veröffentlichungen u.a.: *Thinking Antagonism. Political Ontology after Laclau.* Edinburgh 2018.

Martinsen, Franziska, PD Dr., lehrt Politische Theorie und Ideengeschichte als Gast- und Vertretungsprofessorin an Universitäten im In- und Ausland, derzeit an der Universität Duisburg-Essen. Veröffentlichungen u.a: *Grenzen der Menschenrechte. Staatsbürgerschaft, Zugehörigkeit,* Partizipation, Bielefeld 2019.

Nonhoff, Martin, Prof. Dr., lehrt Politische Theorie an der Universität Bremen. Veröffentlichungen u.a.: *Radikale Demokratietheorie. Ein Handbuch.* Berlin 2019 (hg. mit Dagmar Comtesse, Oliver Flügel-Martinsen, Franziska Martinsen).

Saar, Martin, Prof. Dr., lehrt Philosophie an der Goethe-Universität Frankfurt. Veröffentlichungen u.a.: Die Immanenz der Macht. Politische Theorie nach *Spinoza.* Berlin 2013 (2. Aufl. 2019).

Schölzel, Hagen, Dr., arbeitet als wissenschaftlicher Mitarbeiter an der Friedrich-Schiller-Universität Jena. Veröffentlichungen u.a.: *Guerillakommunikation. Genealogie einer politischen Konfliktform.* Bielefeld 2013.

Schubert, Karsten, Dr., lehrt Politische Theorie und Philosophie an der Albert-Ludwigs-Universität Freiburg. Veröffentlichungen u.a.: »Political Correctness« als Sklavenmoral? Zur politischen Theorie der Privilegienkritik. In: *Leviathan* 48 (2020/1), S. 29–51.

Westphal, Manon, Dr., ist wissenschaftliche Mitarbeiterin am Lehrstuhl für Politische Theorie der Universität Münster. Veröffentlichungen u.a.: *Die Normativität agonaler Politik. Konfliktregulierung und Institutionengestaltung in der pluralistischen Demokratie.* Baden-Baden 2018.

Wolf, Markus, Dr., lehrt und forscht als akademischer Mitarbeiter am Institut für Philosophie und Sozialwissenschaften der BTU Cottbus-Senftenberg. Veröffentlichungen u.a.: *Gerechtigkeit als Dekonstruktion. Zur kulturellen Form von Recht und Demokratie nach Jacques Derrida*. Konstanz 2019.